子育てをめぐる公私再編のポリティクス

幼稚園における預かり保育に着目して

清水美紀

勁草書房

はしがき

　子育てとは，誰が担うべきなのだろうか――。
　「当然」，その子どもと血縁のある親だろうか。「何らかのやむをえない事情がある場合」には，親以外が担うことも許されるだろうか。あるいは，「たまに」ならば，親以外の誰かに委ねたり，頼ったりすることも，「昔より」許容されるようになっただろうか。もしくは，「子どもの成長や教育にとって重要だと見なされた場合」には，親以外に委ねることも積極的に受容されるだろうか。また，こうした子どもの成長，教育の選択や意思決定に関わっていれば，たとえ「自分の手」で育てていなくとも，それは子育てしていることになるだろうか。子育てを誰がどのように担うべきか――これらの線引きは，どのように図られるのだろうか。
　おそらく，こうした線引きは普遍的なものではありえない。また，「一定の」「望ましい」解があるとも思わないし，それを導出することを本書は目指していない。ただ，子育てをめぐって，誰がどのように担うべきと「語られる」のか――，その具体的な内容には注目すべき論点が含まれているように思われるのである。それは，子育てをめぐって語られる意味づけには，子育てに対する捉え方，ひいては公と私の関係の捉え方が反映されていると考えられるからである。このことは，子育てという営みが私的な側面ばかりではなく，公的な側面をも併せ持っているということに拠っている。子育てを語ることは，公と私の関係を語ることとつながっているのである。
　そこで本書では，子育てをめぐって語られる意味づけに着目する。そしてこれを通して，現代社会における公と私の関係のありようと，その関係がどのような意味づけを通して変化したり，変化しなかったりするのかという力学について明らかにする。なかでもこれを検討するために本書が焦点をあてるのは，幼稚園における預かり保育という対象である。
　いまや就学前の子どもたちが過ごす場は，保育所や幼稚園，認定こども園だ

けでなく，多様化してきている。さらに，これらの施設型保育に限らず，家庭的保育も保育事業として位置づけられたり，また，就園しないという選択をする家庭もある。預かり保育という場は，こうした多様な場のうちの一例に過ぎないが，本書が預かり保育に着目するのは，それを園が実施する場合にも実施しない場合にも，親が利用する場合にも利用しない場合にも，そこに，子育てに対する捉え方，考え方が映し出されるためである。幼稚園で実践されている取り組みである以上，預かり保育は学校教育法の範疇で行われているものであるのだが，保育所における待機児童問題が控えるなかで，預かり保育は，実質的にはいわゆる「保育を必要とする事由」にも該当する家庭，すなわち両親がフルタイム勤務といった家庭にも対応する場となっていることもある。そして，全幼稚園数は漸減する一方で，預かり保育の実施率は上昇してもいる。このように，預かり保育には，現在の子育てや保育制度に関する複雑なありようが端的に表れていると言えるのである。

　本書の中心は，預かり保育がどのような政策的な問題意識のもとに実施されてきたのかという点の分析（第4章）のほか，東京都内の幼稚園の保育者，親を対象とした質問紙調査，半構造化インタビューをもとにした，預かり保育がどのように意味づけられ，実践されているのかという点の分析（第5章〜第8章）である。加えて，預かり保育に関する分析を手がかりとしながら，子育てをめぐる公と私の関係のありようを探るという大きな目的に沿った理論的検討が展開されている（第2章，終章）。

　預かり保育を題材とする本書が，子育ての私的な側面と公的な側面の関係がどのように議論されているのかを考える契機になれば，これ以上嬉しいことはない。

子育てをめぐる公私再編のポリティクス
―幼稚園における預かり保育に着目して―

目　次

はしがき

序　章　子育てをめぐるポリティクスを探る……………………………………1

第1節　子育てをめぐるポリティクスはどこにあるか
　　　　―問題の所在と預かり保育への注目―　1
第2節　本書の目的と構成　5

第1章　預かり保育の概況と先行研究の検討……………………………………11

第1節　預かり保育の概況　11
第2節　子育てへの社会的支援に関する研究　17
第3節　預かり保育に関する研究　28
第4節　ポリティクスの3つのアクターとリサーチクエスチョン　32

第2章　理論的枠組みの検討………………………………………………………37

第1節　子育てをめぐる再編のポリティクスを議論するために　37
第2節　公的領域と私的領域の関係と境界を変えうるもの　38
第3節　公的領域と私的領域の境界をめぐるポリティクス
　　　　―「ニーズ解釈の政治」議論―　46
第4節　「ニーズ解釈の政治」議論の本書への示唆　57

第3章　本書における調査の概要…………………………………………………61

第1節　調査方法と対象の設定　61
第2節　本書の調査の特徴　77

第4章　預かり保育をめぐる政策言説の通時的変化……………………………81

第1節　課題設定　81
第2節　対象と分析の視点―中教審答申と審議経過に着目して―　82
第3節　1990年代以降の預かり保育をめぐる政策言説の通時的変化　88

第4節　考察—預かり保育の実施の拡大と子育ての私的な責任の拡大—　　104

第5章　預かり保育の実施状況と保育者の認識　　107
　　第1節　課題設定　　107
　　第2節　調査および対象者の概要　　107
　　第3節　預かり保育の実施状況　　113
　　第4節　預かり保育の実施と保育者　　117
　　第5節　考察—預かり保育に対する両価的な認識—　　124

第6章　預かり保育に対する保育者の意味づけ　　127
　　第1節　課題設定　　127
　　第2節　調査および対象者の概要　　128
　　第3節　預かり保育を保育者はどのように語るのか　　131
　　第4節　預かり保育をめぐる保育者の葛藤と対処　　147
　　第5節　考察—「幼稚園の時間」と「家庭の時間」の狭間で—　　154

第7章　預かり保育の利用状況と親の認識　　157
　　第1節　課題設定　　157
　　第2節　調査および対象者の概要　　157
　　第3節　子育てに対する高い関心　　163
　　第4節　預かり保育の利用状況　　166
　　第5節　預かり保育にみる子育て事情　　174
　　第6節　考察—預かり保育の利用を進めるもの・忌避させるもの—　　181

第8章　預かり保育に対する親の意味づけ　　183
　　第1節　課題設定　　183
　　第2節　調査および対象者の概要　　183
　　第3節　預かり保育を親はどのように語るのか　　189
　　第4節　考察—「私事としての子育て」の拠りどころ—　　203

終　章　子育てをめぐる公私再編のポリティクス……………………………207
―結論と今後の課題―

第1節　結果の概要　*207*

第2節　子育てをめぐる再編のポリティクス　*211*

第3節　本書の結論と今後の課題
　　　　―「責任」・「遂行」と「ニーズ解釈の政治」議論の相乗から―　*218*

参考文献………………………………………………………………………………*225*

参考資料………………………………………………………………………………*237*

あとがき………………………………………………………………………………*269*

人名索引………………………………………………………………………………*273*

事項索引………………………………………………………………………………*274*

初出一覧………………………………………………………………………………*276*

序　章

子育てをめぐるポリティクスを探る

第1節　子育てをめぐるポリティクスはどこにあるか
　　　　―問題の所在と預かり保育への注目―

1　問題の所在

　本書の主題は，子育てをめぐって，「誰が」担うべきと語られたり，「どのように」担うべきと語られたりするその意味づけに含まれている力学，すなわちポリティクスを分析することである。汐見稔幸によれば，「もともと育児という行為は，（中略）目指す方向性の妥当性の問題にしても，担い手である親が置かれている現状の問題にしても，社会の政治・経済問題から自由ではあり得ない。それどころか隠れた形でそれらに強く規定されている。その意味で育児は実際は私的で恣意的な行為ではなく，きわめて社会的で政治的な行為である」（汐見 2007: 55）という。同様に松木洋人（2013: 10）は，とくに「子育て支援は，近年の日本社会におけるポリティカルな論点の一つともなっている」と指摘する。社会関係におけるあらゆる事象は政治的な側面をもつものであり，そのため，その力学，すなわちポリティクスを考察することができる[1]。

　ただそのなかでも，上記の指摘からもわかるように，子育てに関わるトピックはとくに今，ポリティクスという視点から考察されることの重要性が増している。たとえば子育てに関する昨今の政策動向では，従来では家族をはじめとした，いわば私的領域が担ってきた子育てを，誰がどのように担っていくのかという点が再編されようとしている。本書ではこうした動向を，「再編のポリティクス」と呼びたい。さっそく，上記のような政策動向は，国家や地方自治体のような公権力による再編のポリティクスのひとつと言うことができるが，本書が扱う「ポリティクス」の射程は公権力によるものに限らないものとした

い。というのも，いまや子育てをめぐるポリティクスはメディアによる言説やそれを見聞きする人々，ひいては子育てに何らかの形で関与している人々によっても展開されているからである。すなわち，国家だけでなく現代社会に生きる人々が子育てをめぐる再編のポリティクスに関わっているのである。

　ここで，本書が扱う「政治」，「ポリティクス」とは，川崎修の議論を参考に，「さまざまな社会的現実に対して，公共性をもった権力関係として見たり関わったりする，社会に対する私たちの見方・関わり方」（川崎 2006: 17）と定義する。同時に「公共性」とは，「ある集団の構成員に共通に関係する秩序のあり方に関わる事柄」（同上: 10）と位置づける。そして，齋藤純一による，「『公共的なもの』は，何を『個人的なもの』『私的なもの』として定義するかによって反照的に定義される」（齋藤 2000: 12）という指摘を参考に，公的領域とは私的領域を除いた領域として扱う。すなわち，本書では子育てを主題に扱うことにともなって，私的領域を家族とし，公的領域は私的領域を除いた，政治および市場，市民社会と位置づけて議論してみたい。ただしこの位置づけは，固定的な公私二元論を前提にすることを意味しているのではない。第2章において説明するが，主にフェミニズムでの議論が公的領域と私的領域を上記のように位置づけ，なおかつ何が「個人的なもの」「私的なもの」と扱われるのかを追い，また，公的領域と私的領域の両者の境界，関係を動きうるものとして議論してきたことに基づいた定義である(2)。以上をおさえたうえで，公的領域と私的領域の境界，関係の変化のなかにある力学のことを，再編のポリティクスとして扱っていく。

　こうした概念定義をもとに，子育てをめぐる再編のポリティクスを追っていくために，本書では幼稚園での預かり保育に焦点を当てる。預かり保育に注目する理由は，預かり保育には昨今の子育てをめぐるポリティクスが集約的にあらわれていると考えられるためである。

　したがって以降では，子育てをめぐる潜在的あるいは顕在的なポリティクスを解明する上で，いかに預かり保育は妥当性をもった対象であるかという点を論じていく。

2　預かり保育への注目

　幼稚園[3]での預かり保育は現在，『幼稚園教育要領』第3章にて，「地域の実態や保護者の要請により，教育課程に係る教育時間の終了後に希望する者を対象に行う教育活動」と定義されている。預かり保育とはすなわち，4時間を標準とする幼稚園の教育時間の前後や土曜・日曜，長期休業期間中に実施される保育[4]のことを指す（文部科学省 2006）。

　それでは現在，預かり保育を実施している幼稚園はどのくらいあるのだろうか。まずは文部科学省による『平成28年度幼児教育実態調査』（2017a）をもとに，近年の預かり保育の現状について見ていく。2016年6月時点で，預かり保育の実施園数は全体の幼稚園数[5]のうちの85.2%（8901園）におよぶという。とくに私立幼稚園では96.5%の園（6352園）で実施しており，その割合は極めて高い。さらにそのうち，平日（月〜金曜）週当たりの平均実施日数が5日の園は86.5%（8730園）を占め，日常的に預かり保育を実施していることがうかがえる。また同調査（文部科学省 2017a）によると，預かり保育の終了時刻は，「午後5時〜6時」のところがもっとも多く，43.0%（6679園）を占めている。次いで「午後6時〜7時」が24.3%（2078園）と少なくない。とくに私立園に限定すると，「午後6時〜7時」を預かり保育の終了時刻としている園は28.0%（1761園），「午後7時を超える」と回答している園も1.1%（68園）あり，長時間にわたる保育が実施されていることがわかる。さらに，平日の預かり保育への受け入れ幼児数は，1園につき18.7人（5日間の受入れのべ幼児数：798,940人）であるという。なおこの値は，『平成22年度幼児教育実態調査』では13.8人であった（文部科学省 2011）。すなわち，預かり保育を実施する園の母数が増えただけではなく，それぞれの幼稚園のなかで，預かり保育で過ごす子どもが増えてきていると言える。

　いまや保育所数は増加し，幼稚園数は緩やかに減少しているなかで[6]，預かり保育はその実施率を伸ばしている（図序-1）。こうした預かり保育をめぐる事態には，現代の子育ての諸相があらわれていると言えるだろう。加藤繁美によれば，保育・幼児教育にかかわる制度や政策というものは，「教育政策と福祉政策以外にも，家族政策，女性政策，労働力政策，救貧政策，地域政策といった多様な政策が絡み合いながら展開」（加藤 2009: 335）されるものである

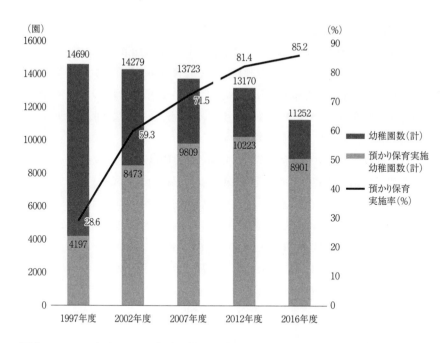

図序-1 1997年度〜2016年度の幼稚園数,預かり保育実施園数と実施率の推移[7]

という。表序-1は,1990年代以降の幼稚園と保育所に関わる動向および関連する社会的背景についてまとめたものであるが[8],この表をみると,預かり保育は多様な政策的な文脈が絡み合いながら展開されてきた取組みであるという点を確認できる。すなわち,加藤(2009)の指摘が示唆するように,預かり保育とは,「希望する者を対象に行う教育活動」としての教育政策の側面だけではなく,親が就労するための子どもの預け先になりうるという点では労働政策の側面を持つし,親が子育てから束の間,解放されるような時間にもなりうるという点では子育て支援の意図をもった家族政策の側面も持つ実践なのである。言い換えると,預かり保育とは重層的な意味づけをもった実践であるという点が浮かび上がってくる。

そうであるとすれば,預かり保育を教育政策と見るのか労働政策と見るのか,家族政策と見るのか,あるいはまったく別の意図をもった動きと見るのかといった,預かり保育に対する意味づけは,時代間,ひいては個々人間においても

一様であるとは限らない。たとえば，従来，幼保二元制度にもとづいて長時間保育を主には担ってこなかった幼稚園が預かり保育を始めるにあたっては，保育所との関係において，預かり保育を実施することを正当化するための意味づけや実施しないことを正当化するための意味づけが要請されてきたはずである。それは，政策的な議論などのマクロレヴェルに限ったことではなく，預かり保育の実践を担うそれぞれの幼稚園におけるミクロレヴェルにおいても同様であると考えられる。

そして，預かり保育をどのように意味づけるかという点には，子育てに対する考え方，問題意識が映し出される。「教育時間の終了後」の時間を親が幼稚園に委ねることは，どのような理由から受容されたり，受容されなかったりするのだろうか。その力学にこそ，子育てをめぐるポリティクスが見出されるのではないだろうか。

このように，預かり保育はポリティカルな特性をもっている。したがって本書では，幼稚園での預かり保育はどのように意味づけられ，それが実践されてきたのか（されているのか）という点を記述することを通して，子育てをめぐる再編のポリティクスを読み解いていくことを目指す。

第2節　本書の目的と構成

本書の目的は，どのように預かり保育が意味づけられ，実施されてきたのか，現在実施されているのかということに着目しながら，子育てをめぐって何が議論されようとしているのかを考察し，子育てをめぐる再編のポリティクスについて明らかにすることである。そこで本書は，次の構成に沿って進めていく。

本章に続く第1章，第2章では本書の視点について論じる。

とくに第1章では，預かり保育の概況とこれまでの経緯について，幼稚園だけでなく，保育所の動向もふまえながら確認し，その上で本書と関連する先行研究とその課題について検討する。そこでは，子育てをめぐる再編のポリティクスという主題に関わって，子育てへの社会的支援に関する研究において何が議論されてきたのかという点についてまずは整理する。その上で預かり保育について，先行研究では何に関心が寄せられ，そして何が明らかにされてきたの

表序-1　幼稚園・保育所をめぐる制度・政策の動向と

	社会的背景	幼稚園にかかわる動向	保育所にかかわる動向
1990年	1.57ショック 少子化の社会問題化／男女共同参画社会づくりの施策	幼稚園幼児指導要録改訂	保育所保育指針改定
1991年		第三次幼稚園教育振興計画	
1992年	育児休業法の施行		
1993年		幼稚園施設整備指針策定	
1994年	子どもの権利条約への批准 エンゼルプラン策定（～99年度） （緊急保育対策等5ヵ年事業） 延長保育／乳児保育／一時的保育	地域に開かれた幼稚園づくり推進事業を通知 市町村に対して地方交付税措置	保育問題検討会報告書
1995年		幼稚園設置基準改正 学級編成基準40人→35人へ	児童育成計画策定通知
1997年		**預かり保育**推進事業実施要項策定 「時代の変化に対応した今後の幼稚園のあり方について」最終報告	児童福祉法改正 措置制度から利用制度へ 市町村の保育保障責任の明確化
1998年		「幼稚園と保育所の施設の共用化等に関する指針について」共同通知	
			保育所最低基準改定
2000年	新エンゼルプラン（～04年度）	幼稚園教育要領改訂 幼稚園における子育て支援，**預かり保育**を位置づける	保育所保育指針改定 保育所での子育て支援機能 保育所の設置主体の規制緩和
2001年	待機児童ゼロ作戦	幼児教育振興プログラム	保育所の定員の弾力化 乳児保育の面積基準の引き下げ 屋外遊戯場の条件付き緩和策
2002年	少子化対策プラスワン 子育て家庭を支える施策 待機児童ゼロ作戦	文科省・厚労省「幼稚園と保育所の連携事例集」の作成	
		預かり保育を実施する公立幼稚園に対して地方交付税措置 『**預かり保育**』参考資料」配布　幼稚園設置基準改正	保育所の短時間勤務保育士の導入の制限の撤廃

社会的背景(1990年代〜2010年代)⁽⁹⁾

	社会的背景	幼稚園にかかわる動向	保育所にかかわる動向
2003年	少子化社会対策基本法 次世代育成支援対策推進法		児童福祉法の一部を改正する法律 子育て支援事業の法定化 指定管理者制度
2004年	少子化社会対策大綱 子ども・子育て応援プラン(〜09年)		公立保育所運営費国庫負担廃止,一般財源化
2005年		共用化指針により共用化された施設における幼稚園児及び保育所児の合同活動並びに保育室の共用化に係る取扱いについて(通知)	
2006年	就学前の子どもに関する教育,保育等の総合的な提供の推進に関する法律施行規則制定	幼児教育振興アクションプログラム(〜2010年) 幼稚園と保育所の連携の一層促進	
		幼稚園設置基準改正 教育基本法公布	児童福祉法施行規則等の一部改正
2007年	「子どもと家族を応援する日本」重点戦略	学校教育法改正 家庭・地域の支援活動,**預かり保育**・子育て支援への言及	
2008年	新待機児童ゼロ作戦 「安心こども基金」の創設	幼稚園における学校評価ガイドライン作成 幼稚園教育要領改訂	保育所保育指針改定 待機児童対策として保育所整備費への助成が行われる
2009年		「保育所や幼稚園等と小学校における連携事例集」作成	
		「幼稚園における子育て支援活動及び**預かり保育**の事例集」作成	
2010年	「少子化社会対策大綱」(〜14年) 待機児童解消先取りプロジェクト	幼稚園設置基準改正	「保育所の設置認可等について」一部改正,「保育所運営費の経理等について」一部改正
2012年	子ども・子育て関連3法		
2013年	待機児童解消加速化プラン		
2014年	「就学前の子どもに関する教育,保育等の総合的な提供の推進に関する法律施行令」公布	幼保連携型認定こども園教育・保育要領告示	
		幼稚園設置基準一部改正	
2015年	子ども・子育て支援新制度		
2017年		幼稚園教育要領改訂	保育所保育指針改定

かを検討する。以上を通して，本書が引き受けるべき課題が，子育てをめぐる公的領域と私的領域の再編のポリティクスの解明であることを論じていく。併せて，具体的な検討課題をリサーチクエスチョンとして提示する。

　第2章では，本書の理論的枠組みについて検討する。本書は，子育てをめぐる再編のポリティクス，すなわち子育てをめぐる公的領域と私的領域の境界の変化，移動を扱う研究である。これをふまえ，公的領域と私的領域の関係と境界の変化についてこれまでどのように論じられてきたのかという点について整理をおこない，本書の理論的枠組みとなりうる議論を探っていく。そのうえで，N. フレイザー（1989）の「ニーズ解釈の政治」(the Politics of Need Interpretation) 議論がどのように有用であるのか，そして本書と共有している関心は何かという点を論じる。

　第3章では，調査の概要について説明する。本書では，研究Ⅰとして政策言説の分析，研究Ⅱでは保育者を対象とした質問紙調査，半構造化インタビュー，研究Ⅲでは親を対象とした質問紙調査，半構造化インタビューを実施した。このように本書では，複数の研究対象を設定しただけでなく，量的研究と質的研究も併用し，多様な研究手法を用いた。調査方法と対象の設定，倫理的配慮について概説した上で，本書においてこれらの手法を用いて研究を進めていくことの必要性を示す。

　そして第4章から第8章にて，本書のリサーチクエスチョンに応えていく。

　まず第4章では，預かり保育をめぐる政策言説がどのように変遷していったのかを分析する。ここでは幼稚園において預かり保育を実施するということを政策立案者側がどのように意味づけ，説明してきたのかを追っていく。したがって，公権力，いわばマクロレヴェルでのポリティクスがどのように展開され，子育てをめぐる公的領域と私的領域の境界をどのように策定してきたのかという点を見ていくことが主題となる。分析対象とその選定に関しては第4章にて詳述するが，1990年代以降の中央教育審議会答申とそれに係る審議会議事記録を扱うこととした。

　第5章から第8章は，預かり保育を実施する保育者や利用する親に関する分析である。ここでは，いわばミクロレヴェルでのポリティクスがどのように展開されているのかという視点から，預かり保育の経験や意味づけを見ていく。

第5章および第6章では保育者が預かり保育をそれぞれどのように実施し，それをどのように意味づけているのかという点を質問紙調査および半構造化インタビューの結果をもとに記述する。

　同様に第7章および第8章では，幼稚園に子どもを通わせる親を対象とした，質問紙調査および半構造化インタビューによって，預かり保育の利用状況やその背景にある意味づけについて分析する。

　そして終章では，第4章から第8章での主要な知見を整理し，その上で，子育てをめぐる再編のポリティクスという研究課題に，どのように応えたのか，本書の意義と今後の課題について論じる。

　注
（1）　見田宗介は，「〈政治〉の発見」を論じるなかで，「一口でいえば，「政治」から〈政治〉へともいうべきもの」があると述べる（『朝日新聞』「論壇時評」1986.8.29（夕刊））。「政治」とは，「『権力，国家，革命，抑圧，抵抗，暴力，権利，運動のような言葉』と結びつけられる，『政府や，法や，議会や，警察や，階級によって機能するある可視的な装置』」を指し，一方で〈政治〉とは，「私たちの身体や，言葉や，観念や，食物や，移動や，関係に網の目のようにくまなくいきわたった細かい制度の連鎖」であるとしている（見田 1986: 7）。こうした議論に基づけば，本書が主題に据えるところは，「政治」というよりもむしろ，〈政治〉である。
（2）　近代の社会科学は，「公的領域＝政治／私的領域＝市場（市民社会）という区分を前提として組み立てられて」きた（井上 2006: 208-209）。これに対しフェミニズムは，「自由な領域とされた市場（市民社会）の中にも家父長制的な男女の不平等な関係という権力関係があることを明らかにし，批判し」，「公的領域＝政治及び市場・市民社会／私的領域＝家族，という区分」を用いてきた（同上：208-209）。これをふまえ本書においても上記の定義を用いることとする。なお，公的領域と私的領域の境界の可変性と本書での視点については，第2章にて詳しく述べる。
（3）　本書で示す「幼稚園」とは，学校教育法に基づいた，「義務教育及びその後の教育の基礎を培うものとして，幼児を保育し，幼児の健やかな成長のために適当な環境を与えて，その心身の発達を助長することを目的とする」（同法第二十二条）場とする。
（4）　先述のように『幼稚園教育要領』には，「教育活動」と記載されている。
（5）　正確にはここでいう「全体の幼稚園数」は，「全幼稚園数」ではない。調査の母数が当該調査では，「調査回答園数」となっているためである。

（6） 2017年5月1日時点での保育所数は 23,432 箇所である。データは，厚生労働省（2017b）による『福祉報告例（平成29年5月分概数）』に基づいている。一方，2017年5月1日時点での幼稚園数は 10,878 園である。データは，文部科学省（2017）による『平成29年度学校基本調査』に基づいている。
（7） 図序‒1 の作成にあたっては，平成 14, 29 年度版『学校基本調査』（文部科学省 2003a; 2017c），平成 22, 24, 28 年度版『幼児教育実態調査』（文部科学省 2011; 2013; 2017a），『保育白書 2006』『保育白書 2011』（全国保育団体連絡会・保育研究所 2006; 2011）を参照した。1997 年度から5年毎のデータを追跡し，幼稚園数と預かり保育実施園数の推移を整理した。ただし，2017 年度における預かり保育実施園数の値は，2019 年1月現在未公開であるため，2016 年度数値を記載した。なお，預かり保育実施園数（計）と預かり保育実施率（％）を示す線グラフが，2007 年度と 2012 年度の間で中断していることには理由がある。それは文部科学省の『幼児教育実態調査』において，2007 年度データまでは母数が幼稚園全数に設定されていたが，2012 年度以降の母数は，調査回答園数に変更になったためである。図序‒1 の 2016 年度における預かり保育の実施園数が 2007 年度に比べ減少している背景には，こうした調査方法の変更も関係していると思われる。ただし図序‒1 上では，「幼稚園数（計）」は『学校教育基本調査』に基づき，全数の値としている。
（8） 預かり保育に関連する幼稚園・保育所の動向については，第1章にて詳しく整理する。
（9） 表序‒1 の作成に当たっては，近藤（2016），『平成 26 年度版　幼稚園教育年鑑』（文部科学省教育課程課・幼児教育課編 2014），『保育白書 2017 年度版』（全国保育団体連絡会・保育研究所 2017）を参照した。

第 1 章

預かり保育の概況と先行研究の検討

　子育てに関してポリティクスという視点をもって，何が明らかにされる必要があるか。これを明示するために本章では，預かり保育の概況とこれまでの経緯を確認し，本書の課題に係る先行研究について整理する。先行研究について第一には，これまでの子育てと子育てへの社会的支援に関する研究で，何が議論されてきたのか，そのうえで本書が引き受けるべき課題とは何かという点を整理する。そして第二には，預かり保育に関する研究では，何が論点になってきたかということを示していく。

第 1 節　預かり保育の概況

　預かり保育が実施されるまでの戦後以降の経緯と背景について先行研究による整理を参考にしながら，確認する。幼稚園と保育所は，1947 年以降それぞれ学校教育法と児童福祉法という別々の法律を根拠としながら展開してきた（小田 2014: 4）。そのなかで幼稚園はこれまで，「教育時間は 4 時間を標準」としながら，平均的に 5 時間半を教育時間としてきた（岩狭 2017: 99）。「4 時間」という記載は，1956 年（昭和 31 年）[1]年版『幼稚園教育要領』以降維持されており，2018 年 4 月から施行された『幼稚園教育要領』第 1 章総則にも，「幼稚園の 1 日の教育課程に係る教育時間は，4 時間を標準とする」とある。「標準」の意味するところは，「ただし，幼児の心身の発達の程度や季節などに適切に配慮する」との記述が直後にあることからもわかるように，各園の実情に応じて緩やかに変動しうるものであると言える。そうとはいえ，「教育時間は 4 時間を標準」であることを維持しつつも，「教育課程に係る教育時間」とは別に，延長での保育，すなわち預かり保育を実施している幼稚園は増え続けているの

である（逆井 2017: 85）。一方で保育所では，1948 年に制定された「保育所最低基準」において，「保育時間は，1 日につき 8 時間を原則」とする旨が記載され，「保護者の労働時間その他家庭の状況等を考慮して，保育所の長がこれを定める」こととされた。そして「児童福祉法第 39 条の保育所規定について，入所対象を『保育に欠ける』子に限定する改正が，1949 年，1951 年に実施され，幼稚園との線引きを明らかにするとともに，急増しつつあった入所児童の抑制が図られた」（逆井 2016: 152）という。その後 1981 年には，保育時間延長のための国庫補助が制度化されたことにより，延長保育が開始され，開所時間，保育時間は長時間化が進んだ（岩狭 2017: 99）。『平成 28 年社会福祉施設等調査』（厚生労働省 2017a）によると，2016 年 10 月 1 日時点，11 時間以上開所している保育所は 17,208 箇所で，全体の 65.5％ におよぶ。保育所における保育時間の長時間化の傾向はいっそう高まりを見せていることがうかがえる。

　以上のように異なる法的根拠により，異なる保育時間が幼稚園と保育所には割り当てられてきた。そうしたなか，幼稚園での預かり保育は，いつ頃から始まったのだろうか。そもそもの預かり保育の始まりは明確ではないとされているが，家庭の都合により幼稚園児を朝早くから夕方遅くまで預かることは，戦前も含めて以前から行われてきたと言われている（柴崎 2004: 79）。「近隣に保育所がないような地域の幼稚園や，経済的な理由や家庭の都合で夕方まで子どもを預かってもらわないと困る保護者」（同上：79）に限定して，それは「預かり」と呼ばれながら実施されていたことを柴崎正行は記述している。このように，地域の事情や家庭の事情を背景としながら，現在の「預かり保育」の原形となるような取り組みがあったことがうかがえるが，預かり保育がどのくらいの幼稚園で実施されているのかといったことやどのように行われているのかといった，実態が把握されるようになったのは比較的最近である。文部科学省が公表している預かり保育の実施率に関するデータのうち，もっとも古いものは 1993 年度データで，その当時の預かり保育の実施率は 19.4％ であった（文部科学省 2011）。これ以降，預かり保育に関する実態把握は進められ，そしてとりわけ 1990 年代後半以降，預かり保育は，政策としての性格を帯びながらその拡充が図られていった。

　具体的には 1997 年度から「預かり保育推進事業」が打ち出され，預かり保

育を実施する私立幼稚園に対する私学助成の設置により，保育時間は弾力化に向かった。

　また，2002年度からは市町村に対して地方交付税が措置された。この助成措置は，「幼稚園の教育時間終了後等に『預かり保育』を実施する私立幼稚園に対する助成を実施する都道府県に対して国がその助成額の1/2を補助しているもの」（文部科学省 2008a）である。こうした助成措置も背景としながら，文字通り預かり保育は「推進」されていった。

　とくにこうした「推進」をより決定づけていったのは，預かり保育をめぐる2000年以降の動向である。1998年に改正し，2000年から施行された『幼稚園教育要領』「第3章　指導計画作成上の留意事項」では，預かり保育に関する記述が加わった。ここで預かり保育は，「地域の実態や保護者の要請により，教育課程に係る教育時間の終了後に希望する者を対象に行う教育活動」と定義された（文部省 1998）。そして，「適切な指導体制を整えるとともに，第1章に示す幼稚園教育の基本及び目標を踏まえ，また，教育課程に基づく活動との関連，幼児の心身の負担，家庭との緊密な連携などに配慮して実施すること」（同上）と記載され，各園での預かり保育の体制を整備する必要性が喚起された。

　2001年『幼児教育振興プログラム』では，幼稚園における具体的施策および目標として，「預かり保育の推進」が掲げられた。そこには，「地域の実態や保護者の要請に応じて，希望のあるすべての幼稚園で実施できるよう取り組むことが重要である。このため，私立幼稚園に対する特別補助の充実を図るとともに，公立幼稚園の財政基盤の強化に努めることが必要である」（文部科学省 2001）との旨が記載された。「希望のあるすべての幼稚園で実施できるよう取り組む」という記述には，当時預かり保育を積極的に拡充しようとしていたことが表れているだろう。

　さらに，2002年に文部科学省によって作成された「『預かり保育』の参考資料」には，預かり保育の現状，基本的な考え方や実施に当たっての留意事項，預かり保育を進めるための観点例などが参考事例とともに示された。「基本的な考え方」の中には，「『預かり保育』は，当該幼稚園に在園する幼児で，保護者が『預かり保育』を希望する幼児を対象として行う教育活動であり，幼稚園が家庭と連携して積極的に子育てを支援していくことを視野に入れた教育活動

である。したがって，すべての幼児に対して，保護者が勤務している等のために幼児が『保育に欠ける』状態であるか否かは問わないのが原則である」（文部科学省 2002: 1）との記述がある。従来，児童福祉法第 39 条の保育所規定で用いられてきた「保育に欠ける」という語がここには登場している点が注目されるが，預かり保育を「進める」という方針だったことが読み取れる。

その後 2007 年には，学校教育法が一部改正され，第二十四条には「幼稚園においては，第二十二条に規定する目的を実現するための教育を行うほか，（中略）家庭及び地域における幼児期の教育の支援に努める」ことが明記された。そのうえで，第二十五条では「幼稚園教育課程その他の保育内容に関する事項は，第二十二条及び第二十三条の規定に従い，文部科学省が定める」こととされた。ここでの「幼稚園の教育課程その他の保育内容に関する事項」とは，「教育課程と，地域の実態や保護者の要請により教育課程に係る教育時間外に行われる教育活動」を指すという点が，「学校教育法等の一部を改正する法律について（通知）」（文部科学省 2007）において説明された。すなわち，預かり保育は教育課程外の活動ではあるが，学校教育法第二十二条，第二十三条に示す事項をふまえて実施されるという点が示されたのである。

このように『幼稚園教育要領』および『学校教育法』において預かり保育に言及されるようになったことで，預かり保育の制度的な位置づけは明確化していった。2008 年に改訂された『幼稚園教育要領』では，預かり保育について，①教育課程に基づく活動を担当する教師と緊密な連携を図るようにすること，②教育活動の計画を作成するようにすること，③家庭との緊密な連携を図るようにすること，④幼児の生活のリズムを踏まえつつ，弾力的な運用に配慮すること，⑤適切な指導体制が留意点として記述された（文部科学省 2008b: 12-3）。

以上のように 1990 年代以降，預かり保育は政策的なうねりの中にあったことが確認される。こうした動向を捉えていくうえでは，同時期の保育所にはどのような動きがあったのかという点にも目を配らなければならない。

「保育所を利用する児童数は，1980 年以降ピークを迎えていたが，1994 年までは減少」傾向にあったという（近藤 2016: 38）。そのため，「1990 年代以前における保育所政策の基調は，保育所利用を限定的なものとして抑制することにあったと言えるが，1990 年代に入ると政策転換とも言えるような事態が生じ」，

子育てと仕事の両立支援のために保育所を積極的に活用しようとする動きが前面に出ていった（逆井 2016: 155-6）。これにより全国の保育所では，延長保育，夜間保育，休日保育，障がい児保育，一時保育のほか，保育所周辺の地域活動や親への相談活動など，さまざまな保育需要に応える取り組みが展開されたという（近藤 2016: 38）。さらに1997年の児童福祉法の改正では，保育所入所の仕組みが市町村による措置制度から，親の選択による利用制度に変更した。こうした選択利用制の採用により，利用者の権利性は強化されたという（山縣 1999: 127）。また同時期には，「待機児童」の存在に注目が集まるようになった（児童家庭局保育課長通知 1999）。その後，2003年には指定管理者制度が始まり，保育所をはじめとした公共施設の民間委託が進み，2004年には，公立保育所の運営費が一般財源化され，人件費などに影響を及ぼした（近藤 2016: 39）。

このように保育所では財源確保が困難性を増す中，都市部では低年齢児の保育需要が増加し，幼稚園の厳しい経営状況も明らかとなり，規制緩和推進の立場から，「幼稚園と保育所の一体化・一元化」が検討されることにつながった（近藤 2016: 40）。その後，総合施設構想を経て，「保育所・幼稚園の保育・教育を一体的におこなう」ことと「地域の子育て支援」を目指した，認定こども園が2006年に開始されるに至った[2]。

ここまでの整理から，戦後以降，学校教育法と児童福祉法という異なる法的根拠により幼稚園と保育所が展開されてきたこと，そして，1990年代以降には少子社会への対応や子育て支援の充実，保育時間の弾力化等といった課題に応えることを，両者はともに要請されてきたという点を確認できる。以上をふまえたうえで最後に，預かり保育をめぐる昨今の動向について見ていく。

2015年からスタートした子ども・子育て支援新制度により，預かり保育はまた新たな画期を迎えている。先述のように1997年の「預かり保育推進事業」以降，従来幼稚園では私学助成の補助により預かり保育をおこなってきた。しかし2015年を契機に，新制度に入って一時預かり事業の補助を受けるのか，私学助成による預かり保育を継続するのか，という選択に迫られるようになった（井上 2017: 116）。なお一時預かり事業の補助を受ける場合の補助単価は，近年増額傾向にある。「平成29年度予算案における一時預かり事業（幼稚園型）の新規・拡充事項」（内閣府 2017）によると，長時間加算は1人あたりの

日額は100円から,超過時間に応じて100〜300円となり,長期休業期間中の1人あたりの日額は400円から800円に増えた。これが,「平成30年度における子ども・子育て支援新制度に関する予算案の状況について」では,長時間加算の1日あたりの日額がさらに1.5倍に増額となった。利用料は,従来のまま利用者負担であるが,補助単価の見直しにより負担額も軽減されることが見込まれる（内閣府 2018a）。こうした公費負担の増加の背景には,「幼稚園における待機児童や小規模保育等の卒園生の受入れ,多様な預かりニーズへの対応を推進するため,預かり保育の長時間化・通年化」を図りたい（内閣府 2017）という政策的意図がある。そして2018年4月から施行されている『幼稚園教育要領』では,「第3章　教育課程に係る教育時間の終了後等に行う教育活動などの留意事項」および,第1章第7「教育課程に係る教育時間の終了後等に行う教育活動など」にて預かり保育に関する言及がある（文部科学省 2017b）。そこでは,「教育課程に係る教育時間の終了後等に行う教育活動について,学校教育法に規定する目的及び目標並びにこの章の第1に示す幼稚園教育の基本を踏まえ実施するものとする」（文部科学省 2017b: 10）との記載がある。これまでの内容からの変更はなく,預かり保育は幼稚園における活動として継続して位置づけられていることがわかる。

　本節の内容をふまえ,現行法における預かり保育の位置づけを図に示すと,図1-1のようになるだろう。図1-1は,児童福祉法と学校教育法という異なる法的根拠のうちどちらに依拠しているのかということと,受け入れている家庭が「保育を必要とする事由」に該当するか否かということを基準として,それぞれの保育の位置づけを示したものである。図1-1からは,現在多様な保育があるなかで,預かり保育は,学校教育法という法的根拠の範疇であることを維持しながらも,「保育を必要とする事由」に該当する家庭にも実質的には対応しているという,きわめて特徴的な場であることが浮かび上がってくる。

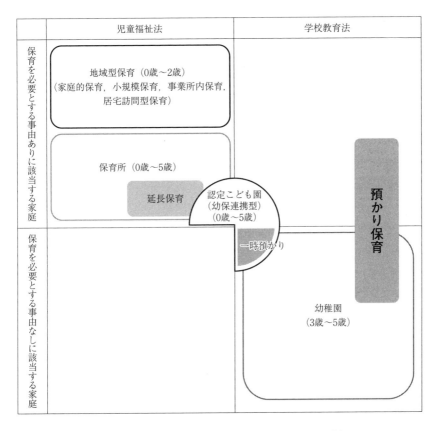

図1-1　現行法における預かり保育の位置づけ(3)

第2節　子育てへの社会的支援に関する研究

1　子育て環境の変化と子育て支援

　山根真理の整理によれば，子育てに関わる問題を家族外へと拡大する視点をもった研究は，1980年代に登場したという。社会学からは牧野カツコの育児不安研究，心理学からは佐々木保行の育児疲労研究，大日向雅美の母性意識研究を挙げ，「育児期を母親個人の人生上の移行期と捉え，そこで母親である女性に生ずる問題とその要因を明らかにしようとする研究」と位置づけている

(山根 2000: 24)。なかでも大日向 (1988) による『母性の研究』は，「従来，母性が女性の生得的特性とされ，それゆえに普遍的次元で理念化されてきた傾向」(1988: 250) を相対化する試みであった。そして，子育てが家庭内のことと扱われてきた背景には，「子どもが小さいうちは，とくに3歳までは母親が子どものそばにいて，育児に専念すべきだ」とするいわば3歳児神話が女性，ひいては社会に広く浸透してきたことが影響していると言及した（大日向 2000）。このようにこれらの研究は，「育児不安，育児疲労など母親の心理的健康の要因論において，親族，地域，機関など家族外からの援助が重要な変数として指摘され，育児問題は家族内にとどまらない人間関係網の問題であるという認識をひらくことになった」（山根 2000: 24）。

その後1990年代以降，子育てをめぐる社会的背景として，少子化や都市化，また地域の人間関係の希薄化などが挙げられ，子育ての困難さが強調されるようになる。なかでも少子高齢化社会への危機感は，育児支援政策としての保育政策の展開を後押しした（横山 2004: 79）。横山文野によれば，1990年代に入って以降，「戦後ずっと根強かった『育児は個人的な事柄であり，家庭で母親が行うべき』という『家庭保育』重視の考えが，『子育ては家庭と社会のパートナーシップで』という考え方」(横山 2004: 79) へと転換しはじめていったという。

こうした流れは，それまで私事的なものとして「家庭」という私的領域に留め置かれていた子育てを，「社会」という公的領域にその議論の範囲を広げることへと繋がっていった。とくに政府による子育て支援の展開は，1990年に前年の合計特殊出生率が1.57と発表されたことからはじまった（下夷 2000: 271）。1.57ショック後，「1992年度の『国民生活白書』では「少子化社会の到来——その影響と対応」と題して，出生率の低下や出生数の減少による影響が詳細に分析され，1993年度の『厚生白書』でも，「未来をひらく子どもたちのために・子育ての社会的支援を考える」と題して，少子化問題がとりあげられ，子育て支援の必要性が指摘された」（下夷 2000: 272）という。

1994年12月には，今後10年間に取り組むべき基本的方向と重点施策を定めた「今後の子育て支援のための施策の基本的方向について」（エンゼルプラン）が策定された（文部省・厚生省・労働省・建設省 1994）。エンゼルプランで

は，「子育てはとかく夫婦や家庭の問題ととられがちであるが，その様々な制約要因を除外していくことは，国や地方自治体はもとより，企業・職場や地域社会の役割でもある。そうした観点から子育て支援社会の構築を目指すことが要請されている」(文部省 1994) とあるように，子育ては私事ではなく，社会で担うべきものとの認識を強調した。同時期の「緊急保育対策等5ヵ年事業」(厚生省 1994) では，保育の量的拡大や低年齢児（0～2歳児）保育，延長保育などの多様な保育の充実，地域子育て支援センターの整備を具体的な目標として掲げた。1999年12月には，従来のエンゼルプランと緊急保育対策等5か年事業を見直した計画として，「重点的に推進すべき少子化対策の具体的実施計画について」（新エンゼルプラン）（大蔵省・文部省・厚生省・労働省・建設省・自治省 1999）が策定された。2003年には少子化社会対策基本法が制定され，同法の前文には，「我が国における急速な少子化の進展は，平均寿命の伸長による高齢者の増加とあいまって，我が国の人口構造にひずみを生じさせ，二十一世紀の国民生活に，深刻かつ多大な影響をもたらす。我らは，紛れもなく，有史以来の未曾有の事態に直面している」(内閣府 2003) とある。このように，少子化に対する危機感と「社会問題」としての側面が一層強調されることとなった。

　これ以降も2007年には「子どもと家族を応援する日本」重点戦略が取りまとめられ，「親の就労と子どもの育成の両立」と「家庭における子育て」を包括的に支援する仕組みの構築に取り組んでいくことが示された (内閣府 2007)。2010年には「少子化社会対策大綱」（子ども・子育てビジョン）が策定され，「『子どもが主人公（チルドレン・ファースト)』という考え方の下，これまでの『少子化対策』から『子ども・子育て支援』へと視点を移し，社会全体で子育てを支えるとともに，『生活と仕事と子育ての調和』を目指すこと」(内閣府 2010) とされた。2012年には，「子ども・子育て支援給付その他の子ども及び子どもを養育している者に必要な支援を行い，もっと一人一人の子どもが健やかに成長することができる社会の実現に寄与する」ことを目的に「子ども・子育て支援法」が制定された。

　このように子育て環境の変化に応じて，なかでも少子化対策としての意図を含みながら，1990年代から現在に至るまで，子育てを社会的に支援する政策

は次々と打ち出されてきた[4]。

とりわけ上記のような子育てへの社会的支援は,「子育ての社会化」という語を通して展開されてきた。たとえば,2005年度版の内閣府の『国民生活白書』の「むすび:子育てをしたいと思える社会の構築に向けて」には下記のような記述がある。

　子育て世代の親世代は,子育て世代に対して子育てが辛くて難しいことばかりではなく,楽しく充実感が得られることを積極的に伝えていくことが期待される。そして,親世代だけでなく,同世代の友人,あるいは会社の同僚,近隣に住む人々など,社会全体で何らかの子育てに参加する,あるいはそれができる仕組みを構築していくことが望まれる。子育てが家族の責任だけで行われるのではなく,社会全体によって取り組む,「子育ての社会化」が重要である。(内閣府 2005: 185)

これを受けてここでは,「子育てが家族の責任だけで行われるのではなく,社会全体によって取り組む」というロジックのもとに展開されている動向のことを「子育ての社会化」と呼ぶこととし,以降の先行研究を見ていこう。

2 「子育ての社会化」のジレンマの発見

しかしながら,子育てを社会的に支援しようとする動き,すなわち「子育ての社会化」は具現化されつつも,「『子育ては家庭と社会のパートナーシップで』という考え方」(横山 2004: 79)への転換には至っていないということも指摘されはじめている。

たとえば家族社会学の視点から松木洋人は,施設型支援者,「保育ママ」,ひろば型支援者を対象とし,「子育てを支援するという実践がどのように行われ,そして,その支援の実践が当の支援者たちにとってどのようなものとして経験されているのか」(松木 2013: 13)を記述した。そして「それらがどのような『家族』や『子育て』に関わる規範を通じて成立しているのか」(同上: 19)を検討した。その結果,「子どものケアという実践を『家族』成員以外の者が担う場合においても,その当の実践は『家族』が子どものケアを担うという論理

によって支えられている。実践とその担い手は変化していても，それを支えている家族に関わる規範的論理は持続している」（同上：221）という点があることを見出している。

　同様に，ファミリー・サポート事業を対象とする井上清美は，「子どもをあずける―あずかる」相互行為に焦点をあて，「状況の規範というレベルでは，近代的母親規範は決して効力を失ったわけではない」ことを明らかにした。「ファミリー・サポート事業という場に焦点をあて，あずけ手とあずかり手の相互作用に関する語りを詳細に分析した結果，そこから見えてくるのは，母親が子育ての中心であるとする近代的母親規範が根強く存在し，それぞれの意識や行為を規定しているという現実であった」と指摘している（井上 2013: 285）。

　このように「子育ての社会化」の内実に焦点を当てる研究では，「子育ての社会化」を実践するうえでの子育ての担い手（松木 2013），あるいは「あずかり手」「あずけ手」（井上 2013）の葛藤と，その背景にある家族に関する規範意識が考察されてきた。

　さらには，「子育ての社会化」の場で「女性が・地域で・子どもを育てる」という構造が，改めて強調されているとの知見もある。相馬直子（2004）は，「保育ママ制度」の分析と保育者へのインタビューをもとに，「『子育ての社会化』論議のなかで，現在の『保育ママ制度』を前提にして拡大を議論することは，『子育ての社会化』の先に，『家族化』，『ジェンダー化』の構造を再編成していくことにつながっている」（相馬 2004: 43）ことを指摘している。

　以上のように，現代の子育て家庭においては，具体的な保育政策や子育て支援の活用を通して，これまで私事とされてきた「子どもへのケア提供の内実や責任を，部分的であれ，外部化，共同化」（松木 2007: 19）することが許容されてきているという側面がある一方で，子育て支援を必要とする側，担う側双方に，根強い近代家族規範，母親規範が存在している側面があると，先行研究は明らかにしてきた。すなわちこれらの研究は，「子育ての社会化」への考察を通して，子育てを社会にひらいていこうとする論理が必ずしも浸透していないという事態があるということ，つまり子育てが依然として「私的なもの」，「家庭内のもの」であり続けているということを描き出してきた。

　ただし，「子育ての社会化」のありようとは，子どもへの具体的なケア実践

のみで構成されているわけではない。つまり「子育ての社会化」の実践の背景には，施設型支援にしても，「保育ママ」，ひろば型支援，ファミリー・サポート事業にしても，家庭以外の場所での子どもへのケアを部分的に託そうとする，家族（おそらく多くの場合は，親）による選択や意思決定があるだろうし，金銭的コストや利用する上での情報収集や具体的な手続きのための時間的コストが伴うこともあるだろう。このように，一口に「子育ての社会化」といっても，そのなかに含まれている行為や現象はさまざまであるものと考えられる。したがって，「『子育ては家庭と社会のパートナーシップで』という考え方」（横山2004: 79）に基づいて，家庭と社会の関係における具体的な負担や役割のありようがどう議論されているのか，どのようになっているのかという点にも目配りをしなければならない(5)。

　これを議論するうえでの手がかりとして，広田照幸は，1980年代以降の親の養育，教育への責任のありようについて下記のように言及する。「親（特に母親）が本来の責任主体であるとされる点は変わっていないし，むしろより強まってさえいるのだが，『遂行』の部分は，多様な担い手によって支えられるのが望ましい，というふうに変化した。わが子の養育や教育に，さまざまなサービスやネットワークを使いこなす，『ジェネラル・マネージャーとしての親』の時代である」（広田 2006: 87）という。また同様に天童睦子は，1990年代以降の日本の育児と教育の政策的動向について，「出産，育児，介護，教育，医療等，市場原理に解消しえないケアにかかわる領域は，主に家庭のなかで女性が担うべきとされ，公的支出の関心の外に置かれ」ていたことと，その一方で，「一部のケア領域や教育分野では市場化・商品化が進み，ケアや子どもの教育について，個人と家族の『選択』の文脈で自己責任を強化していった」ことを指摘している（天童 2016: 261）。このように，子育て，教育に関連する領域での「市場化」や「商品化」，つまり「遂行」の部分での外部化が進行するなかで，親，家族による「選択」による影響が色濃くなっていることに言及している。

　吉長真子は，こうした子育て，教育に関連する領域での「商品化」の拡大が，子育ての「社会化」を掲げて進行しているという事態を批判的に論じる。そこでは，「今のところ政府や財界の主張する子育ての『社会化』とは，（中略）低

コストで効率的に多様なメニューを提供する保育サービスを親が賢く使いこなせる社会にすることなのだということが，はっきりしてきた。それは戦後，子育ての『社会化』を『共同化』ととらえて保育所づくり運動を起こし，保育に対する公的保障の拡大を求めてきた保護者，保育者，保育・教育研究者が考えていた子育て・保育の『社会化』とは，全く質が違うといえよう」（吉長 2008：1）と述べている(6)。

　上記のように，子育ての「遂行」の部分での外部化の進行と親による「選択」の影響が広がっているという議論，そしてそれを批判する議論があるなかで，丹治恭子（2012）は，上記の知見とは異なる母親たちの状況を指摘している。丹治（2012）は大阪市における母親への意識調査をもとに，「子育ては社会全体で取り組むべき問題」という意識は母親たちに共有されつつも，母親が子育てを「遂行」する「担い手」である現状には変化がないことを示しているのである。そのため，子育ての実際の担い手がどのように変化しているのかを見ていかねばならないと述べている。

　このように子育てをめぐる「責任」や「遂行」に関する知見や議論に齟齬が生じているという事態は，子育てをめぐる「責任」と「遂行」の関係が，それぞれの「子育ての社会化」の場でどう議論されているのかを見ていかねばならないということを示唆している。この点を村山祐一は，「子育て支援をすすめるうえで，私的営みとしての育児と育児の社会化としての保育との相互連関やそれぞれの独自性，守備範囲をどのように考えるのか，育児や保育の責任と権利，保育の基本理念や保育所保育・幼稚園教育のあり方などを総合的・構造的に把握することが今日きわめて重要である」（村山 2004：56）と言い表している。

　子育てへの社会的支援が実践される場においても，子育てを社会にひらいていこうとする論理が必ずしも浸透していないという事態があることにスポットライトを当てた松木（2013）らの研究の意義は大きい。ただ，子育てをめぐる家庭と社会の関係のありようを捉えていくためには，子育てが「遂行」されることとそれを支える論理に焦点を当てることに加えて，子育てへの社会的支援のなかにある多面的な側面をこそあぶり出すことが重要となる。

3 「子育ての社会化」研究から子育ての公共性研究へ

ここまでに整理したように，本書では子育てをめぐる「責任」と「遂行」の関係の諸相に注目することが課題となる。先行研究（広田 2016, 天童 2016 など）における議論を参考にしながら，ここで扱う「責任」について，子育てをめぐるさまざまな選択や意思決定をし，それに伴う金銭的，時間的コストを負担することと位置づけ，一方で「遂行」について，子育てをめぐる具体的なケア行為を担うことと位置づけたい。そしてそれぞれを引き受ける者のことを「責任主体」，「遂行主体」と限定的に定義する。

このように子育ての「責任」と「遂行」の関係を位置づけようとするとき，思い出されるのは教育の公共性に関する議論ではないだろうか。たとえば堀尾輝久は，親の教育責務とその信託について以下のように論じていた。

> 保育所や学校は，両親の親権（発達保障の自然的責務）を共同化し，その責務を，専門の保育者・教師に信託したのであり，権利論的視点でみれば，保育所や学校は，「家庭の延長」だといってよい。保育・教育の専門機関には，家庭で果たしえない機能を託されて，親権（親の責務）の代替的行使が期待される。（堀尾 1977: 84）

たしかに子育ては，公教育とは異なる。そのため，ここでいう公教育の議論をそのまま敷衍することはできない。ただ，教育の公共性の議論から学べるように，今子育てをめぐって交わされている「責任」と「遂行」の議論には，子育ての公共性が主張されながら，子育てをめぐる公的領域と私的領域の境界が変容されようとしている様子が映し出されているのではないだろうか。つまり，子育てに関わる「責任」と「遂行」が家族と社会のあいだでどのように担われようとしているのか，あるいはどのような担われ方が期待されているのかという点を子育ての公共性という論点から分析することが求められているのである。

ではここで，これまでの論点を小括する。子育てへの社会的支援の必要性は，大日向（1988）らをはじめとする先行研究によって提示され，子育ては家族のみならず，社会全体によって担われるべきとする論理を喚起した。その後少子高齢社会への危機意識にも後押しされながら，子育てへの社会的支援は制度，

政策のなかで具現化されるようになった。ただし，子育てへの社会的支援の充実がはかられていようとも，ケア行為が実践されるあて先では，子育て支援を必要とする側，担う側双方において，「家族に関わる規範的論理は持続している」（松木 2013: 221）という点が明らかにされてきた。しかしながら，これらの先行研究においては，「子育ての社会化」のなかにあるケア行為の社会化，すなわち子育ての具体的な実践，「遂行」の部分には言及されているものの，子育てをめぐる意思決定や選択，コスト負担といった「責任」に関わる部分もまた，社会化されているのか，あるいは社会化が望まれているのかといった点が十分考察されてきたとは言い難い。子育ては今，どのような「責任」と「遂行」の関係のなかに議論されているのだろうか。そして，子育てをめぐる公的領域と私的領域の境界がどのように位置づけられようとしているのだろうか。

　ここで，上記の「責任」と「遂行」をめぐる2つの軸をもとに，子育てをめぐるロジックの布置関係について仮説的に整理すれば，図1-2のようになるだろう。この図は，子育ての「責任」部分を公的領域に位置づけるのか，あるいは私的領域に位置づけるのかという軸と，子育ての「遂行」部分を公的領域に位置づけるのか，あるいは私的領域に位置づけるのかという軸によって，子育てをめぐるロジックは4類型に区分されることを示している。ただし，先にも述べたように，ここでは「責任」について子育てをめぐる選択や意思決定を行い，金銭的，時間的コストを負担することと位置づけ，一方で「遂行」について子育てをめぐる具体的なケア行為を担うことと位置づけている。したがってここで「責任」に充てられた内容は多岐にわたっており，たとえばそれが子育てをめぐる意思決定のことを指すのか，金銭的コストのことを指しているのか，という精緻化される必要のある実態をこの4類型のみでは十分に示すことができない。そのため図1-2によって把握できることは限定的である。こうした図式化による限界には留意しながらも，どのようなロジックのもとに子育てが語られるのかという点を整理するうえで，こうした仮説の図を役立てることとしたい[7]。

　まず第Ⅰ象限に位置づくのは，子育ての「責任」および「遂行」をいずれも公的領域の範囲のなかで捉えるロジックである。子育ての「責任」と「遂行」を公共的なものとしてひらいていくこととはすなわち，子育ての「共同化」で

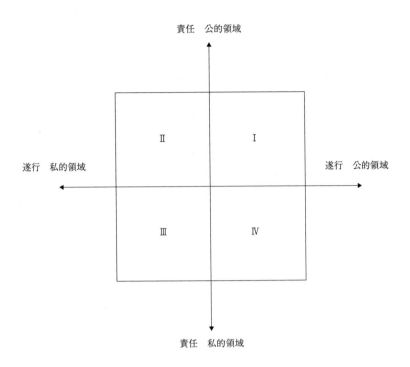

図1-2 子育てをめぐるロジックの4類型

あるだろう。子育てをめぐる具体的なケア行為を助け合い，負担しあうだけでなく，子育てに係る金銭的コストや時間的コストをも社会全体で負担するというやり方である。先行研究でいえば，吉長（2008）が主張しようとしていた論理はこの範囲に該当すると言えるだろう。すなわち，子育ての「責任」を市場による「商品化」やそれを選び取る親に任せるのではなく，「責任」，「遂行」ともに「保育に対する公的保障の拡大を求める」（吉長 2008）方向性である。

続いて第Ⅱ象限に位置づくのは，子育ての「責任」部分を公的領域の範囲で捉え，「遂行」部分は私的領域の範囲として捉えるというロジックである。子育てに係る選択や意思決定などを社会に委ね，具体的なケア行為を家庭内でのみ行うということは想像しにくいが，たとえば児童手当などの金銭的給付を手厚くするという形で「責任主体」としての役割を公的領域が担い，一方で家庭内でのケアを中心とするという方向性がここには位置づくものと考えられる。

次に第Ⅲ象限は，子育ての「責任」も「遂行」も私的領域のなかに求めるというロジックである。厳密に言えば，たとえば子育てに係る公費負担が一切ないという社会は現代のなかで考えにくい。ただ，子育ての「責任」を私的領域に中心に委ね，なおかつ「遂行」も私的領域で扱われるべきことであるとするロジックは，たとえば，「戦後ずっと根強かった『育児は個人的な事柄であり，家庭で母親が行うべき』という『家庭保育』重視の考え」（横山 2004: 79）と符合するだろう。いわば近代家族観に基づいた子育ての方向性がここには位置づけられると言っていい。
　最後に第Ⅳ象限は，子育ての「責任」部分を私的領域の範囲に扱い，「遂行」部分を公的領域の範囲に扱うというロジックである。子育てに係る具体的なケア行為は多様な担い手によって外部化するが，外部化することを選択したり，外部化によって発生する金銭コストなどを負担するのは家庭内，という方向性である。先行研究でいえば広田（2006）が指摘する，「わが子の養育や教育に，さまざまなサービスやネットワークを使いこなす，『ジェネラル・マネージャーとしての親』」（広田 2006: 87）が該当するだろう。
　以上のように，子育ての「責任」と「遂行」をどのように負担しようとしているのかという点を考察に含めることで，「子育ての社会化」のなかにある多面的なありようを捉えることができる。そして，この4類型間のうちのどこに位置づくのかということ，また類型間をどのように移動してきたのか，移動しているのかということのなかに再編のポリティクスは映し出される。なお，ここでの類型間の移動，再編のポリティクスを捉える理論的視座は第2章にて詳しく検討する。
　子育ては，どのような「責任」と「遂行」の関係のなかに議論されようとしているのか。上記を探るために本書が対象として設定したのは，預かり保育である。そこで次節では，これまでの先行研究では預かり保育をめぐって何が議論されてきたのかという点を見ていくことにしたい。

第3節　預かり保育に関する研究

1　預かり保育研究の萌芽——実態把握への関心

　先にも触れたように，実態としての預かり保育は戦前も含めて以前からあったことが指摘されている（柴崎 2004）。その一方で，預かり保育に関する研究[8]が登場し始めるのは，1990年に入ってからである。たとえば金場智恵・今泉かおり・友松浩志（1990）は，研究対象園での10年間の預かり保育の実施状況と親の意識に関する調査に着手した。具体的な調査項目には，園内での預かり保育の利用者数，利用者比率のほか，預かり保育を利用した理由，母親の就労の有無，両親以外で帰宅後の子どもの面倒を見る人の有無，預かり保育に対する保護者の意識，預かり保育に預けた時の子どもの様子，預かり保育の保育内容，幼稚園の保育時間への意見があった。そしてその調査のまとめとして，以下のように言及する。「核家族化，婦人労働など社会環境の変化は，幼児の生活を大きく変えようとしている。預かり保育という小さな試みが，幼稚園そのもののあり方を問い直す大きなきっかけになるかも知れない」（金場ら 1990: 49）。このように当時の預かり保育の実施への関心は，「幼稚園そのもののあり方」の変化を予見しながら，高まりを見せていたことがうかがえる。

　さらに，ちょうど預かり保育が推進事業となり画期を迎えるころ，『そこが知りたい！　預かり保育——全国縦断アンケート調査』（鈴木 1997）が発行された。文献は，小田豊（当時文部省初等中等教育局視学官）と佐保田亘正（当時全日本私立幼稚園連合会会長・東菅幼稚園園長）のあいさつから始まる。ここで佐保田は，「時代が突きつけた課題『預かり保育』」と題し，「『預かり保育』とは，幼稚園が保育所化することではありません。それは，日本の社会構造の変質に伴う都市化，核家族化，少子化等によって変質または低下した地域や家庭の教育・保育機能の補充と復活の役目を果たすものなのです」（鈴木 1997: 8）と述べている。そして文献には，「今，行われている預かり保育」として，北海道地区，東北地区，関東地区，中部地区，近畿地区，中国地区，九州地区の全30園における預かり保育の実践例が掲載された。それぞれの園で預かり保育をどのように実施しているのか，受け入れている園児数はどれくらいか，預

かり保育を実施するにあたって新規に補充した教材は何か，保護者の負担金はいくらか，預かり保育の実施の告知方法，預かり保育の時間を含めたタイムスケジュールを聞き出した全国規模でのアンケート調査である。

　この時期に預かり保育の実施状況の把握を目的とした研究には，山本理絵・神田直子（1999）や神田直子・山本理絵（1999）による研究がある。山本・神田（1999）は，愛知県内6園の預かり保育の実態調査に着手した。調査当時，預かり保育実施園の8割以上で週5日以上の実施があること，預かり保育の担当教職員はその半数以上が通常保育との兼任であること，保育内容の中心は，「個々人の自由遊び」であることなどを示した。その上で，預かり保育の内容や方法に関する課題として，預かり保育の人的体制の整備や通常保育へのしわよせがあること，「世のニーズとはいえ教育的に疑問をもちつつ実施している」といったように，子どもの疲労や不安への配慮があること，預かり保育に適した施設や環境面の整備，異年齢で楽しめる活動内容，午前中の保育との関連など，保育内容づくりに関する課題があることを指摘した（山本・神田 1999: 41）。これに続いて神田・山本（1999）は，預かり保育に係る幼稚園側の意識に言及した。「『親の要望』，『親が安心して用事ができる』など，親にとってのプラス面」や，「『預かり保育についての問い合わせが入園時にあるので，入園にとってはプラスになる』，『園児を長く預かることで，保育園との競争力がついた』など，入園する園児増につながり，園の経営にとってよい」という意識がある一方で，「子どもに対する影響，とりわけ長時間幼稚園で過ごすことによって，家庭で過ごす時間が減少し，それが親子関係を弱めるのではないか，また親同士の関係を弱めるのではないか」といった預かり保育への否定的な見方があることを示した（神田・山本 1999: 45-6）。

　とりわけ2000年代に入ると，各園での預かり保育の実践に関する報告が多く登場するようになる（たとえば，大庭・岩口・古田 2002; 太田・藪内・阿久津 2002）。なかでも園田菜摘・無藤隆は，預かり保育の質の検討や子どもの発達的観点からの調査を実施した。そこでは，「幼稚園での整った環境を十分に使用しながら，ある程度の質の高さが維持された保育が行われていること，さらに子どもの発達にとってもプラスとなる面が大きい」（園田・無藤 2001: 40）ことを指摘した。ただしその一方では，預かり保育に係る課題として，実施する

ための経済的負担，通常保育との関連などを挙げ，保育内容を検討する必要性にも言及した（同上）。また2007年以降(9)には，文部科学省による『幼児教育実態調査』において，預かり保育に関する報告も公開されるようになった。そこでは，「預かり保育の実施園数」，「預かり保育を行う条件」，「預かり保育の実施日数等」，「預かり保育受け入れ幼児数等」，「預かり保育における保育担当者1人あたりの幼児数」，「預かり保育の担当者における幼稚園教諭免許と保育士資格の併有状況」，「預かり保育における料金徴収の有無」，「預かり保育における料金の平均額」，「実践上の課題」，「実践に向けての課題」に関して調査がおこなわれてきた。調査項目からも，全国で預かり保育がどのように実施されているのかという点に関心が寄せられてきたことが読み取れる。

　以上のように，子育て支援に対する社会的関心の高まりと，とくに預かり保育推進事業の展開を背景に，1990年代終わり以降，預かり保育に関する研究はその実態把握への関心を中心としながら隆盛していった。

2　預かり保育研究の展開――預かり保育利用者への関心

　そして各園での預かり保育の実施が増加する中，預かり保育研究の関心は，預かり保育の利用者，すなわち親に関するものへと広がりを見せた。

　たとえば安藤智子・荒牧美佐子・岩藤裕美・丹羽さがの・砂上史子・掘越紀香（2008）は，幼稚園の預かり保育利用者の特徴と預かり保育の有効性について分析した。そこでは預かり保育の利用者の特徴として，子どもの出生順位が後であること，子どもを預ける先が多いこと，子育てについて相談する相手が少ないこと，育児への負担感が高いという点が挙げられている。そして上記の結果をもとに，預かり保育は，子育て支援として有効性があると結論づけた。

　さらに石黒万里子（2011）は，「就学前の子どもの保育の選択は，家族の育児資源が直接的に影響をおよぼす子育て実践のひとつである」（石黒 2011: 1）という課題設定のもと(10)，預かり保育を保育選択のひとつに位置づけながら，親の特性について考察しようとした。すなわち，「就学前においては，就学が義務でない以上，就学するか否かの選択にはじまり，幼稚園にするか保育所にするかという制度選択の点においても，それぞれ特色が異なる多様な幼稚園・保育所の中からどこを選択するのかという，いわゆる『園選び』においても，

『選択』の度合いが強い」(同上：1) という点に着目し，その「選択」の背景にあるものを分析しようとした。なかでも，預かり保育の利用を選択する母親に関しては，高学歴，高収入といった特徴があることを指摘した[11]。そしてこれらの結果を，石黒 (2011) は，「子育てのプライヴァタイゼーションの進行」(同上：142) と結論づけた。こうした研究は，ひとつには，預かり保育が階層的な特徴のもとに利用されているということを示したという点で重要であり，同時に，預かり保育が親の「選択」に関連する実践でもあるということを論じている点で示唆的である。

3 預かり保育に関する研究の成果と課題

上記に挙げるように，預かり保育に関する研究は少なくない。これまでの預かり保育に関する研究や調査は，預かり保育がどのようにおこなわれているかというその実態把握に関するものが多くを占めてきた。一方，預かり保育を利用する親に着目した研究では，子育て支援としてのいわば有効性と，預かり保育を「選択」する親の特性が明らかにされてきた。

これらの知見を今一度整理すると，預かり保育は，幼稚園という家庭の外で保育者によって担われ，「遂行」されるものであり，そしてそもそも預かり保育を利用するか否かという点には親による「選択」が関わっているという点が見えてくる。換言すればこれらの先行研究からは，預かり保育には，子育ての「遂行」と「責任」という論点が含まれており，すなわち，子育ての公共性に関わる論点が含まれているということが浮かび上がってくる。

ただしこれらの論点は，先行研究のなかで十分に扱われてきたわけではない。したがって，具体的に検討されなければならない課題としては次のことがある。ひとつには，「子育ての社会化」におけるケア行為の「遂行」に関わっている保育者に，子育てをめぐる「責任」と「遂行」の関係がどのように捉えられたり，どのような関係が望ましいと考えられているだろうか。一方，ふたつめには，「子育ての社会化」におけるケアの利用選択や意思決定といった「責任」に現時点で[12]関わっている親には，子育てをめぐる「責任」と「遂行」の関係がどのように捉えられているだろうか。

また，先行研究では預かり保育を実施する幼稚園や保育者，それを利用する

親，そしてそこで過ごす子どもに主な焦点が当てられてきたが，預かり保育はこうしたミクロレヴェルでの関係の中でのみ説明されうるものではなかった。預かり保育は幼稚園，ひいては保育所，また一連の子育てへの社会的支援に関わる制度，政策の影響を受けて実施されてきたという点も捉えなければならない。したがって，預かり保育に関するマクロレヴェルでの議論で，子育てをめぐる「責任」と「遂行」の関係がどのように捉えられたり，どのような関係が望ましいと考えられてきたのかということも，考察する必要がある。

そして上記の考察を通して，子育てをめぐる公的領域と私的領域の境界がどのように引き直されようとしているのか，あるいは引き直されようとはしていないのかといった，子育ての公的領域と私的領域の再編とそのポリティクスを示していくことが課題となる。

第4節　ポリティクスの3つのアクターとリサーチクエスチョン

以上のように，子育てへの社会的支援に関する先行研究と預かり保育に関する先行研究を整理し，本書が取り組む課題について確認してきた。

本書の主題は，預かり保育に着目しながら，子育てをめぐる「責任」と「遂行」がどのように議論されているのかを考察し，その動向について，子育てをめぐる再編のポリティクスという視座から明らかにすることである。そして本書では，ポリティクスのアクターを，預かり保育に関する政策言説，預かり保育を担う保育者，そして預かり保育を利用する親に設定する。その理由は，預かり保育に関する政策動向や先行研究を整理するなかで，上記の三者が重要なアクターになってきたと考えられたためである。そこで，本書では次のリサーチクエスチョンを設定し，これを解明する。

RQ(1)　預かり保育は，どのような政策的な問題意識のもとに推進されてきたのか。また，ここで検討する政策言説は，いかに子育てをめぐる公的領域と私的領域の境界を策定してきたか。

RQ(2)　現在，預かり保育はどのように実施されているのか。また，実施状況の背景には，公的領域と私的領域の関係に関する保育者のどのような認

識があるのか。
RQ(3) 現在，預かり保育はどのように利用されているのか。また，利用状況の背景には，公的領域と私的領域の関係に関する親のどのような認識があるのか。

　以上のように本書では，預かり保育について，マクロレヴェルでの位相とミクロレヴェルでの位相から，考察することを試みる。第一には，RQ(1)として示したように，マクロレヴェルでの言説，すなわち預かり保育の制度・政策に関わる問題意識はどのようなものであったのかを記述する。そして第二には，RQ(2)およびRQ(3)に示すように，ミクロレヴェル，すなわち預かり保育を実際に担う保育者，そして利用する親に，預かり保育はどのように実践されているのか，ひいてはその背景には預かり保育に対するどのような意味づけがあるのかという点を明らかにしたい。そして，マクロレヴェル，ミクロレヴェルそれぞれの問いとそれに対する答えを通して，子育てをめぐる公的領域と私的領域の境界がいかに策定され，それが具体的な人々の実践や意味づけにも反映されたり，されなかったりしているのかという点を考察する。
　なおこれらの問いには，第4章から第8章での分析を通して応えていく。

注
(1) ただし1956年（昭和31年）『幼稚園教育要領』時点では，「1日の教育時間は，4時間を原則とするが，季節，幼児の年齢を考慮して適切にきめる」とあり，「原則」という語が用いられていた。なお「幼稚園教育要領」の前身である1947年（昭和22年）『保育要領』にも，同様の規定があった。
(2) ただし，認定こども園では，保育概念について保育としての一元化ではなく，「教育及び保育を一体的に提供する機能」，「教育・保育を行う」という語が使用された（村山 2016: 64）。すなわち，幼稚園，保育所，認定こども園に三分化し，「教育」機能と「保育」機能という区分があるとの認識を社会的に広める契機となったのである。
(3) 図1-1の作成にあたっては，『保育白書 2017』および『子ども・子育て支援新制度 なるほどBOOK（平成28年4月改訂版）』（内閣府 2016）を参考にした。なお，認定こども園（幼保連携型）の法的根拠は「子ども・子育て関連3法」（「子ども・子育て支援法」，「就学前の子どもに関する教育，保育等の総合的な提供の推進に関する法律の一部を改正する法律」，「子ども・子育て支

援法及び就学前の子どもに関する教育，保育等の総合的な提供の推進に関する法律の一部を改正する法律の施行に伴う関係法律の整備等に関する法律」）である。ただし，「就学前の子どもに関する教育，保育等の総合的な提供の推進に関する法律の一部を改正する法律」第九条において，「幼保連携型認定こども園においては，（中略）子どもに対する学校としての教育及び児童福祉施設としての保育並びにその実施する保護者に対する子育て支援事業の相互の有機的な連携を図りつつ，次に掲げる目標を達成するよう当該教育及び当該保育を行うものとする」と定められていることをふまえ，図中には学校教育法と児童福祉法の中間的位置に示した。なお，図中の各枠組みの大きさは，園数や実施規模を示しているわけではない。

（4）　子育てへの社会的支援に関する政策，少子化対策に関する動向は，内閣府による「これまでの少子化の取組」を参考にしながら整理した。
　　　（https://www8.cao.go.jp/shoushi/shoushika/data/torikumi.html）。
（5）　関連して，「社会化」に含まれる具体的な負担や役割について論じているものとして，新川敏光の研究がある。新川（2009）は福祉レジームについて，脱商品化と脱家族化という2つの軸により4つに分類することを提案している。そして具体的な4類型の内訳に，「社民主義レジーム」，「保守主義レジーム」，「家族主義レジーム」，「自由主義レジーム」という名前を充てている。同様に，辻由希（2012）は，ケア政策を分析する際の観点として，「ケア費用の社会化」と「ケア労働の社会化」の2つを提起している。そのうえでこれら2軸を，「家族の経済的責任」の軽減か維持か，「性別役割分業」の軽減か維持かという対立軸に置き換え，「多元主義家族」，「母性主義家族」，「父性主義家族」，「平等主義家族」に分類し，主に福祉政策の提示してきた「家族」像について分析している。
（6）　併せて吉長（2008：2）は，「子育ての社会化」の構成を捉えなおすために，藤崎宏子（2006）が介護において「社会化」される要素として，①労働，②費用，③管理・責任の3つを挙げていることを引いている。
（7）　四象限に図式化することの限界と有効性については，本書と論題は異なるが，近代国家の特徴を「中央集権度」と「身分制の消失度」という2軸から四象限図式にて整理した小熊英二（2000：528）が，次のように論じる。「図式化はあくまで図式化にすぎない。フランスで実際にどこまで身分制が消失しているのか，あるいはフランスといっても地方差があるといった実態を論じはじめれば，こうした図式の象限に実際の国名をあてはめることが不適切なことは自明である。また，中央集権の進行は地方貴族層の地位低下をもたらすことなどを考えると，「中央集権度」と「身分制の消失度」は独立した変数とはいえないから，こうした図式を構成することじたい適切ともいえない。（中略）しかしこうしたラフな図式化でも，視点の整理としては一定の役には立つのである。むしろ筆者は，図式化とはしょせん作業仮説以上にはなりえないものと考えて

いるので，実態をカバーするために精緻化を施して複雑にするよりも，ラフでもわかりやすい状態にとどめたほうがよいという立場をとる。」（小熊 2000: 538）

(8) 幼稚園における延長保育を「預かり保育」と呼称せずに検討した研究は1990年より前にもある。たとえば，萩吉康（1985）による「幼稚園における「延長保育」の実態と「幼・保一元化」に関する意識について——三重県内全幼稚園の調査を通して」『皇学館大学紀要』などがこれに該当する。ただし，本書では「預かり保育」という呼称が含まれた研究について扱うこととした。

(9) 2007年の『平成19年度幼児教育実態調査』（文部科学省）に続いて，2008年にも同様に『平成20年幼児教育実態調査』が発行されている。以降，1年おき（2010年，2012年，2014年，2016年）に同調査は実施されている。

(10) ここでの課題設定は，濱名陽子が，日本の幼児期の教育は「家庭という私的領域で行われる部分が大きく，各家庭の階層や文化，保護者の意識等によって規定され左右される側面が強い」と指摘していることと重ねて理解することができる。「様々な保育方針の園が混在している状況」のなかで，「公的な制度の中にある幼稚園も市場競争の中に存在する傾向にあり，それを利用する側の選択の余地が大きい」（濱名 2011: 88）という。いまや，幼児期の教育や子育てにこそ，親自身の価値観や意識の現代的諸相があらわれるのである。

(11) このように社会階層と親の「選択」とのむすびつきが例証されてきた一方で，広田照幸は，教育機会に関わる個人の選択は，他者の未来における進学機会や職業機会の確率構造を変える可能性があることに留意しなければならないと論じる。すなわち，「比較的良質な者だけを特定のサービス提供者が集めてしまう『クリームのすくい取り』（skimming off the cream）という現象は，高齢者や障害者のケアのような領域の市場化においても同様に起きている。しかしながら，教育におけるそれが，社会福祉領域のそれと比べて深刻な意味を持っているのは，分化したサービスの受益者がいずれ市場での競争相手になるという，この点に由来する」（広田 2004: 47）と論じている。こうしたいわば不平等に働きかける方途として，エスピン－アンデルセン（G. Esping-Andersen）は質の高い公的な保育の提供を挙げている。エスピン－アンデルセンによれば，「不平等の大部分は学校に入る前の年齢で作られているので，教育政策が重要な差別撤廃手段だとする信念を放棄しなければならない」（2005=2012: 31）。すなわち，社会的相続にとって，とくに幼少期における「親の伝達」，家庭の文化資本の格差が決定的に重要であり，これを緩和するためには0歳から6歳までの子どもたち全員が利用できる，均質で高水準の保育システムの仕組みが必要であるという（同上: 32）。ただしエスピン－アンデルセン（2005=2012）の主張において重要なことは，「質の高い，共通の保育」を提起している点にある。彼自身，アメリカの保育サービスを例に挙げ，ほとんどすべての保育が民間によって提供される場合，保育の質は親の所得と強く

相関するものとなり，「不利な家庭出身の子どもたちは条件の悪い保育に集中しがちである」という点にも言及しているのである（2005=2012: 33）。
(12) 「現時点で」という文言に傍点を付けたのは，子育ての「遂行」部分だけでなく，「責任」部分も外化することも論理的にはありうるという点を強調するためである。子育ての責任主体＝親であるということは自明ではない。預かり保育においては，現在のところ，その利用選択や意思決定に関わっているのが親であるということに過ぎない，ということである。

第2章

理論的枠組みの検討

第1節　子育てをめぐる再編のポリティクスを議論するために

　野平慎二によれば，教育とは「個々人の生存を保障し，その思想や信条の形成にかかわる」という点において私的な性格をもち，他方では，「世代から世代へ生活様式を伝承」し，「ひとつの共同体の秩序の安定と存続が図られる」という点において公共的な性格をもっている（野平 2000: 13）。このように，教育は「私的な側面と公的な側面をもちあわせており，その両側面の調整を図る必要が生じてくるため」に，教育において公共性が問題になるという（同上: 13）。

> 言うまでもなく，一方で教育は個々人の生存を保障し，その思想や信条の形成にかかわるすぐれて個人的，私的な営みである。けれども他方で，教育は，世代から世代へと生活様式を伝承することを本質的な機能として備えている。（中略）この意味で，教育は私的な営みを越えた共同的ないし公的な性格をもつ。（野平 2000: 13）

　こうした，私的な側面と公的な側面の調整の問題は，昨今の子育てをめぐる議論についても同様に見られると言っていいだろう。たとえばその公的な側面については，人的資本投資の収益率という観点から検討された，幼児期の介入の重要性に関する研究（Heckman 2013=2015）に注目が集まっていることにもうかがえる。そして，こうした関心にも後押しされながら，子育てを社会全体で担おうとする論理は，現代日本の子育てに関する政策において実践されよう

としている。一方では，第1章で言及したように，子育ての私的な側面に関しては，「一部のケア領域や教育分野では市場化・商品化が進み，ケアや子どもの教育について，個人と家族の『選択』の文脈で自己責任を強化」（天童 2016: 261）する親たちの姿が指摘されていたりもする。このように，子育ての公的な側面，私的な側面それぞれにおける議論は高まりを見せつつも，これらがこれまで公共性の問題として十分に論じられてきたとは言いがたい。

　本書の主題が，子育てをめぐる公的領域と私的領域の境界の引き直し，再編のポリティクスを分析すること，言い換えれば子育ての公的な側面，私的な側面の調整の問題を分析することである点を鑑みれば，まずはそれを検討しうる公共性に関する議論について探っていく必要がある。ただし，公共性という言葉の意味するところを考えるだけでも，「私的ではない」，「個人的でない」というだけでなく，「個人よりも大きいもの，個人間に共通のもの，個人を超えた全体的なもの，特定の個人だけに限定されない，公開ないし開放されたもの，不特定の個人がアクセスできるもの，等とさまざまな意味に広がっていく」（谷澤 2006: 218）ように，公共性に関する議論はあまりに多い。

　そこで本章では本書の目的に照らして，公的領域と私的領域の関係を流動的，可変的なものとして捉え，それをこそ議論しようとしているものを扱いたい。換言すれば，やや議論の先取りになってしまうが，協議やコミュニケーションの空間としての公共性が議論のなかで扱われているものに焦点を絞って検討し，本書における理論的枠組みを示していく。

第2節　公的領域と私的領域の関係と境界を変えうるもの

1　公的領域と私的領域の関係

　公的領域と私的領域の可変性について検討する前に，両者の関係がどのように論じられてきたのかという点に触れておきたい。アーレント（H. Arendt）によれば，「生活の私的領域と公的領域の間の区別は，家族の領域と政治的領域の区別に対応しており，それはもともと，少なくとも古代の都市国家の勃興以来，異なった別の実体として存在してきた」（Arendt 1958=1994: 49）という。

公的領域と私的領域，ポリスの領域と家族の領域，そして共通世界に係わる活動力と生命の維持に係わる活動力——これらそれぞれ二つのものの間の決定的な区別は，古代の政治思想がすべて自明の公理としてきた区別である。ところで，この文脈で私たちにとって重要なのは，その後の事態の発展のために，このような区別を理解しようとしても，それが異常に困難だということである。私たちの理解では，この境界線はまったく曖昧になってしまっている。(Arendt 1958=1994: 49-50)

そのうえで，アーレントは「公的領域」[1]および「私的領域」の特徴を次のように意味づける。

第一にそれは，公に現われるものはすべて，万人によって見られ，聞かれ，可能な限りもっとも広く公示されるということを意味する。私たちにとっては，現われがリアリティを形成する。この現われというのは，他人によっても私たちによっても，見られ，聞かれるなにものかである。(中略) 第二に，「公的」という用語は，世界そのものを意味している。なぜなら，世界とは，私たちすべてのものに共通するものであり，私たちが私的に所有している場所とは異なるからである。(中略) 世界の中に共生するというのは，本質的には，ちょうど，テーブルがその周りに坐っている人びとの真中に位置しているように，事物の世界がそれを共有している人びとの真中にあるということを意味する。つまり，世界は，すべての介在者と同じように，人々を結びつけると同時に人びとを分離させている。(Arendt 1958=1994: 75-79)

もともと『欠如している』privative という観念を含む『私的』"private" という用語が，意味をもつのは，公的領域のこの多様性にかんしてである。完全に私的な生活を送るということは，なによりもまず，真に人間的な生活に不可欠な物が「奪われている」deprived ということを意味する。すなわち，他人によって見られ聞かれることから生じる他人との「客観的」関係を奪われていること，さらに，生命そのものよりも永続的なものを達成する可能性

を奪われていること，などを意味する。(Arendt 1958=1994: 87)

　小玉重夫は，アーレントの「公的領域」への認識について，「自由が実現する領域」であり，「共通世界に関わる領域」であると整理している（小玉 2013: 136）。また谷澤正嗣は，アーレントの捉える公共性を，「人々が，彼ら全員に共通する事柄をめぐって，異なった意見を自由に表明し交換できるような開かれた共通の場」（谷澤 2006: 225）であると位置づけている。このように公的領域について「開かれた場」，「議論とコミュニケーションの空間」と意味づけたうえで，アーレントは「社会的なるものの勃興」によって「公的領域」が消失するという点を論じていた（谷澤 2006: 225）。アーレントの近代認識の特徴は，「社会的なるもの」という概念に端的に示されていると小玉（2013: 128）が述べるように，アーレントにとって「社会的なるもの」はキータームになっている。

　近代の初頭に典型的であった私的なるものと公的なるものとの矛盾は，一時的現象にすぎず，私的領域と公的領域の相違は，やがて完全に消滅し，両者はともに社会的なるものの領域に侵されてしまったことを知っているからである。公的なるものは私的なるものの一機能となり，私的なるものは残された唯一の公的関心になった。このため，生活の公的な分野と私的な分野はともに消え去った。(Arendt 1958=1994: 98)

　上記のように，社会的なるものの勃興により，「私的領域から自立していた公的領域が消失した」と，アーレントは捉えた（小玉 2013: 131）。
　このようにアーレントは，公的領域を「開かれた場」，「議論とコミュニケーションの空間」と位置づけつつも，社会的領域や私的領域とは峻別していたことがわかる（谷澤 2006: 225-226）。すなわち，公的領域と私的領域の独立性を前提に議論を進めている点からは，公的領域と私的領域の境界の引き直しの問題や両領域にまたがる問題については，アーレントの関心の中心ではなかったと考えられるだろう。
　一方で，ハーバマス（J. Habermas）の公的領域と私的領域の捉え方は，アー

レントのそれとは異なっている。『公共性の構造転換 第2版』(1990=1994) においてハーバマスは，国家だけにも，市場だけにも還元されない「市民的公共性」の領域があると述べ，なおかつその領域は「市民社会の私有圏への公共的関心がもはや単に政府によって保護されるだけでなく，臣民自身によってみずからの関心事として考慮に入れられるにつれて，発展していく」と捉えた (Habermas 1990=1994: 35)。

　市民的公共性は，さし当り，公衆として集合した私人たちの生活圏として捉えられる。これらの私人（民間人）たちは，当局によって規制されてきた公共性を，まもなく公権力そのものに対抗して自己のものとして主張する。それは，原則的に私有化されるとともに公共的な重要性をもつようになった商品交易と社会的労働の圏内で，社会的交渉の一般的規則について公権力と折衝せんがためであった。この政治的折衝の媒体となる公共の論議（öffentliches Räsonnement）は，歴史的に先例のない独特なものである。(Habermas 1990=1994: 46)

　上記から読み取れるように，「私人（民間人）」は，個人的な利益を出発点としながら公共的な利益に近づく契機をもっているものであり，私的領域と公的領域を独立なものとして切断して捉えたり，かつ私的領域を公的領域よりも劣位に置く考え方は見られない（谷澤 2006: 228）。同様に，杉田敦（2015）の議論においても，公的領域と私的領域の関係は以下のように捉えられている。

　古代ギリシアでは，経済はオイコス（家）という単位の内部で自己完結するものと考えられていた。他方，政治はポリス共同体の内部で自己完結するものと考えられていた。実際にどうであったかはともかくとして，同時代において，経済と政治が，オイコスとポリスという別個の具体的な境界線の内部で完結的に行われるものと一般的に考えられていたことが重要であり，このことが両者の相互独立性が想定される上で決定的であったのではないだろうか。（中略）しかし，公的なものと私的なものとの間の境界線にしても本質的なものではなく，両者の間の境界線は移動しうる。現代のフェミニストた

ちが明らかにしたように，特定の領域を非政治的として政治の外部に追い出してしまうことこそが，実は最も政治的な意味を持つからである。(杉田 2015: 3)

さらにオーキン（Okin, S）もフェミニズムの視点から，「公的領域と家内領域は，まったくもって明確に線引きできるものでも別々のものでもない。両者を峻別されたものとみる視点は，男女の性質と役割を本質的に別個のものと暗黙裡に想定する，伝統的な男性の社会観に根ざしている」(Okin 1989=2013: 215) と両領域の関係について論じる。これに関連して，岡野八代は，公的領域と私的領域は線引きから不可避的であり，なおかつ線引きを必要としてさえいるということに言及する。そして，その線引きの動的な性質を次のように述べている。

公・私のあいだの境界線が，さまざまに影響し合う無数の力関係によって線引きし直されてきたこともいうまでもない。だが，わたしたちがある事象を〈みなで問題にすべき〉(=個人的な問題ではすまされないと考えるべき) とすると，もうすでにそこには，公・私にかかわる一定の境界線が引かれていることからも分かるように，複雑な人間存在に関して議論するさい，わたしたちは何らかの公・私（とは表現しないまでも）のあいだの線引きを必要としているのも事実である。一方には，公・私のあいだの境界の通時的・共時的な変化，公・私それぞれの内容の不確かさ・不確実さ，境界線への諸力の影響力が存在し，他方で，わたしたちはなんらかの形で境界設定をしながら思考せざるを得ない。(岡野 2007: 41)

以上のように，公的領域と私的領域の境界が流動的であると捉える議論，あるいは独立したものであるべきでないと捉える議論が多く積み重ねられてきたことを確認してきた。これらをふまえた上で次に検討するのは，公的領域と私的領域の関係，境界はどのようにして変化，移動しうるのかという点に関する議論である。

2　公的領域と私的領域の境界を変えうるもの

　公的領域と私的領域の境界がどのように変容するのかということを考えるうえでは，杉田（2015）による「境界線についての合意」に関する議論が参考になる。

> 境界線についての合意なるものはいかにして成立するのか，いや，そもそも成立しうるものなのかが問題である。合意ということが言えるためには，合意を確認すべき範囲が明確でなければならない。ところが，いかなる境界線も自然的な基礎を持つものでないとすれば，境界線についての当事者・関係者を，境界線の成立に先立って指定することはできない。何らかの線を引くまでは，線はどこにでも，どうにでも引けるのであり，したがって，あらゆる人々が当事者たりうるのである。（中略）境界線に根拠がない以上，境界線の所在について，最終的な合意が成立することはない。さまざまな異議申し立てがなされる潜在可能性はつねにある。（杉田 2015: 18-9）

　この議論からは，境界の移動に際しては，「あらゆる人々が当事者たりうる」なかでの「合意なるもの」の成立が要請されるという点が読み取れる。そしてここでいう「合意」は，つねに覆される可能性があるという点で，「最終的な」ものにはなりえない。すなわち，境界の動的な特性と，それを「暫定的」であれ動かしうる，なんらかの合意形成の場の存在が示唆される。
　関連して齋藤純一は，公的領域と私的領域の境界は固定したものではなく，何を「個人的なもの」，「私的なもの」として定義するかによって書き換えられることに言及したうえで，「言説に依存する」ものであると述べる（齋藤 2000: 12）。

> 近代の「公共性」は，多くのテーマを「私的なもの」とすることによって自らを定義してきたのである。このことは，逆にいえば，公私を分ける境界線は言説に依存する流動的なものであり，言説以前のもの，政治以前のものではないということを意味している。（中略）公私の境界の変化をもたらすのは，境界を超えて語る言説の実践の累積的な効果である。（齋藤 2000: 12-13）

齋藤（2000）そして杉田（2015）の議論からは，「言説」があらわれうる場，「合意」が形成されうる場が，まさに公的領域と私的領域の境界の移動に関わっているという点が見えてくるだろう。

　上記に関連する点を，『事実性と妥当性』（1992a=2002, 2003）においてハーバマスは，「コミュニケイション的に構造化された生活形式のもつ対等な承認関係」（Habermas 1992a=2002: 137）に依拠した，「討議理論」によって説明しようとした。

　何かについて語るとは，他人の問題に口を出すということと同じではない。たしかに，ごくプライベートな領域は，他人のお節介や批判的な視線から保護されていなければならない。しかし，私人の決定に留保されているすべての事柄が，必ずしも公共的な主題化にそぐわず，批判を免れるというわけではない。むしろ，政治的規律を必要とするいっさいの出来事は，公共的に討議されるべきである。（中略）「私的」なものとして取り扱われる出来事が，公共圏において執拗になされるアピールを通じて承認された政治的主題の地位を獲得するまでは，そしてまた，そうした主題について論争するもろもろの発言のなかで，関係者の欲求が――競合する世界解釈・自己解釈，「善き生」についての多様な「ヴィジョン」といった枠組みにおいて――十分に表現されうるまでは，一般に長い道のりが存在する。（Habermas 1992b=2003: 38-40）

　このようにハーバマスは，「私的生活領域と公的生活領域との間に引かれた，歴史的には偶然的で，社会構造によって異なるかたちをとる境界線」（Habermas 1992a=2002: 138）に対して，討議をもって向き合うという道筋を示している。ハーバマスにとって「政治的公共圏は，私的なものと公的なものの区分の線を引きなおすことを可能にするような，コミュニケーション権力を生み出しうる空間」であり，「政治的公共圏にこのような性格を与えているのは，あらゆる個人に平等に開かれた討議原理」（谷澤 2006: 235）なのである。

3　公的領域と私的領域の可変性に関する議論からの示唆

　谷澤正嗣の考察によれば，「私的なものと公共的なもの（私的領域と公的領域）とが，相互に固定的で，排他的な関係にあるととらえる見方は今なお根強い」（谷澤 2006: 221）という。このように「私的なものと公共的なものの区別が強化され，公共の場を囲い込む境界線が截然と引かれることによって，公共性がもつ『開放性』や『不特定性』という含意が後景に退いてしまう」（同上：221）こともあるだろう。

　だからこそ，ハーバマスを中心として，公的領域と私的領域をめぐる境界の可変性が論じられてきたことの意義は大きい。しかしながら，ここまでに十分に扱われていない論点にも目を配らねばならない。

　そのひとつは，公的領域と私的領域の流動的なありようを見ていくうえでの視点の問題である。先に触れた齋藤（2000）の議論は，「境界線問題」に係る言説こそがポリティカルなものであるというインプリケーションを導出しているが，具体的にどのような言説，タームの中にこのポリティクスは見出されるものなのだろうか。

　また二つめは，公的領域と私的領域の境界を動かすアクターに関する問題がある。ハーバマスは，『事実性と妥当性』（1992b=2003）を著わした時点において，「政治的コミュニケイションへの参加のための資源」について以下のように述べている。

　公共圏の構造はいやおうなく，情報処理にかんする非対称性，つまり，メッセージの産出，評価，制御，提示に接近する不平等な機会，を映しだす。こうしたシステム的限界に，個人の能力の偶然的で不平等な配分がさらに付け加わる。政治的コミュニケイションへの参加のための資源は，一般的にはきわめて限られている。それは，個人的に利用可能な時間と，キャリアと強く結びついた，主題に対する機会的な問題関心にはじまり，そうした主題に対して自分の発言をなすための準備と能力を経て，合理的意思形成を害する日和見主義的な態度，情動，偏見，等々へといたる。（Habermas 1992b=2003: 52）

ここからは,「政治的コミュニケイションへの参加のための資源」が限定的で不均衡であるという点を自覚的に説明していることが読み取れる。こうした問題と, ハーバマス自身が論じようとしていた, あらゆる個人に平等に開かれた討議原理との関係をどのように理解すればよいのだろうか。また, 公的領域と私的領域の境界を動かすアクターとは誰なのか, はたして誰もが境界を動かしうるのかという点も議論される必要があるだろう。

　そして三つめは, 対象の問題である。本書の分析対象は子育てであるが, 他の対象に比して, 公私の境界の議論にはどのような特徴があるだろうか。

　これらの論点にいずれも応答しうる議論として, フレイザー (Fraser, N.) の議論がある。フレイザーは, 公的領域と私的領域をめぐる意味づけの力学について,「ニーズ解釈の政治」という概念から説明しようとした。次節ではこれについて検討していこう。

第3節　公的領域と私的領域の境界をめぐるポリティクス
　　　　―「ニーズ解釈の政治」議論―

　齋藤によれば,「『私的なもの』として語られてきた事柄を『公共的なもの』として再定義しようとする場合, 一人ひとりによる散発的な異論の提起には限界のあることが多い」(齋藤 2000: 14) という。これに関連してフレイザー (1989) は, 公的領域と私的領域の再編, すなわち「公共的なもの」への再定義に際しては「何らかの問題を公共的に対応すべきものと解釈する言説」と,「問題を私的な家庭内のことと解釈する言説」の抗争があることを論じる。なかでもフレイザーは, その際に何が「ニーズ」として語られるのか, すなわち「ニーズ」にはどのような意味づけや解釈が付与されるのかという点に着目した。

　これを受けて本節では, *Unruly Practices: Power, Discourse and Gender in Contemporary Social Theory* (Fraser 1989) でのフレイザーの議論を中心としながら, ある課題が「公共的なもの」となっていく過程で登場する意味づけ, 解釈に着目することの重要性について論じる。なお, 以降の *Unruly Practices* (Fraser 1989) からの引用箇所は, 筆者が翻訳を加えたものである。

1 ニーズの脱構築という視座

　フレイザーは，公的領域と私的領域の再編について議論する上で，「ニーズ」というフレーズに着目をした。ここで重要なのは，フレイザーが「ニーズ」をいわゆる自然な与件として扱っていないという点にある。すなわち，フレイザーの公的領域と私的領域の再編に係る議論では，彼女のニーズに対する捉え方はその中核を占めている。そこで，公的領域と私的領域の再編について見ていくことに先立って，本節ではフレイザーのニーズ議論について検討する。

　先に述べたように，フレイザーのニーズ議論の特徴は，ニーズを脱構築するという視座が徹底されている点である。フレイザーはこうした論点について，たとえばアーレントによるニーズ理解と比較しながら説明しようとした。

> 必要は，人間の欲求や不安のうちで常に第一義的なものである。それだけではない。大いに富んでいる協同体というものは，住民の中に無関心が広がり，逆に創意がなくなりがちであるが，生命の必要は，このような明白な脅威をも防ぐのである。(Arendt 1958=1994: 100)

　上記は，アーレントによる「必要」への言及である。「生命の必要は，このような明白な脅威をも防ぐ」（同上：100）——。こうした記述を根拠としながらフレイザーは，アーレントにおけるニーズは，あらゆる攻防からも距離をとった「事実」として捉えられていると読解した (Fraser 1989: 160n)[(2)]。そしてフレイザーは，自身の立場がこうしたニーズ理解とは異なるということを述べようとした。

> 彼女（＝アーレント）は，ニーズとはまったく自然なものであり，そして永遠に理性のない欲求として運命づけられていると考えている。このように彼女は，ニーズとは純粋に政治的局面からは切り離されており，そして，私的空間から社会的空間へとニーズが出現することによって，政治的なものは取り払われると考える。一方，私はと言うと，ニーズとは単純化できないほどに解釈的なものであり，ニーズの解釈は，大体において抗争されうるものと考える。(Fraser 1989: 160n)

この引用文が示しているのは，ニーズを「まったく自然なもの」と捉えることについてフレイザーが批判的立場をとっているということである。そして，「ニーズとは単純化できないほどに解釈的なもの」であり，抗争の対象となりうることを明示している。

　こうしたニーズの捉え方を説明するうえで，フレイザーはフーコー（M. Foucault）やデリダ（J. Derrida）の議論に言及していた。具体的にはフーコーによる，「ニーズとは，非常に周到に用意され，意図され，そして使われる，政治的な道具でもある」（1975=1977: 26）という指摘を引用するほか，デリダの脱構築に関する理論の政治的なインプリケーションにも触れていた。

　以上のようにフレイザーはこれらの読解のもとに，ニーズとは解釈し再定義する言説によって構成されたものであることを示そうとしていた。

2　脱構築からポリティクスの析出へ

　とはいえ，ニーズを脱構築して捉える視座が目新しいわけではない。たとえば，ブラッドショウ（J. Bradshow）は，「ニードの規範的な定義は専門家の価値志向によって異なる。そして，知識の発展や社会の価値の変化の結果として日ごとに変化する」（Bradshow 1972: 3）ことを指摘した[3]。この指摘は，ニーズを社会的変化に応じて相対化して捉えるという視点を含んでいる。また，日本のニーズ議論においては三浦文夫が，「何らかの基準に基づいて把握された状態が，社会的に改善・解決を必要とすると社会的に認められた場合に，その状態をニード（要援護状態）とすることができる」（秋元ら編 2003: 356）と定義した。また中西正司・上野千鶴子は，「ニーズはあるのではなく，つくられる。ニーズをつくるというのは，もうひとつの社会を構想することである」（中西・上野 2003: 3）と説明した[4]。これらの議論に示されるように，ニーズを脱構築して捉える視座，ニーズを社会的な文脈に沿って構築されうるものと捉える視座は，これまでのニーズ議論においても看過されてきたわけではない。

　そうであるにもかかわらず，ここでフレイザーのニーズ議論に着目する重要性は，彼女がニーズをめぐる解釈の問題を，とりわけポリティクスを析出することへと展開しようとしていた点に求められる。

より重要なことには，(これまでのニーズ議論は）問題におけるニーズの定義を当然のことと扱うのである。まるで，自明的で，論議を必要としないものかのように。そのため，人々のニーズという解釈はそれ自体で政治的な要素であるという事実を伏せてしまう。実際には，まさに政治的な要素であるにもかかわらず。(Fraser 1989: 144)

社会福祉システムが受け取り側に沿って作り出しているようにおもわれる，アイデンティティやニーズとは，解釈されたアイデンティティやニーズである。(中略) このようにアイデンティティやニーズを「現実的なものとしてあつかうこと」の理由の一つは，ジェンダーや規範が，我々のごく一般の文化の根深いところにまで埋め込まれていることが挙げられる。(Fraser 1989: 153-154)

このようにフレイザーによれば，ニーズとは「自明的で，論議を必要としないもの」ではないということにとどまらず，「それ自体で政治的な要素」であるという。そしてそこに付与された「解釈」こそが，その「政治的な要素」を見えにくくしているという。さらに，その「政治的な要素」が見えにくく，ニーズが「現実的なもの」として扱われているのは，「ジェンダーや規範」が，「ごく一般の文化」まで浸透しているからだと説明する。このような問題意識のもと，フレイザーのニーズをめぐる課題は，政治的な解釈，いわばポリティクスを析出するということへと発展していったことが分かる。具体的なポリティクスのありようについて，たとえば子育てをめぐるニーズを例に次のように語っている。

後期資本主義福祉国家社会においては，人々のニーズに関する話題は，一種の政治的なディスコースとして重要である。合衆国において，たとえば政府は市民のニーズに応えるべきかどうかということを論争する。フェミニストは，親のデイケアのニーズへの対応があるべきだと主張するし，一方で社会保守派は，母親のケアに対する子どものニーズ（斜体，原文ママ）を強調し，

経済保守派は，政府ではなく市場がニーズに適うもっとも優れた組織であると主張する。(Fraser 1989: 161)

　後期資本主義福祉国家社会，そしてアメリカ社会という前提はあるが，ここに例示されるように，子育てをめぐるニーズはまさに政治的立場による解釈を通して，「親のデイケアのニーズ」としても語られうるし，「子どものニーズ」としても語られうるし，「市場のニーズ」としても語られうる。ここでフレイザーが強調するように，ニーズが解釈される場に「子ども」は立ち会う可能性をもっている。このような主張は，子育てをめぐる公的領域と私的領域の再編に際して何がニーズと語られているかという点を考察していかねばならないことを示唆している。さらにフレイザーは，チャイルドケアについて，下記のようにも言及する。「アメリカにおけるチャイルドケアは従来，『家庭で担うべきこと』として扱われ，働く親のニーズというよりもむしろ，フルタイムケアに対する子どものニーズとして解釈されてきた。そして，施設保育というよりもむしろ『養育手当』を充実させるという方向性に沿って進められてきた」(Fraser 1989: 169)。ここでは，「子どものニーズ」という「解釈」が用いられることによって，チャイルドケアが「家庭のこと」として扱われるようになることに鋭く言及しているのである。フレイザーが言うように，チャイルドケアをめぐる「ニーズ解釈の政治」では，「フェミニストのみならず，企業や労働組合，子どもの権利を主張する人，教育者がこの抗争における論争相手」(同上：173)なのである。こうしてフレイザーは，ニーズそのものではなく，ニーズをめぐる「ディスコース」への関心を「ニーズ解釈の政治」という概念を通して理論化していった。

　私のアプローチでは，探究の焦点は，ニーズというよりもむしろ，ニーズに関するディスコースなのである。ポイントは，ニーズをめぐる政治の視点へと私たちの見方をシフトしていくことにある。通常，ニーズをめぐる政治は，充足を満たすために存在するものとして理解される。反対に，私のアプローチでは焦点は，ニーズ解釈の政治 (the Politics of Need Interpretation) にある。(Fraser 1989: 162)

フレイザーは，ここでの「ニーズ解釈の政治」(the Politics of Need Interpretation) というフレーズはハーバマスによる "Legitimation Crisis" (1973=1979『晩期資本主義における正統化の諸問題』) から着想を得ていると書いている (Fraser 1989: 158n)。彼女自身，これ以上，具体的に依拠した思考や着想について説明をしていないものの，ハーバマスの文献をたどると下記のような言及がある。

　制度化された諸価値を基準にする行動志向は，正統的な欲求充足の機会の規範的に固定された配分が当事者たちの事実上の合意にもとづいている間のみ問題化せずにいる。この点を考察の出発点とすることができる。その点について見解の相違が生ずるやいなや，そのつど通用している解釈体系のカテゴリーの中で，一般化可能な利害の抑圧という《不公正》があらためて意識にのぼりうるようになる。(Habermas 1973=1979: 182)

　ここでハーバマスが言及しているのは，「正統的な欲求充足」について「見解の相違」が生じた場合に浮上しうる，「解釈体系のカテゴリー」の問題である。そしてこの解釈の問題が《不公正》の問題へとつながりうると述べている。フレイザーは，ここでの「解釈体系のカテゴリー」が孕む《不公正》に関する問題意識を共有し，そして引き継いで，「ニーズ解釈の政治」の立論を試みたものと読解できる。
　加えてフレイザーのニーズへの接近方法を理解するうえでもうひとつ重要な点は，彼女は，ニーズとして解釈される問題のみならず，ニーズとして「解釈されなくなる」という問題が孕んでいるポリティクスにも注目していた点である。彼女はこれを「再私化されたニーズ」と呼んだ（図2-1）。以下に示すように，フレイザーによれば，ニーズが公的な議論から外され，「家族の問題」として私的な問題へと送り返されることには，レトリックを伴ったポリティクスが存在するのである。フレイザーは，ニーズを「単純化できないほどに解釈的なもの」として捉え，そのポリティクスを暴く方途を探っていた。

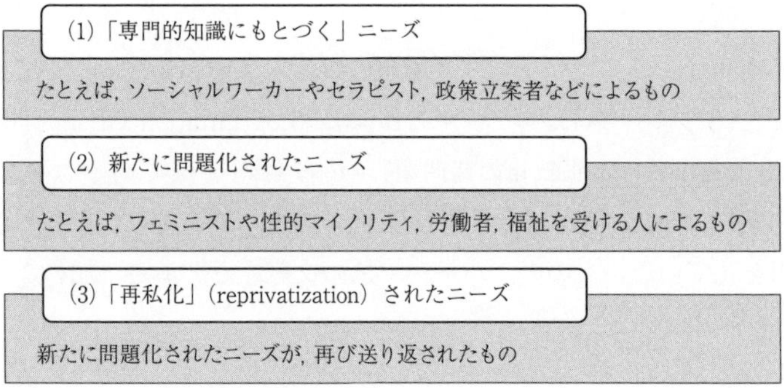

> (1)「専門的知識にもとづく」ニーズ
> たとえば,ソーシャルワーカーやセラピスト,政策立案者などによるもの
>
> (2) 新たに問題化されたニーズ
> たとえば,フェミニストや性的マイノリティ,労働者,福祉を受ける人によるもの
>
> (3)「再私化」(reprivatization) されたニーズ
> 新たに問題化されたニーズが,再び送り返されたもの

図2-1 ニーズ解釈に関する3分類[5]（Fraser 1989: 157 をもとに筆者作成）

ニーズを再び私的なものと扱おうとする者は,新たなニーズを政治的な問題というよりも,家族の問題や宗教の問題,疑う余地がなく私的な問題,あるいはまったくもって市場メカニズムの問題である,というレトリックを用いて反対しようとする。(Fraser 1989: 172)

3 協議空間としての公共性とその示唆

ただし,フレイザーの「ニーズ解釈の政治」議論の重要性は,その議論の射程がポリティクスを暴くという作業だけに収まっていなかったことにあると思われる。彼女は,「誰がどのような観点からニーズを解釈しているのか」(Fraser 1989: 164) といった点を問ううえで,ニーズをめぐる「ディスコース」があらわれる空間についても関心を持っていた。

彼女は,ハーバマスによる「公共圏」という概念を,「後期資本主義社会における民主主義の限界を理論化する」うえでの「不可欠な資源」であると位置づけながら,「ニーズ解釈の政治」が展開される空間について議論しようとした（Fraser 1997=2003: 107）。

第2節においても検討したが,ハーバマスにおいて「公共圏」とは,「公権力そのものに対抗」する批判的領域であった（Habermas 1990=1994: 46）。そしてここで繰り広げられる「公共の論議」をハーバマスは,討議（Diskurs）と呼んだ。彼によれば,討議においては当事者がすべて参加し,それまで経験的に妥当としてきたものの効力を停止し,それぞれが要求を掲げて自己主張し,

より良き論拠だけが権威として認められる (中岡 2003: 288)。こうした批判的領域をフレイザーは,「政治参加が対話という手段を通じて演じられる現代社会における劇場」,「市民たちが共通の事柄について協議(6)(deliberate) する空間」(フレイザー 1997=2003: 108) と読解した。

> それは市民たちが共通の事柄について協議 (deliberate) する空間であり,したがって言説による相互作用の制度化されたアリーナである。このアリーナは国家とは概念的に異なる。原則として国家に対して批判的になりうる言説の生産と流通の場である。ハーバマスの意味での公共圏は,概念的に,公式的経済とも区別される。それは市場関係ではなく,言説の関係のアリーナであり,売り買いするよりも討論したり協議する劇場である。このように,この公共性の概念は,国家機構,経済市場,それに民主的アソシエーションの間の区別,換言すれば,民主主義的理論にとって本質的な区別が私たちの視野に留まるようにしてくれるのである。(Fraser 1997=2003: 108-109)

ここで,公共性が「協議する空間」であり,「言説による相互作用の制度化されたアリーナ」,「売り買いするよりも討論したり協議する劇場」である以上,「言説」が公共性における重要な資源になる。しかしながら,こうした資源は誰もが等しく持ちうるものと言えるだろうか。こうした言説の資源の問題をめぐって,ハーバマスとフレイザーは,それぞれ捉え方が異なっていたと推察される。まず,ハーバマスは「討議原理の性質」に言及するなかで,言説の資源について下記のように記述している。

> その(討議原理の)性質のうちもっとも大切な四つだけをここに掲げよう。(a)関連する発言をなしうるであろう者を,だれ一人締め出してはならない。(b)全員に平等の発言機会が与えられる。(c)参加者は,本気で思っていることを言わねばならない。(d)コミュニケーションは,外的強制からも内的強制からも解放されていなければならず,批判されうる妥当要求についてのイエス・ノーの態度決定は,ただよりよい根拠のもつ説得力によって動機づけられる。(Habermas 1996=2004: 57)

ハーバマスにおける「協議する空間」の特性は，「関連する発言をなしうるであろう者を，だれ一人締め出してはならない」という点，「全員に平等の発言機会が与えられる」という点にある。すなわち，ハーバマスの議論は，「参加」や「発言」という点において，ある程度の資源を手に入れた者による合意形成の空間として，「協議する空間」を規定している。
　しかしながら，「公共的空間は開かれているにもかかわらず，そこにはつねに排除と周辺化の力もはたらいている」（齋藤 2000: 8）のである。公共性における資源の問題は注視される必要がある。それは，「資源が欠けているがゆえに，政治的な存在者としては処遇されず，もっぱら『配慮』や『保護』の対象と見なされているという問題」（齋藤 2000: 64）は避けられないからである。まさにフレイザーはこうした問題にこそ注意を払わねばならないと考えた。

　　ポイントは，ここには自然に与えられた，アプリオリな境界は存在しないということだ。共通の関心事とされるものは，まさに言説の争いを通して，決定されるだろう。次に，そのような論争からあらかじめ除外されるようなトピックはあってはならない。むしろ，民主的な公共性は，従来は公的と見なされていなかったことをこれから公的なものにしようと，マイノリティが他の人たちを説得する機会を，積極的に保証しなければならない。（Fraser 1997=2003: 130）

　フレイザーは，「言説の争いを通して，決定される」ハーバマス的な公共圏を重視しようとし，同時にまた，この「言説の争い」をめぐる排除の問題にもスポットライトを当てようとしていた。
　すなわちフレイザーは，ハーバマスの議論から着想を得て，社会構造の再編にかかわりうる「協議する空間」を描こうとし，一方で，「協議する空間」に参加する資源という点でのハーバマスに残された課題に着手しようとしていたと読解できる。それではフレイザーは，具体的に公共性をめぐるハーバマスの議論の何を批判し，どのように修正をはかろうとしていたのだろうか。

われわれの研究範囲は，市民的公共性の自由主義的モデルの構造と機能，その成立と変貌に限られている。したがってそれは，主流となった歴史的形態の特徴を対象とするものであって，その歴史的過程の中でいわば抑圧されてしまった人民的公共性という変型を度外視することになる（Habermas 1990=1994: 序言）。

フレイザーは，ハーバマスが描く公共圏は排他的であると主張する。公共性へのアクセス，参加する資源という視点において両者間の論議には決定的な差異があった。

ブルジョワ的な公共圏以外の公共圏が存在することにハーバマスが気づいていないというつもりではない。（中略）私が指摘したいのは，ハーバマスは，代替的な公共圏が存在していたことを認めながらも，競合する他の公共圏との関係から切り離してブルジョワ的な公共性だけを検討することで，その特徴を理解することができると考えている点である。この前提に問題がある。実際，これから私が明らかにするように，オールタナティヴな対抗公共性に対するブルジョワ的公共性の関係を考察することが，ブルジョワ公共圏の自由主義的モデルに挑戦することになるのである。（Fraser 1997=2003: 141n）

フレイザーによれば，ハーバマスが描く公共圏は，「対話者が生まれや貧富の差といった特性を棚上げにし，あたかも社会的にも，経済的にも対等な者であるかのように対話をおこなっていく舞台」（Fraser 1992=1999: 130）であるという。ここでフレイザーが強調するのは，「あたかも」というフレーズである。すなわち，対話者の「生まれや貧富の差といった特性」をはじめとした，「対話者の間の社会的不平等は決して消滅するのではなく，括弧に入れられるだけなのである」（同上: 118-9）。このようにフレイザーは，「対話者の間の社会的不平等」は，あらゆる場面にあると捉えていた。「自らのニーズを解釈する適切な語彙が欠如しているような構造的な特徴によって，自らの主張を押し通すことが出来ない人がいるようなところすべての場合に起こりうる」（Fraser 1989: 47）問題なのである。それはフレイザーが示す，女性をめぐる下記のよ

うな状況についても言える。

> 女性たちが，子どもへのデイケア，自身の職業トレーニングの機会，「報酬」を得る仕事，あるいはそれらのうちいくつか複数を手にできないことによって，彼女たちは，排他的に母親として構成されていくのである。(Fraser 1989: 153)

フレイザーが強調するのは，言説の資源の問題が自らの在りようを規定するという点である。たとえば上の記述によれば，希望するデイケア，職業トレーニング，職を得られないことで，家庭内で「母親であること」を求められるという状況が生じる。すなわち，この記述には「自らの主張を押し通す」機会を得られなかったために，ニーズには一致しないかたちで，自らの在りようが「構成されていく」という側面が端的に描かれている。そしてフレイザーは，こうした言説の資源に関わる問題を「解釈とコミュニケーションのための社会文化的な手段[7]」の問題と呼び，以下のように説明した。

> 階級やジェンダー，人種や年齢に基づいて，社会的なグループにおいて，不平等な立場や権力，資源へのアクセスといった点で，人々は階層化，差異化されている。同様に，「解釈とコミュニケーションのための社会文化的な手段」についても，階層化されており，支配や服従関係の社会的なパターンと一致する方法で組織化されている。(Fraser 1989: 165)

以上のようにフレイザーは公共圏にアクセスするうえでの「言説」の問題，「解釈とコミュニケーションのための社会文化的な手段」の階層性に言及する。こうした関心にもとづき，社会的不平等を抱える人々が，自分たち自身の言説の空間を創出することが有効であると考えるに至った。その結果として，下記に示すように，オールタナティヴな公共圏を構想した[8]。

> 女性や労働者，有色の人々，ゲイ，レズビアンのような従属化された社会集団のメンバーは，オールタナティヴな公共圏をつくるほうが有利なことを繰

り返し確認してきた。私はそれを「サバルタン対抗公共性 subaltern counterpublics」と呼びたい。このように名付けることで，それらが，従属的な社会集団のメンバーが自分たちのアイデンティティや利害，必要について反体制的な解釈を組み立て得るような対抗的言説を発明し伝達する並行的な言説＝討議のアリーナであることをはっきりさせたい。(Fraser 1997=2003: 123-124)

このようにフレイザーは，ハーバマスが展開した「誰もが」参加しうる，「全員に平等の発言機会が与えられる」協議空間ではなく，「従属的な社会集団のメンバー」が自らの「アイデンティティや利害，必要」について表明しうる，いわば対抗的な公共圏，「サバルタン対抗公共性」を描こうとしたのである。

第4節　「ニーズ解釈の政治」議論の本書への示唆

ここまでの検討をふまえて，フレイザーの立論，すなわち「ニーズ解釈の政治」の射程が，現在の子育てをめぐる再編のポリティクスを扱う上で，なぜ重要であるのかを整理する。

まず，フレイザーの「ニーズ解釈の政治」は大きく2つの方向性をもった議論として読解できた。

第一には，フレイザーは既存のニーズ理解や，ニーズ言説に含まれているポリティクスを析出することを目指していた。フレイザーによれば「政治」，「経済」，「家庭」空間としてすみ分けられている境界線は恣意的なものであり，同時にそれぞれの空間に振り分けられているニーズもまた，恣意的なのである。とりわけ，フレイザーの考えに依拠することによって，従来語られてきた子育てをめぐるニーズ，一方では語られてこなかったニーズの意味を問い直すことが可能になる。とくにこうしたポリティクスに「子ども」が立ち会う可能性があるという彼女の指摘は，ニーズをめぐる論争を追っていくことの重要性を伝えている。

さらに第二には，新しいニーズを提起しうる対抗的な「協議する空間」を構想することを目指していた。フレイザーが「協議空間」を重視したことの背景

には，ハーバマスの議論が控えていた。両者において「討議」，「協議」への関心が共有されていたことが確認できる。しかしながらフレイザーには，言説の資源の問題，排除の問題に対応しうるオールタナティヴな公共圏を構想することがとくに重要な課題であり，その点において，彼女はハーバマスの公共性の問題を批判的に引き継いだと言えるだろう。

　このようにハーバマス的な公共圏について批判的検討をおこなったことは，フレイザーの立論こそが子育てにおける協議空間の議論にとって重要であることを示している。ここでは，ハーバマスの立論を教育へのインプリケーションへと繋げた野平慎二の研究を再びとりあげながら小括してみたい。

　野平によれば，ハーバマスの協議の図式を教育にあてはめて考えることには意味があるという。そこでは，協議空間によって，「国家による学校教育のみならず，例えば『新しい社会運動』の展開のなかに見られるような市民の自律的，共同的な教育活動もまた，公教育のひとつの形態として位置づけることができる」(野平 2000: 20-21) としている。しかしながら，野平自身も言及するように，ハーバマスがいう討議原理は，「善き生」というひとつの構想へと方向づけるものではないかという批判や，公共圏への排除の問題を解消できていないという批判が起こりうる。とくに後者の批判は，フレイザーが言及しようとしていたことと一致する。

　仮に，子育てをめぐる協議空間を構想しようとするとき，子育ての問題にかかわりうる親，そして子どもについて，彼らの言説の資源の問題は避けて通ることができない。それは，フレイザー自身が言及してきたことでもある。そのため，ハーバマスの協議の図式の重要性を引き継ぎつつも，それを補完しうる「サバルタン対抗公共性」の構想は，子育てをめぐる公的領域と私的領域の問題を扱ううえで，新たな理論的展開を期待しうる重要な議論であると言えるだろう。

　　注
（１）　アーレントにおいて公共性は，「現われの空間」に関わっているという点が，「公的領域」に関する言及には読み取れる。「現われの空間」は，他者を有用かどうかで判断する空間ではなく，他者を一つの「始まり」と見なす空間，他の一切の条件にかかわりなく，他者を自由な存在者として処遇する空間であ

る（齋藤 2000: 43）。なお，「他者」とそれに係る「差異」にどのように対峙していくのかという多文化主義社会における「共存の形式」について言及しようとしたものとしては，ウォルツァー（Walzer, M.）の議論がある。ウォルツァーは，「わたしたちが価値をおく他の事柄の場合と同じように，いったい何が寛容を支えるのか，寛容はどのようにはたらくのかを，わたしたちは問わなくてはならない。（中略）寛容は差異を可能にし，差異は寛容を必要不可欠なものにする」（Walzer 1997=2003: 10）と述べている。

（2）本文に示したように，フレイザーはアーレントがニーズを自然な与件として捉えていると読解した。ただし，アーレントは「労働することは必然〔必要〕によって奴隷化されることであり，この奴隷化は人間生活の条件に固有のものであった。人間は生命の必要物によって支配されている。だからこそ，必然〔必要〕に屈服せざるをえなかった奴隷を支配することによってのみ自由を得ることができたのであった」（アーレント 1958=1994: 137）とも記述している。この記述からは，アーレントが〔必要〕を，ほかのものにコントロールされうるものと捉えていることが読み取れる。

（3）このようにブラッドショウ（1972）は，社会的背景に応じてニーズが変動しうる側面について，「規範的ニーズ」という概念を通して説明している。そのほかブラッドショウはニーズを「感得されたニーズ」，「表出されたニーズ」，「比較ニーズ」に分類する。これらの3類型は，「規範的ニーズ」が客観的なものであるのに対して，いずれも主観的なものとして位置づけられている。

（4）ただし，上野千鶴子によるニーズ議論（2011）は，ニーズの社会的決定性というよりもむしろ，当事者自身による「要求ニーズ」の表明から「承認ニーズ」へと移行されるプロセスを重視しているところに特徴がある。

（5）図2-1に示すようにフレイザー（1989）は，協議空間において論争されうる人々のニーズに関する対立的な解釈は，少なくとも3つの主要なタイプに整理されると論じた。第一にはたとえば，ソーシャルワーカーやセラピストのように，「専門的な」（"expert"）ニーズ，福祉担当者，プランナーや政策立案者によるニーズ（discourses）がある。第二にはたとえば，フェミニストや性的マイノリティ，労働者，福祉サービスを受ける人のように，上記のニーズとは対立するニーズがある。これをフレイザーは，「新しく問題化されたニーズ」と呼んだ。第三には，政府や公的な経済集団（official economic enclaves）に対して，新しく問題化されたニーズが再び送り返された，「再-私化」（re-privatization）されたニーズがある。

（6）先にみたように，ハーバマス自身はこれを「討議」（Diskurs）としているが，フレイザーがこれをdeliberateとして読解していること，加えてこれが「協議」と翻訳されていることに沿って，本書ではこれを「協議空間」と呼称し扱い，議論することとする。

（7）「解釈とコミュニケーションのための社会文化的な手段」として，フレイ

ザーは具体的に次の5つを挙げている。1) 主張を通すための用語（idioms）があること，2) 即座に主張するための語彙（vocabularies）があること，3) 主張に関する理論的枠組み（paradigms）があること，4) アイデンティティの構成要素となる，個人と集団の説明に関する語りがあること，5) 特定の人物としてみなされた人がもつ語りの方法があること（modes of subjectification）。

（8） フレイザーがここで立論しようとする「サバルタン対抗公共性」という表現は，下記，G. スピヴァックとR. フェルスキーからそれぞれ借用したものであるとしている。「サバルタン」という言葉は，下記によるものである。Spivak, G., 1988, 'Can the Subaltern Speak?' Cary Nelson and Larry Grossberg *ed., Marxism and the Interpretation of Culture*, Chicago: University of Ilinois Press, 271-313.（=1998, 上村忠男訳『サバルタンは語ることができるか』みすず書房.）また，「対抗公共性」という言葉は下記によるものである。Felski, R., 1989, *Beyond Feminist Aesthetics*, Cambridge: Harvard University Press.

第3章

本書における調査の概要

　本書では三つのリサーチクエスチョンを設定した。そこで、それぞれの問いを明らかにしていくにあたって、研究Ⅰとして政策言説の分析、研究Ⅱとして保育者調査、そして研究Ⅲとして親調査をおこなった。本章では、それぞれの調査の概要について述べ、本書において対象や手法が異なる調査を実施することの意義について説明する。

第1節　調査方法と対象の設定

1　研究Ⅰ：政策言説の分析

　1990年代後半以降、どのような政策的な問題意識のもとに預かり保育は推進されてきたのか――研究Ⅰでは、預かり保育の政策としての側面に着目し、その制度、政策設計にかかわる議論の場ではどのような言説が登場し、またその議論はどのように変化してきたのかを明らかにすることを目指した。

　預かり保育は、1997年の「預かり保育推進事業」の展開以降、『幼稚園教育要領』をはじめとし、政策的な位置づけが明示されるようになっていったという経緯がある。さらに第1章でも述べたように、この時期を境に、預かり保育の実態把握に関する先行研究が徐々に増え始めるなど、預かり保育には社会的関心が寄せられるようになった。また、預かり保育を実施する幼稚園も年々増加した。1990年代後半以降という時期は、預かり保育にとっていわば画期だったのである。

　そのため預かり保育をめぐる当時の政策議論の場では、預かり保育を、ひいては子育てをどのように扱うかという点が話し合われてきたものと考えられる。そこで、預かり保育がどのような問題意識から政策的に推進されてきたのかと

いう点を通時的に把握することは重要である。たとえば石黒万里子（2010）は，預かり保育の教育選択としての側面を質問紙調査から分析することに先立ち，預かり保育の展開を整理した。そこでは預かり保育のねらいが，女性の就業への対応から家庭教育の充実に移行したと述べている（石黒 2010: 16-17）。こうした分析から示唆を得つつ，本書では，特定の政策言説を分析対象に設定し，どのような通時的変化が見られるかという点を詳述することを目的とする。なかでも，その言説の変化のなかに子育てをめぐる公的領域と私的領域の再編の動きを捉え，そのプロセスに含まれているポリティクスの分析を試みる。

　預かり保育をめぐる政策言説の変化のプロセスを追うという課題設定の性質上，これを探究するための資料には，議論を通時的に把握できるという性質のほか，議論が自由に棄却されたり入れ替えられたりすることが可能な場である必要があった。上記の要件を満たす資料として本書では，預かり保育について論じている文部科学省（文部省）中央教育審議会の答申および議事記録を用いることとした。中央教育審議会を分析の素材とした理由は，教育をめぐる言説の分析の素材として先行研究においても扱われてきたということも挙げられるが，なかでも中央教育審議会では預かり保育が断続的に審議されている議題であったという点が挙げられる。なお，対象の選定にあたっては，文部科学省ホームページをはじめとし，公開されている資料を用いた。これら分析対象の特性と対象の選定作業に関しては，第4章にて説明する。

　また分析にあたっては，それぞれの答申および審議会議事記録において「預かり保育」という語が用いられている箇所や預かり保育に関連する記述を抜き出していった。これらの言説をすべて通時的に表に整理し，「預かり保育」がどのような言説を通して説明されていたのかを考察した。

2　研究Ⅱ：保育者調査

　現在，預かり保育はどのように実践され，それが保育者にどのように意味づけられているのか——研究Ⅱでは，預かり保育の実施状況とそれをめぐる保育者の認識について考察するために，東京都内3区（X区，Y区，Z区）の幼稚園を対象とした質問紙調査および半構造化インタビューを実施した。

　保育者調査の概要は，表3-1に示した通りである。以下では，質問紙調査，

表3-1 保育者調査の概要

	調査期間	調査対象
質問紙調査	2012年7月～10月	東京都X区, Y区, Z区の幼稚園53園 334名（配布数：480部）
半構造化インタビュー	2013年7月～8月	東京都X区, Y区, Z区の幼稚園保育者7名, 東京都市部の保育者3名

半構造化インタビューにおける調査対象の選定方法や調査に係る手続きの概要を説明する。

1）質問紙調査

　預かり保育の実施状況と保育者がそれをどのように担っているのかという傾向をつかむために，予備調査をふまえた質問紙調査を実施した。予備調査は，調査対象者に該当する者ではなく，調査者の知人のうち，幼稚園教諭経験者もしくは保育士経験者5名程度に依頼した。予備調査の質問項目のうち分かりにくいものや答えにくいもの，質問項目として必要だと思われるものなどの指摘を受け，本調査に反映させた。

　安田三郎によれば，定量的手法には，多数の事例についてエキステンシヴに，少数の側面を全体の中から切り取り，客観的に計数または計量して，相関係数などの客観的な分析法によって普遍化をおこなうという特徴があるという（安田 1982: 5）。保育者調査およびこれに続く親調査にあたって，まずは質問紙調査を実施した理由は，調査の目的に照らしてみたときに，対象者の実施状況，利用状況に関連する事項について客観的な分析から，その傾向性を把握できる調査方法であると判断したためである。

（1）調査対象の選定方法

　調査対象とする幼稚園を，図3-1の手順にしたがって選定した。

　まず，選定①ではその対象を2012年度（調査当時）における全国の幼稚園，全13343園とした。次に選定②では東京都内の幼稚園，全980園を抽出した。本書において都内の幼稚園にその対象を限定した理由は，東京都では幼稚園が多く普及してきたことが指摘されているためである（森 1980）。この点を鑑み

図3-1 調査対象園選定の手順

ると,昨今の幼稚園の動向,とくに幼稚園における預かり保育や保育者について検討する上で適切な対象であると判断した。続いて選定③では,東京都23区内の幼稚園,全686園に絞り込んだ。都内の市部,町部,島部にはきわめて公立幼稚園が少なく,一方で23区内には公立幼稚園・私立幼稚園がともに分布している(東京都教育委員会 2011)という特徴がある。この点から23区内に限定することで,公立幼稚園,私立幼稚園の偏りが比較的少ない場所での調査が可能であると考えたためである。そして選定④では,都内23区内からX区,Y区,Z区の3地域を抽出し,その地域内にある幼稚園,全75園を選定した。この3地域を抽出するにあたっては,「区内就学前施設等数に対する預かり保育実施幼稚園数の割合」という基準を作成した[1]。

そのうえで,各区の「預かり保育実施幼稚園数の割合」について「預かり保育実施幼稚園数の全就学前施設等数に占める割合の全国値(27.4%)」[2]との比較をおこなった(図3-2)。まずは,全国値に最も近い値を示しているX区(27.6%),23区内でもっとも積極的に預かり保育を実施していると考えられるY区(33.8%),一方で実施されていない地域としてA区(4.0%)を抽出した。3地域を抽出したのは,全国値にもっとも近似した値に加え,最大値,最小値を取ることによって,より代表性のあるサンプルを見ることができると考えたためである。しかし,最小値A区については,後の手続きにて調査協力を得ることができなかった。さらに次点のB区については区内に私立幼稚園がなかった。

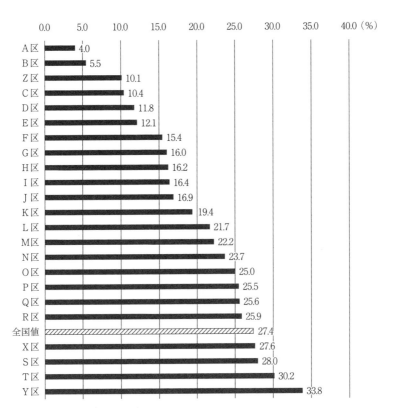

図 3-2 東京 23 各区内就学前施設等数に対する預かり保育実施幼稚園割合（2012 年時点）

これらの事情から，次々点の Z 区（10.1%）を，最小値に近い地域として選定することとした。

以上のプロセスを経て，公立・私立を問わず，また預かり保育の実施の有無に関わらず，X 区，Y 区，Z 区内のすべての幼稚園，全 75 園を調査対象として選出した。

最後に選定⑤では，X 区，Y 区，Z 区の幼稚園全 75 園に電話および書面にて，調査目的，調査主旨を説明の上，調査への協力を依頼した。X 区，Y 区，Z 区の幼稚園の連絡先は，調査対象地区の自治体ホームページもしくは各園のホームページによる公開情報をもとに，これを特定した。なお，それぞれの幼

稚園と調査者が連絡を取るよりも前に，X区，Y区，Z区の区役所に訪問または郵送により調査依頼状と質問紙のサンプルを渡し，自治体内の幼稚園で預かり保育に関する質問紙調査を実施することについて許可を得た。そのうちY区内の区立幼稚園については，自治体担当者が，区内の幼稚園園長会の場で，区立幼稚園に対して本調査の実施依頼をしてくださった。また，今回の調査地域のなかには，公立幼稚園，私立幼稚園による結果の比較をしないでほしいという趣旨の願い出をいただいた地域があったため，調査結果にはこれを変数として用いないこととした。

そして自治体からの調査実施の許可を得たうえで，各幼稚園と直接連絡を取った。調査に関する説明は調査者本人が，各幼稚園の園長，もしくは副園長に対しておこなった。調査協力を依頼する際には，調査目的や主旨のほか，得られた回答の取り扱いや調査結果のフィードバックについて，訪問または書面にて伝えた。

以上の選定を経て本書では，X区：17園，Y区：16園，Z区：20園，全53園から協力を得られることとなった。

(2) 調査対象・手続き

各園への質問紙の配布数は，できる限り全教職員に配布したいとの希望を伝えたうえで，各幼稚園の園長，もしくは副園長に一任した。その結果，本調査の対象者は東京都3区内の公立・私立幼稚園53園，480名の幼稚園の教員及び職員となった。

調査実施の時期と質問紙の配布および回収の方法は，園長，副園長と電話での相談のうえ決定した。調査依頼を始めた時期が，幼稚園の夏季休みに入る少し前（2012年7月上旬）であったため，夏季休み前に協力してくれる園もあれば，先に質問紙の配布だけを済ませ，9月，10月以降に回収にうかがった園もある。質問紙の配布から回収までの期間は，10日間〜2週間程度を目安としたが，上記のように変則的に対応したケースもあった。最終的に調査期間は2012年7月〜10月となった。

また，質問紙の配布，回収の方法もそれぞれの幼稚園の意向に沿って決めた。原則としては，留め置き調査とし，あらかじめ設定した調査日に質問紙の配布，

回収に調査者自身が訪問し，実施した。回答済みの質問紙は，個別で封をしてもらい，調査者が用意した回収袋への収集を依頼した。ただし，希望があった幼稚園に関しては，郵送にも対応した。郵送調査の幼稚園に関しては，個別に切手付の返信用封筒を用意し，各自回答者に投函してもらうよう依頼した。

　以上の手続きを踏み，最終的な質問紙の有効回収率は69.8%（334部）となった。ただしこのうち，本書にて分析の対象とするのは，園長，副園長，教頭，主任，教員（常勤），教員（非常勤または補助）に限定し，事務職員（7名，2.2%）およびその他職員（5名，1.6%）を分析の対象から除外した。分析の対象に一定の限定性を与えた主な理由としては，幼稚園において，より子どもや保護者と接する機会の多いと考えられる者の認識に接近するためである。以降，本書では本対象を「保育者」と扱う。

(3) 調査項目

　質問紙は2種類用意した（質問紙A，質問紙B）。

　質問紙Aは，対象園の概要（公立・私立，創立年数，園児数，教職員数，保育時間など）と預かり保育の実施状況（預かり保育の実施の有無，実施日数，実施時間帯，長期休業中の実施の有無，実施場所，実施内容など）のほか，現在実施している子育て支援の実態についてたずねる内容と，質問紙Bと共通の質問項目（後述）の2部構成である[3]。質問紙Aは各幼稚園に1部ずつ，園長，副園長または教頭に回答を依頼した。

　質問紙Bでは，回答者の基本属性に関する項目（性別，年齢，保育年数，現在の職位など）を選択方式または記述式でたずねた。また，現在の園で預かり保育を実施しているか否か，預かり保育を保育者として担当しているか否かといった点のほか，預かり保育に関する意識を，それぞれ「とてもそう思う」，「まあそう思う」，「どちらともいえない」，「あまりそう思わない」，「まったくそう思わない」の5件法でたずねた。具体的な質問項目の説明は第5章にて行う。なお質問紙Bは，質問紙Aに回答した者を除く対象者に配布した。

　調査項目を設定するうえでは，これまでの預かり保育に関する先行調査を参考にしたほか，東京都内の公立幼稚園1園と私立幼稚園2園での予備調査を参考にした。予備調査では，預かり保育時間中の様子を観察した内容をフィール

ドノーツに残したほか，預かり保育を担当している保育者や園長へのインフォーマルな聞き取りをおこなった。

回収した質問紙は，調査者がすべてデータをクリーニングした上で入力をおこなった。分析には IBM SPSS Statistics 21 を使用した。

(4) 倫理的配慮

本調査はお茶の水女子大学人文社会科学研究の倫理審査委員会より，「受付番号：24-29　課題名：幼稚園の預かり保育および子育て支援に関する幼稚園教職員の意識のアンケート調査」として，本課題に係る実施計画につき承認を得た。

幼稚園の住所や電話番号は協力園を特定できる個人情報であるため，連絡先の取扱いには十分留意し，調査終了後には，これらの情報を廃棄することとした。またインフォームドコンセントを受ける手順として，調査事前に，質問紙の内容をそれぞれの園の園長，または副園長，教頭に確認してもらったうえで，配布を依頼した。さらに，園長からの協力承諾が得られている場合であっても，それぞれの保育者が調査に協力するかどうかは本人の意思が尊重されるものであり，調査への参加，協力は任意であることを説明した。なお質問紙の表紙には，調査への回答は任意であり，答えたくない質問には回答しなくてよく，また回答しないことによる不利益は生じないことを記載した。そして，「以上の点について了解をいただける方は回答をお願いいたします。回答をもって，調査への同意を得られたこととさせていただきます」と記載したうえで，対象者からの同意をとった。

2) 半構造化インタビュー

続いて，預かり保育の実施状況の背景には，預かり保育に対するどのような意味づけがあるのかを明らかにするために半構造化インタビューを実施した。

インタビュー調査という手法を採用したのは，対象者となる人びとが「自分のまわりの世界をどう解釈しているか」（Merriam 1998=2004: 105）ということを記述することができると考えたためである。対象者の実施状況の背景要因について検討するために，預かり保育をめぐる保育者それぞれの主観的意味づけ

を考察することを目指した。

　対象者には調査者がお茶の水女子大学大学院の学生であることを事前に伝えた。語りを扱う上では，対象者が何を語ったかという点を中心に記述するが，そこで語られた事柄は調査者から切り離されたものではない。すなわち，「インタビュー過程では，ストーリーは語り手単独で構成されるわけでも切れ目のない構成をとるわけでもなく，インタビュアーと語り手の質問／応答形式を含む断続的な相互行為によって共同的に構築される」（桜井 2002: 139）という指摘にも目配りをしつつ，必要に応じて，調査者と対象者との相互性についても考察する。

　なお上記，半構造化インタビューを採用する理由とその留意点は，続く親調査においても同様とする。

(1) 調査対象の選定方法

　調査対象者の選定では，①質問紙調査の対象者への依頼と，②2経路でのスノーボール・サンプリングを併用した。

　まず①についてである。質問紙調査の対象者に引き続き調査を依頼するにあたって，質問紙の最終頁に，インタビュー調査への協力の可否をたずねる項目と，「可」の場合にメールアドレスまたは電話番号を記載する欄を設定した。今回の調査では連絡先の記載があったすべての回答者にメールまたは電話で連絡を取り，再度調査の依頼を行った。

　次に②についてである。スノーボール・サンプリングでは，ひとつは都内幼稚園で継続的に調査を実施している知人からの紹介と，もう一つは上記の質問紙およびインタビュー調査への対象者から紹介を受けた。後日，調査者が直接連絡をとり，協力を依頼した。

　本調査は質問紙調査の後続調査であるという性質上，原則，東京都3区内の幼稚園に所属している保育者に協力をしてもらうこととした。ただし，スノーボール・サンプリングの採用によって，3区以外の東京都内幼稚園の保育者3名からも協力をいただくこととなった。

(2) 調査対象

　以上の選定を経て，東京都内幼稚園に勤務する保育者 10 名（A～J。以降，調査対象者をアルファベットで記す）からの協力を得られることとなった。このなかには前段の質問紙の配布や調査依頼のために幼稚園にうかがった際に，調査に関連する会話を交した対象者もいる。ただ多くの場合，事前にメールや電話などで連絡を取っていることを除いては調査者と対象者は調査当日，初対面だった。調査対象者の属性や特徴は，第 6 章にて紹介する。

(3) 調査の時期と手続き

　調査は 2013 年 7 月～8 月に実施した。インタビューの実施場所，日時はそれぞれの対象者と事前にメールまたは電話にて相談のうえ，決定した。具体的には，調査者の大学構内の研究室，対象者の勤務園の一室をお借りしたり，または対象者の勤務園近くの喫茶店でもおこなった。原則，第三者が同席していない状態で，調査者と対象者は対面にてインタビューをおこなった。ただし対象者の希望があったことにより，C 先生と D 先生に関しては三者（調査者，C 先生，D 先生）でのインタビューとなった。調査実施日，対面にて調査協力承諾書を手渡しし，再度調査への協力の意思を確認し，調査協力を得られる場合には対象者に署名をいただいた。また調査対象者からの承諾を得た上で，インタビュー内容は IC レコーダーに録音した。インタビューの所要時間は，対象者によって多少のばらつきはあったが，およそ 1 時間～3 時間半だった。

(4) 調査と分析

　本調査は半構造化インタビューの形式を取っているため，質問の順番は対象者の回答内容に即して自由に入れ替え，かつ，対象者の自由な応答も許容しながらすすめた。ただし，インタビューにあたっては，インタビューガイドを用意し，対象者に共通にたずねた内容もある。具体的な質問項目は，第 6 章にて説明する。

　インタビュー終了後には，すべての対象者の事例につき，録音データを文書化し，インタビューデータを作成した。そして，このインタビューデータの中で抽出された語りを，同じデータ・セットおよび違うデータ・セット内の別の

語りと比較した。このような比較から暫定的なカテゴリーを引き出した。さらにそれらを互いに比較することを通して，カテゴリーを構築していった。なお比較は，カテゴリーの各レヴェル内，レヴェル間で継続的におこなった。このように，データ分析にあたって，たえざる比較法（Glaser and Strauss 1967=1996）を用いたのは，データの中のパターンを探り出すことを目的としたためである（Merriam 1998=2004）。

(5) 倫理的配慮

本書で扱うインタビュー調査は，お茶の水女子大学人文社会科学研究の倫理審査委員会より，「受付番号：2013-17　課題名：預かり保育および就学前教育・保育に関する幼稚園教職員へのインタビュー調査」として，審査を経て承認を得ており，調査の手続きおよび内容は適切に設計されている。

インタビュー調査への協力依頼のために入手した，対象者の連絡先情報は慎重に扱い，調査者の研究室の鍵のかかるロッカーに保管した。また，インタビューによって得られた，調査対象者の個人情報に関しては，データ分析の際には幼稚園名，地域などの匿名化を行ってから扱うこととした。聞き取りをした内容の録音データは，すべて文字データに変換したが，これを記録した記録媒体にはパスワードを設定したうえで，パスワードロック機能付き USB に保存した。調査協力の承諾書，録音したデータおよび録音内容を文字化した文書は，調査者の研究室の鍵のかかるロッカーに保管した。なお上記の個人情報の管理，データの管理については，対象者にも説明をし，承諾を得た。

また，本書への協力は任意であり，答えたくない質問には回答しなくてよいこと，回答しないことによる不利益は生じないこと，また，インタビュー途中や終了後であっても，協力を辞退できることを，対象者には口頭および書面にて説明した。そのうえで，調査協力承諾書に署名をもらい，対象者からの同意をとった。

3　研究Ⅲ：親調査

預かり保育はどのように利用され，それが親にどのように意味づけられているのか――研究Ⅲでは，預かり保育の利用状況とそれをめぐる親の認識につい

表3-2　親調査の概要

	調査期間	調査対象
質問紙調査	2016年7月～9月	東京都X区, Y区, Z区の幼稚園17園 674名（配布数：1210部）
半構造化インタビュー	2017年1月～4月	東京都X区, Y区, Z区の幼稚園親15名

て考察するために，保育者調査と同地域，東京都内3区（X区，Y区，Z区）の幼稚園を対象とした質問紙調査および半構造化インタビューを実施した。

調査の概要は，表3-2に示している。親調査の実施時期は，保育者調査の実施から4, 5年程度経過している。このような時間差が生じてしまった点は調査上の限界である。調査の設計は，保育者調査を踏襲しているため重複する点も多くあるが，以降ではその概要について述べる。

1) 質問紙調査

幼稚園での預かり保育の実施状況をもとに，預かり保育を利用する側の親たちの状況や意識について考察するために，まずは保育者調査と同様に質問紙調査を実施した。これに先立っておこなった予備調査には，調査者の知人とその知人から紹介を受けた人10名程度に協力してもらった。予備調査を依頼したのは，いずれも都内で3歳～小学生を子育て中の母親であった。質問項目のうち分かりにくいものや答えにくいもの，質問項目として必要だと思われるものなどの指摘を受け，調査に反映させた。

(1) 調査対象の選定方法

本調査は，保育者調査の結果と照合し，比較検討するために，調査は保育者調査と同地域，同じ幼稚園に引き続き依頼することにした。

したがって2012年の保育者調査での対象園53園に，調査に引き続き協力していただけるかたずねた。2016年5月～6月に全53園の園長宛てに，調査協力依頼書，配布予定の質問紙，調査協力承諾書，返信用封筒（返送先を記載済み，切手貼りつけ済み）を送付した。園長および副園長，各クラスの先生に調査内容をご確認いただき，本調査への協力が可能かどうか検討してもらった。

上記の送付，1週間〜2週間後を目安に，各園長宛てに電話連絡し，改めて調査協力をお願いした。そして調査協力の可否，および調査協力が可能なクラスの有無，各クラスの先生から了承はいただけるかといった点をうかがった。調査協力にあたっての承諾書は，各園の負担を考慮して園長のみに署名をお願いすることとし，同封の返信用封筒にて送付してもらうか，または，調査者が訪問した際に受け取ることとした。

　幼稚園および保育者を対象とした調査から時間が経過してしまったこともあり，協力していただける園は少なくなってしまったものの，17園から引き続き調査に協力してもらえることとなった。

(2) 調査対象・手続き
　子どもが在園中の親を対象とし，各園への質問紙配布数は，全園児数分[4]としたいとの希望をそれぞれの幼稚園に伝えた。そのうえで，配布可能な部数を各園に教えてもらった。その結果，全園児数分の質問紙の配布を許可していただいた園もあれば，1クラス分の部数の配布が許可されたケースもあった。そのため，10名程度から250名程度まで，それぞれの園での対象者人数にはばらつきがでた。このように1園あたりの配布部数には違いがあったものの，東京都内X区，Y区，Z区内の幼稚園17園の親1210名を対象に調査がおこなえることとなった。

　調査実施の時期と質問紙の配布および回収の方法は，それぞれの園の園長，副園長と電話での相談のうえ決定した。保育者調査同様，原則留め置き調査とし，配布と回収には調査者が訪問する形式を取った。ただし，なかには幼稚園の意向に沿って郵送調査とした園もあった。また留め置き調査の場合，保育者調査と同様に，回答済みの質問紙は個別で封をしてもらい，所定の回収箱に投函してもらうよう依頼した。回収箱の大きさや設置場所についても，協力園と話し合いの上，決定した。幼稚園のエントランスや受付，教員室の前に設置したケースが多かった。郵送調査の場合には切手付の返信用封筒を配布数分用意し，それぞれの質問紙に添付した。そのうえで，回答者に各自で投函していただくよう質問紙紙面にて依頼した。いずれの方法でも，質問紙の配布から回収までの期間は10日間〜2週間程度を目安とした。調査は各園と相談のうえ，

2016年7月～9月末日に実施することとなった。

　ただ，今回の調査では調査者は対象者に直接接触して，質問紙を配布していない。本調査では各クラス担任または園長，副園長から親に質問紙を配布してもらえるようお願いしたためである。その理由は，調査の手続きについて園と相談する過程で，保育者からの配布のほうが，園および対象者にとって調査協力への負担が少ないという意見をいただいたことに拠っている。そのため，配布を依頼する保育者に向けては，別途，配布依頼書を添付した。その文書には，今回の調査は園長からの協力承諾が得られている場合であっても，各クラス担任の意思は尊重されるものであり，配布は任意であるということを記載した。そして質問紙を配布する方法は，各園の保育者に一任したが，園児のお迎えの際に親に直接渡してくれたケースもあれば，調査期間内にちょうど保護者会があるという園ではそのような集まりの場で配布してくれたケースもあったと聞いている。

　以上の手続きを踏み，最終的な質問紙の回収率は55.7%（674部）となった。

(3) 調査項目

　質問紙では，基本属性，親たちの子育てへの意識，預かり保育の利用状況をたずねた。

　対象者の基本属性となる項目として，親の現在の就労状況，祖父母との近居，同居の状況などをたずねた。また親たちの子育てに関する意識の項目は，「とてもそう思う」，「まあそう思う」，「どちらともいえない」，「あまりそう思わない」，「まったくそう思わない」の5件法で設定した。そのほか，現在の幼稚園を選んだ理由を選択式で回答してもらったほか，現在の子育ての状況を把握するために，降園後の過ごし方や緊急時の子どもの預け先などもたずねた。預かり保育に関しては，利用状況（有無，利用頻度）のほか，利用理由（あるいは利用しない理由）を選択式で回答してもらった。具体的にどのような質問項目を設定したかという点は，第7章にて説明する。

(4) 倫理的配慮

　本調査は，お茶の水女子大学人文社会科学研究の倫理審査委員会より，「受

付番号：2015-140　課題名：幼稚園の預かり保育および子育てに関する保護者へのアンケート調査」として，審査を経て承認を得た。

　以降，保育者調査と内容が重複する点もあるが，簡単に説明を加えておく。

　調査対象となった幼稚園の住所や電話番号は協力園を特定できる個人情報であるため，連絡先の取扱いには十分留意し，調査終了後には，これらの情報を廃棄することとした。またインフォームドコンセントを受ける手順として，事前に質問紙の内容をそれぞれの園の園長，または副園長，教頭に確認してもらったうえで，配布を依頼した。園長からの協力承諾が得られている場合であっても，それぞれの保育者がそれを対象者に配布するかどうかは本人の意思が尊重されるものであり，調査はすべて任意であるという点を説明のうえ，調査に協力してもらった。同様に質問紙表紙には，調査への回答は任意であり，答えたくない質問には回答しなくてよいことを説明し，また回答しないことによる不利益は生じないことを明記した。

2）半構造化インタビュー

　次に，親調査においても，預かり保育に対する主観的な意味づけに接近するために半構造化インタビューを実施した。

(1) 調査対象の選定

　調査対象者の選定にあたっては，質問紙調査の対象者に，継続してインタビューへの協力も依頼した。具体的には，質問紙の最終頁にて，「本調査のテーマをさらに詳しく調べるために，今回のご回答者の中から10名程度の方を対象に9月以降にインタビュー調査（30分〜1時間程度）を予定しております。ご協力いただけますでしょうか」とたずねた。あわせて，調査協力が可能な場合には，メールアドレスまたは電話番号を記載してもらった。

　その結果，今回の調査では連絡先の記載があった対象者が165名いたため，その中から居住地域，夫婦の就労状況，預かり保育の利用状況などに偏りがでないように対象者を抽出した。それぞれの対象者にメールまたは電話にて連絡を取り，再度，調査協力を依頼した。

(2) 調査対象

　最終的に，調査依頼は38名を対象におこない，東京都3区内の幼稚園に子どもを通わせている親15名（Z～L。以降，調査対象者をアルファベットで記す）から協力を得た。事前にメールや電話などで連絡を取っていることを除いては，いずれの対象者とも初対面であった。

　調査対象者の属性，特徴については，第8章にて説明する。

(3) 調査時期と手続き

　調査は2017年1月～4月に実施した。インタビューの実施場所，日時はそれぞれの対象者と事前にメールまたは電話にて相談の上，決定した。具体的には，調査者の大学構内の研究室または対象者の勤務先や自宅，幼稚園の近くの喫茶店，ファミリーレストランでおこなった。原則として，対象者と調査者は1対1での面接形式でおこなったが，対象者の子ども（乳幼児）が同席してのインタビューというケースもあった（Vさん）。調査実施日には，対面にて調査協力承諾書を手渡しし，調査に協力していただけるか再度確認し，調査協力を得られる場合には対象者に署名をいただいた。また調査対象者からの承諾を得たうえで，インタビュー内容はICレコーダーに録音した。インタビューの所要時間は，対象者によって多少のばらつきはあったが1時間～3時間半だった。

(4) 調査と分析

　保育者調査と同様，インタビューにあたっては，インタビューガイドを用意した。具体的な質問項目は第8章にて示す。

(5) 倫理的配慮

　本書で扱うインタビュー調査は，お茶の水女子大学人文社会科学研究の倫理審査委員会より，「受付番号 2016-132号　課題名　幼稚園の預かり保育および子育てに関する保護者へのアンケート調査およびインタビュー調査」として，本書に係る実施計画につき承認を得ている。

　本調査においても，対象者の通う幼稚園やきょうだいの通う小学校など，個

人情報に関する語りはいずれも,個人が特定されない形で用いることとした。

そのほか,インタビューによって得られた録音データの取り扱いや,対象者のインフォームドコンセントを受ける手順は,保育者調査での内容と重複するので,ここでの説明を割愛する。

第2節　本書の調査の特徴

以上,本書では三つの研究を実施した。ひとつは政策言説の分析,二つめは,保育者を対象とした質問紙調査,半構造化インタビューの分析,そして三つめは,親を対象とした質問紙調査,半構造化インタビューの分析である。このように,多様な手法,対象を用いた実証的な分析に着手した点も本書の特徴として挙げられる。そこで本節では,ひとつの研究デザインのなかで質的調査と量的調査を実施することや,政策言説などのマクロな次元と保育者や親といった個人の経験を扱うミクロな次元の双方に着目することの必要性について論じる。

1　質的調査と量的調査によるトライアンギュレーション

社会調査において,「異なった方法,研究グループ,調査地,調査時期,理論的視角などを組み合わせることをトライアンギュレーションという」(Flick 2007=2011: 541)。具体的にフリック(U. Flick)は,トライアンギュレーションを下記のように定義する。

> トライアンギュレーションとは,研究者がひとつの研究対象に対して,または(より一般的には)研究設問に答えるために,違った視点を取ることである。違った視点とは,複数の方法および/もしくは複数の理論的アプローチを組み合わせていることで具体化される。さらにトライアンギュレーションは,データを捉えるための理論的視角を背景として,異なった種類のデータを組み合わせることをも意味する。(中略)同時に,(異なった方法もしくはデータ種の)トライアンギュレーションによって幅広い知を得ることが可能になる。たとえば,トライアンギュレーションによって,単一のアプローチで可能な範囲を超え,いろいろなレベルにわたる知がもたらされ,結果的に研

究の質の向上に寄与することになるだろう。(Flick 2007=2011: 543)

　フリック（1992）によれば，この概念はそもそも複数の質的方法を組み合わせることを示していたという。ただし，質的方法と量的方法とを組み合わせるということもこれに該当する（Flick 2007=2011: 33）。このようなアプローチの背景には，「個々の調査技法がもつ強みと弱点について認識した上で，それぞれの技法の弱点を補強しあうとともに，長所をより有効に生かしていこうという発想」（佐藤 2006: 138）があるという。
　とくに，量的研究と質的研究の結果を組み合わせることによる帰結について，フリック（2007=2011: 37-8）は以下のように整理している。第一には，「質的結果と量的結果がひとつに収束し，互いに強め合い，同じ結論を支持する」ということ。そして第二には，「両結果はひとつの対象（たとえば特定の病気の主観的意味と住民の間でのその分析）の異なった側面に焦点を当てるが，互いに補い合うもので，合わさることで全体像がはっきりする」ということ。そして最後には，「両結果は互いに異なり矛盾する」ということである。そして，「研究対象に関してより多くの（より広い，より良い，より完全な）知見を得ることに関心を置いて質的・量的方法を組み合わせるのなら，以上の三つの帰結のすべてが有益である」（Flick 2007=2011: 38）と述べている。そして，方法のトライアンギュレーションが行われる場合に重要なことは，「『同じことの積み重ね』ではない点」（同上: 547）であるという。すなわち，異なったデータ収集の方法を通して，異なったレヴェルへのアプローチが行われなくてはならないということに言及している（同上: 547）。
　以上の指摘をふまえると，本書が預かり保育に関する諸相を記述していくうえでは，異なるデータ収集の方法，とくに質的研究と量的研究を組み合わせることは有益であると考えられる。政策言説への質的なアプローチでは，預かり保育の制度や政策に係るプロセスを記述することができる。そして，保育者と親への質問紙調査からは，預かり保育がどのように実施されているか，利用されているかという構造的な側面にアプローチすることができるだろう。さらに半構造化インタビューでは，預かり保育の実施や利用の背景にある，対象者の主観的な意味づけや経験にアプローチすることができると考えられる。このよ

うに量的調査，質的調査それぞれから得られた知見をもとに，子育てをめぐる再編のポリティクスについて包括的に検討していくことが望まれる。

2 ミクローマクロの往還

次に，政策言説にアプローチすることと，預かり保育を実際に経験している人々の双方にアプローチし，その分析結果を組み合わせることの有益性について考えてみたい。すなわち，対象におけるトライアンギュレーションである。

レンツ（I. Lenz）[5]によれば，「『公』と『私』の関係は，20世紀最後の四半世紀以降，劇的な変化を遂げて」（Lenz 2013: 277）きており，さらに「これから先，未来の公と私の関係はまだ不確定であり，現在のところ，多くのミクロ次元の政治過程に翻弄されて，ジグザグな方向性を示している」（同上：278）という。これに関連して齋藤純一（2000）は，「対抗的な公共圏において形成され，そこから提起される言説が，支配的な公共圏をはじめとする他の公共圏の言説にどのように影響を与えるかは一義的にはいえない」（齋藤 2000: 15）としながらも，「対抗的な公共圏」における言説がもつ政治的な効果にも言及している。このように，公的領域と私的領域の関係を捉えるにあたっては，ミクロ次元の政治過程とマクロ次元の政治過程，対抗的な公共圏における言説と支配的な公共圏における言説の両者，ひいてはその相互作用こそが重要な論点となる。

したがって，本書において，子育てをめぐる再編のポリティクスについて探っていく上では，マクロレヴェルの政治過程において子育ての「責任」と「遂行」がどう扱われているかということと，ミクロレヴェルの政治過程において子育ての「責任」と「遂行」がどのように捉えられているのかということの両面に目配りをしていく必要性がある。そして，政策レヴェルでの子育てに関する論理や意味づけが，預かり保育を実際に経験している人々にも反映されているのか，あるいは反映されていないのかという相互性も併せて見ていかなければならない。このように，ミクロ－マクロを往還しながら，本書では政策言説，預かり保育を実際に経験している人々にアプローチし，子育てをめぐる再編のポリティクスを捉えていく。ただし，ここでは便宜的にマクロレヴェルとミクロレヴェルを二分化して扱っているが，現実にはミクロレヴェルの人々の経験

が，マクロレヴェルを基盤とした属性，たとえば地域性や階層性などからの影響を受けていないとは言い切れない。このように，マクロとミクロの関係はそもそも相互的なものであると言えるだろう。この点には留意したうえで，本書ではさしあたり，マクロレヴェルとして政策言説を扱い，ミクロレヴェルとして保育者や親たちの経験について扱っていくこととしたい。

注
（1）「区内就学前施設等数に対する預かり保育実施幼稚園数の割合」＝預かり保育実施幼稚園数／（幼稚園数＋公立・私立保育所＋東京都認証保育所数＋認定こども園数）×100(％) とした。基準の作成と算出にあたっては，「平成22年度学校基本調査報告」（東京都総務局 2011），「市町村立幼稚園・小学校・中学校の設置・廃止等について（平成24年4月1日現在）」（東京都教育委員会 2012），「平成23年度 東京都公立学校一覧」（東京都教育委員会 2011），「東京都内の私立幼稚園一覧」（東京都生活文化局 2010），「保育所関連状況取りまとめ」（厚生労働省 2011），「認定こども園の平成23年4月1日現在の認定件数について」（文部科学省・厚生労働省 幼保連携推進室 2011），「東京都各区保育計画」（品川区，北区，世田谷区，港区），23区各区ホームページ，各幼稚園運営ホームページを参照した。
（2）「預かり保育実施幼稚園数の全就学前施設等数に占める割合の全国値」＝預かり保育実施幼稚園数（10058園）／{預かり保育未実施幼稚園数（3285園）＋預かり保育実施幼稚園数（10058園）＋保育所数（22623園）＋認定こども園・幼保一体施設数（762園）}×100＝27.4(％) であった。なお，すべて幼稚園数・保育所数・認定こども園数は調査開始時点である平成22年度データを基に算出した。
（3）　なお巻末に参考資料として添付している質問紙は，園長・副園長または教頭に回答を依頼した「質問紙A」の内容である。「質問紙B」は，質問紙AのQ13以降と同内容の構成になっている。そのため，質問紙Bの添付は割愛した。
（4）　同じ幼稚園にきょうだいが通っている場合には，各家庭で1部回答いただくように依頼した。なおこの旨は質問紙表紙にも記載した。
（5）　ボッフム大学社会科学部名誉教授。引用箇所は，2009年京都大学大学院文学研究科・文学部シンポジウム「変容する親密圏／公共圏」での講演に加筆した論文を，古谷野郁・左海陽子が邦訳したものから取っている。

第4章

預かり保育をめぐる政策言説の通時的変化

　本章では，預かり保育に関する政策言説，すなわちマクロレヴェルでの言説に焦点を当てる。預かり保育の制度，政策設計のプロセスでは，どのような議論がなされてきたのだろうか。この点について，中央教育審議会答申とその議事記録をもとに分析する。

第1節　課題設定

　預かり保育は，どのような政策的な問題意識のもとに展開されてきたのであろうか。
　先にも述べたように，預かり保育は1997年以降，私立幼稚園に対して「預かり保育推進事業」として，私学助成が設置されるようになった。そして2000年には，幼稚園教育要領において預かり保育が「地域の実態や保護者の要請により，教育課程に係る教育時間の終了後等に希望する者を対象に行う教育活動」という文言をもって位置づけられた。また，2002年度からは市町村に対して地方交付税が措置されるようになった。さらに2007年には学校教育法の改正に伴い，幼稚園における家庭・地域の支援活動として預かり保育に関する言及が加わった。翌2008年には改定された幼稚園教育要領において，預かり保育が教育活動として適切な活動となるよう具体的な留意事項が示された。
　このように預かり保育は，極めて政策的な文脈のもとに展開した。何より，こうした預かり保育をめぐる動向は，子育てが「私的」な事柄ではなく，「公的」な関心事として取り扱われるようになる（横山 2004: 79）という1990年代以降の子育てをめぐる社会的な動向と一致している。さらに預かり保育の動向は，幼稚園の運営にあたって「地域における幼児期の教育のセンターとして

の役割を果たすよう努める」(『幼稚園教育要領』第3章第2) ことが要請されてきたこととも無縁ではないと考えられる。無藤隆・神長美津子 (2003) が指摘するように,「幼稚園へのニーズも多様化してきた今日, 保育を充実させることと, 地域の幼児教育センターとして今日的課題やニーズに対処していくことが園経営の両輪になっている」(2003: 67) のである。

　上記をふまえると, 幼稚園での「教育時間の終了後等」における保育をめぐっては, どのようにその実施を認めていくべきか, そもそも実施の必要があるのかということが議論されてきたはずである。具体的には, これまで長時間保育を担ってこなかった幼稚園で, なぜ預かり保育は担われるべきなのかを争点とした議論があったかもしれない。このように, 預かり保育の実施について説明される際には, 子育てをめぐる何らかの論理が要請されるもの思われる。したがって, 預かり保育をめぐる政策的動向に関する議論を追尾することで, 子育てに関わる論理構成が見えてくる。

　以上の関心のもとに, 本章では子育てをめぐる社会構造の変化との関連から預かり保育を捉え直す。預かり保育が政策的に展開されていく過程では, どのような説明がなされたり, 議論があったのだろうか。そしてその際, 政策言説は, 子育てをめぐる公的領域と私的領域のどのような境界を策定してきたのであろうか。預かり保育をめぐる政策言説の通時的変化を明らかにすることを通して, 子育てが「公的なもの」と扱われるようになっていくプロセスには, どのような交渉やせめぎ合いがあるのかという点を描いていくこととしたい。

第2節　対象と分析の視点—中教審答申と審議経過に着目して—

1　分析対象の特徴

　本章の分析には, 預かり保育について論じている文部科学省 (文部省) 中央教育審議会 (以降, 中教審と表記する) の答申および審議会議事記録を用いる。なかでも, 子育てへの社会的支援について活発に議論されるようになった1990年代以降のものを扱うこととする。そこで本節では, 具体的な分析に先立って, 中教審答申と議事記録の概要とそれらの分析対象としての適合性について論じる。

まず，対象の選定にあたっては，文部科学省ホームページに記載されている，「審議会別諮問・答申等一覧」[(1)]，および『幼稚園教育年鑑　平成26年度版』（文部科学省教育課程課・幼児教育課　2014）に掲載されている「幼稚園教育関係年表」（2014: 140-5）を参考にした。またそれぞれの答申に係る審議会は，文部科学省ホームページのほか，『文部時報10月臨時増刊号』（文部省　1998），『文部時報6月臨時増刊号』（文部省　2000），『文部科学時報5月臨時増刊号』（文部科学省　2003）から特定した。なお，幼児教育に関わる答申という点では，「新しい時代にふさわしい教育基本法と教育振興基本計画の在り方について」（答申）（2003.3.20）や「就学前の教育・保育を一体として捉えた一貫した総合施設について」（審議まとめ）（2004.12.24），「幼保連携型認定こども園保育要領（仮称）の策定について」（報告）（2014.4.18）も該当すると考えられる。ただし，上記いずれの答申や報告にも預かり保育に関する言及がなかったことから，本章での分析対象からは除外することとした。

　以上の選定を経て，表4-1に示す1996年〜2013年に提出された答申（報告含む）とそれに係る審議会議事記録が分析対象となった。

　また，これら分析対象のうち，各審議会の議事記録においては発言者が誰であったのかということも注目すべき点となる。ただし，審議会の出席委員名簿は各回公表されている一方で，発言者が議事記録上公表されているものはあまり多くなかった。具体的に表4-1中について示すと，発言者が公表されている記録は，中央教育審議会総会第31回，43回，46回，58回〜60回，62回，63回，65回，77回，79回，82回，85回，教育制度分科会／初等中等教育分科会の第17回／47回，22回／52回，初等中等教育分科会教育課程部会の第49回，53回，62回，71回，72回，教育振興基本計画特別部会第1回〜14回，教育振興基本計画部会第4回〜26回であった。このように，中央教育審議会総会を初めとして，2003年以降，発言者が公表される傾向が進んできたことが読み取れる。とはいえ，同じ分科会であっても公表されている回と公表されていない回が混在している記録もあった。以降では，分析においてそれぞれの発言を扱う際には，発言者が特定されている場合にのみ発言者名を記載することとし，公表がない場合には，発言内容のみを引用することとする。

　次に，中教審答申とその審議会議事記録の分析対象としての適合性について

表4-1　政策分析に用いた資料の一覧

答申提出日	答申名	審議会
1996.7.19	「21世紀を展望した我が国の教育の在り方について」（第一次答申）	「第15期中央教育審議会審議経過」（総会，第1小委員会，第2小委員会）(2)
1998.6.30	「幼児期からの心の教育の在り方について」（答申）	中央教育審議会総会(3) 第215回（1998.3.16），217回（3.31）～220回（6.30） 幼児期からの心の教育に関する小委員会　第1回～16回（1997.9.19～98.3.19）
2000.4.1	「少子化と教育について」（報告）	中央教育審議会総会　第223回（1998.11.6），224回（1999.4.8），225回（4.19），229回（2000.3.14），230回（4.17） 少子化と教育に関する小委員会　第1回～12回（1998.12.11～2000.2.29）
2005.1.28	「子どもを取り巻く環境の変化を踏まえた今後の幼児教育の在り方について」（答申）	中央教育審議会総会　第31回（2003.5.15），43回（2004.10.21），46回（2005.1.26） 中央教育審議会初等中等教育分科会　幼児教育部会　第1回～19回（2003.10.16～05.1.6）
2007.3.10	「教育基本法の改正を受けて緊急に必要とされる教育制度の改正について」（答申）	中央教育審議会総会　第58回（2007.2.6）～60回（3.10） 教育制度分科会／初等中等教育分科会　第17回／47回（2007.2.14）～第22回／52回（3.10）
2008.1.17	「幼稚園，小学校，中学校，高等学校及び特別支援学校の学習指導要領等の改善について」（答申）	中央教育審議会総会　第63回（2008.1.17） 中央教育審議会初等中等教育分科会教育課程部会　第33回（2005.11.30），46回（2006.9.12），49回（12.22），53回（2007.1.26），62回（9.10），71回（12.21），72回（12.25） 中央教育審議会初等中等教育分科会教育課程部会　幼稚園教育専門部会　第1回～10回（2005.10.19～07.8.27）
2008.4.18	「教育振興基本計画について―『教育立国』の実現に向けて」（答申）	中央教育審議会総会　第58回（2007.2.6），62回（2007.12.19），65回（2008.4.18） 中央教育審議会　教育振興基本計画特別部会　第1回～14回（2007.2.21～08.4.2）
2013.4.25	「第2期教育振興基本計画について」（答申）	中央教育審議会総会　第77回（2011.6.6），79回（2012.2.17），82回（8.28），85回（2013.4.25） 中央教育審議会　教育振興基本計画部会　第4回～26回（2011.6.13～13.4.18）

言及する。中教審答申は，これまでにも教育や家族に関する分析資料として，先行研究（小玉 1996, 汐見 1998, 本田 2008 など(4)）においても扱われてきた。これらの知見をふまえつつ，下記の理由から中教審の答申やそれに係る審議会議事記録を分析対象としてみたい。

第一には，中教審の任務に，「文部科学大臣（文部大臣）の諮問に応じて教育に関する基本的な制度その他教育，学術または文化に関する基本的な重要施策について調査審議し，およびこれらの事項に関して文部科学大臣（文部大臣）に建議する」[5]ことが掲げられているように，中教審は幼児教育の制度・政策に多分な影響を与えている交渉の場として位置づけられるためである。

　そして第二には，ちょうど分析対象にかかる当時の幼稚園の状況が，中教審の議題にも反映されていたと推察されるためである。たとえば，預かり保育が中教審で取り上げられる直前には，「子ども減り，幼稚園サバイバル　定員割れ公立が顕著」（『朝日新聞』1992.11.20朝刊，地域面　千葉），「幼稚園経営は赤信号　川崎区の私立稲毛幼稚園，閉園へ」（『朝日新聞』1994.3.7朝刊，地域面　神奈川）といった記事が紙面を賑わせていた。このように当時の幼稚園では，園児数が減少する中で，給食，送迎バス，預かり保育が園児確保の「三種の神器」（『朝日新聞』1994.7.12朝刊，社会面）とも呼ばれ，「生き残り」（同紙面）をかけた対応が迫られていたと記述されている。このように中教審の議題には，当時の幼稚園で起きている事態が反映されていたと考えられる。

　幼稚園では保護者の家庭の都合により，子どもを朝早くから，夕方遅くまで預かるということは，戦前も含めて以前から行われてきたと言われている（柴崎 2004: 79）。ただし，先にも述べたように預かり保育が政策的な展開をみせるようになるのは，1997年を待つことになる。こうした動向を踏まえ，本章では1990年代以降の政策言説を追っていく。ただし，それ以前にも，預かり保育が政策議論の潮流にのっていくと思われる端緒があった。本章での直接の分析対象からは除外されることになるが，1990年代以前にどのような言説が登場していたのか，ここで少し触れておきたい。

　それは1987年時点の臨時教育審議会（以降，臨教審とする）での記録にある。そこには，「乳児の保育は，可能なかぎり，家庭において行われることが望ましく，親子の基本的な信頼関係を確立することが重要である」（臨教審 1987「教育改革に関する第3次答申」審議経過報告より）としつつも，幼稚園での長時間保育に関して下記のように触れていた。なお，引用文のうち，要点について筆者が下線を引いた。

幼稚園・保育所は，その目的は異なるが，幼児教育において重要な役割を果たしており，その充実を図る。幼稚園・保育所は就園希望，保育ニーズに適切に対応できるよう，それぞれの制度の中で整備を進める。この際，幼稚園については，保育所の整備が進んでいない地域などにおける時間延長，保育所については，臨時的要請に対応する私的契約等，両施設の運用を弾力的に進め，家庭や社会の要請，変化に柔軟に対応する。（1987.4.1「教育改革に関する第3次答申」第2章第3節）

　このように幼稚園，保育所それぞれについて，「それぞれの制度の中での整備」の必要性について言及していた。幼稚園に対しては，「保育所の整備が進んでいない地域など」を条件としながら，時間延長を促している。幼稚園での長時間保育はあくまでも「弾力的」な対応のひとつと位置づけられてはいるものの，1日4時間の保育時間を標準としてきた幼稚園にとって，このような記載が答申のなかに含まれていたことはひとつの画期であったと理解していいだろう。そして，「目的は異なる」というフレーズや，「それぞれの制度の中での整備」というフレーズからは，幼稚園と保育所は一定の距離を保ちながら両者間の関係についても議論がおよんでいた様子がうかがえる。
　またこれを受けてちょうど同じ年，1987年度幼稚園教育課程研究発表大会という場において，当時の文部省初等中等教育局幼稚園課長・髙橋一之は，下記のような説明を通して，幼稚園関係者に理解を求めていた。

（幼稚園の保育時間を）1日4時間を標準とするという点です。これをいくぶん弾力的にしたいと思います。これは臨時教育審議会で保育所がらみの問題として取り上げられたことでもあります。すべての幼稚園が4時間でなければならないというのは，やや画一的な示し方ではないかという批判が，臨時教育審議会にあったわけです。もちろん幼稚園を保育所のように8時間にするという趣旨ではありませんが，臨時教育審議会の答申の中には周辺に保育所がないような幼稚園では，もう少し弾力的に保育時間を考えていいのではないかという提言がありました。私どもの対処する基本的な考え方としては，幼稚園は4時間を標準とするというのは，まずしっかりと押さえておき

<u>たいというのがあります。それをおさえた上で，それぞれの幼稚園でもしもう少し弾力的にやりたいと考えた場合には，それも教育要領上認めるというようなことがよろしいのではなかろうか</u>と考えています。(文部省 1988: 130)

　上記では，「幼稚園は4時間を標準とするというのは，まずしっかりと押さえておきたい」ことを強調した上で，幼稚園における保育時間の弾力化について，理解を呼びかけていたことが分かる。
　預かり保育について中教審で議論が進められるに至るまでに，このような前段があったことをふまえながら，1990年代以降の答申では預かり保育がどのように位置づけられていったのか，分析していくこととしたい。

2　分析の視点

　以降では，中教審の答申と審議において，預かり保育がどのように意味づけられていったのか追っていく。具体的には，第一に幼児教育をめぐる答申の趣旨をおさえ，答申本文から預かり保育の位置づけの変化を考察する（第3節1項〜3項）。その際には，子育ての「責任」と「遂行」をめぐって，また公的領域と私的領域の関係をめぐってどのようなことが論じられているかに着目する。そして第二には，位置づけの変化に関する分析を受けて，その位置づけがなぜ変化したのか，答申に係る審議経過から検討する（第3節4項）。
　預かり保育が議論されるなかでは，何が審議の論点となってきたのだろうか。預かり保育をめぐる政策言説には，子育てを社会全体での「公的なこと」と扱う論理，家庭内での「私的なこと」と扱う論理がいかに含まれてきたのだろうか。また，子育てのどのような部分を「公的なこと」として扱い，どのような部分を「私的なこと」として扱うことが望ましいとされたり，目指されたりしてきたのだろうか。さらには，それらがどのように折り合いをつけながら審議されてきたのだろうか。なおここでの視点は，第2章にて整理したフレイザーによる「ニーズ解釈の政治」議論とも関心を共有している。したがって，フレイザーの議論を敷衍しながら，預かり保育をめぐるニーズがどのような解釈を通して語られてきたのかを詳述していきたい。なお，以降で扱う引用文のうち要点箇所について，筆者が下線を引いた。

第3節　1990年代以降の預かり保育をめぐる政策言説の通時的変化

1　「女性の社会進出への対応」としての預かり保育—1996年7月答申以降—

　表4-1に整理されているように，中教審答申が預かり保育にはじめて言及したのは，1996年7月に提出された「21世紀を展望した我が国の教育のあり方について」（第一次答申）においてである。これに係る諮問文では，以下に示すように，「今後における教育の在り方及び学校・家庭・地域社会の役割と連携の在り方」（1995.4.26, 諮問文，与謝野馨）が検討事項に挙げられていた。

<u>今日，受験競争の過熱化，いじめや登校拒否の問題あるいは学校外での社会体験の不足など，豊かな人間形成を育（はぐく）むべき時期の教育に様々な課題がある</u>。これらの課題に適切に対応していくためには，今後における教育の在り方について基本的な検討を加えつつ，<u>子どもたちの人間形成は，学校・家庭及び地域社会の全体を通して行われる</u>という教育の基本に立ち返り，それぞれの教育の役割と連携の在り方について検討する必要がある。
（1995.4.26, 諮問文，与謝野馨）

　上記のように教育をめぐる「様々な問題」を憂いながら，学校，家庭，地域社会における教育の役割と連携について言及した。すなわち，教育をめぐる学校，家庭，地域社会の関係を問うていることが分かる。言い換えれば，三者間において，何を公的な問題とするか私的な問題とするかが当時の議題のひとつであったと言うことができるだろう。
　そして，答申の副題が「子供に〔生きる力〕と〔ゆとり〕を」であったことに象徴されるように，この答申では子どもの「生きる力」，「ゆとり」，そして「学校のスリム化」に重点が置かれた。

学校・家庭・地域社会の連携と適切な役割分担を進めていく中で，学校がその本来の役割をより有効に果たすとともに，<u>学校・家庭・地域社会における教育のバランスをよりよくしていく</u>ということは極めて大切なことであり，

こうした観点から，学校が今行っている教育活動についても常に見直しを行い，改めるべき点は改めていく必要がある。こうした見直しを行うに当たっては，我が国の子供たちの生活において，時間的にも心理的にも学校の占める比重が家庭や地域社会に比して高く，そのことが子供たちに学校外での生活体験や自然体験の機会を少なくしているとも考えられる現状を踏まえることが必要である。(1996.7.19「21世紀を展望した我が国の教育の在り方について」(答申)第2部第4章)

　上記は，同答申の第2部第4章の「学校のスリム化」という項に記載された内容である。「我が国の子供たちの生活において，時間的にも心理的にも学校の占める比重が家庭や地域社会に比して高く，そのことが子供たちに学校外での生活体験や自然体験の機会を少なくしているとも考えられる」とあるように，学校を「スリム化」することで，学校，家庭，地域社会の「適切な役割分担」を問い直すことを促そうとしている。
　さらに同答申は，「家庭の教育力の低下」という問題意識と併せて，「これからの家庭の在り方」についても触れていた。

　家庭教育は，乳幼児期の親子のきずなの形成に始まる家族との触れ合いを通じ，〔生きる力〕の基礎的な資質や能力を育成するものであり，すべての教育の出発点である。(中略)加えて，<u>近年の都市化，核家族化等により地縁的つながりの中で子育ての知恵を得る機会が乏しくなったことや個人重視の風潮，テレビ等マスメディアの影響等による，人々の価値観の大きな変化に伴い，(中略)家庭の教育力の低下が指摘されている。我々は，こうした状況を直視し，改めて，子供の教育や人格形成に対し最終的な責任を負うのは家庭であり，子供の教育に対する責任を自覚し，家庭が本来，果たすべき役割を見つめ直していく必要があることを訴えたい</u>。(1996.7.19「21世紀を展望した我が国の教育の在り方について」(答申)第2部第2章(1))

　このように「家庭の教育力の低下」した状況が嘆かれ，それゆえに家庭の「子供の教育に対する責任」の重要性を見直さねばならないということが直接

的に述べられた。ここでは,「家庭の教育力の低下」の背景として,「近年の都市化,核家族化等により地縁的つながりの中で子育ての知恵を得る機会が乏しくなったことや個人重視の風潮,テレビ等マスメディアの影響等による,人々の価値観の大きな変化」を挙げてはいるものの,「家庭の教育力」が具体的に何を指すのかという点,ひいては「家庭の教育力の低下」を例証する根拠には触れていない。ただ,「家庭の教育力の低下」という見方をもとに,家庭教育の責任や役割を強調する論理を喚起していた。

　それでは以上のような答申の論旨をおさえた上で,この当時,預かり保育に対する問題意識はどのようなものであったのだろうか。

<u>女性の社会進出等が進む状況に対応し,幼稚園においても,保育所との目的・機能の差異に留意しつつ,預かり保育等運営の弾力化を図っていくことが必要となっている。</u>(1996.7.19「21世紀を展望した我が国の教育の在り方について」(答申) 第2部第1章(2)-[7])

　先述のように,答申全体を通して伝えられていたことは,「家庭の教育力の低下」とともに「家族がそろって一緒に過ごす時間を多く持つ」(1996.7.19「21世紀を展望した我が国の教育の在り方について」答申 第2部第2章 (2)-[1])ことが理想であるという内容だった。その上で預かり保育は,「女性の社会進出等が進む状況に対応」するものと捉えられていた。家庭教育について私的な責任が強調される中,預かり保育の運営,実施を進めていくことについては,「公共的に対応すべきもの」(Fraser 1989)とみる論理が押し出されていた。

　さらにここでは,預かり保育の実施に際して,「保育所との目的・機能の差異に留意」する必要性が示されていることも争点になるだろう。先に見た1987年の臨教審答申にも,幼稚園での保育時間の延長は「保育所の整備が進んでいない地域など」で進められるべきとの文言があった。これらの文言は,預かり保育の実施が「保育所との目的・機能の差異」を不明瞭にするのではないか,という議論があったことをうかがわせる。つまり,預かり保育を解釈するにあたっては,幼稚園の「教育時間の終了後等」における子育てを家庭との関係でどのように考えるかという議論のほかに,長時間の保育を幼稚園の目

的・機能とみるか，あるいは保育所の目的・機能とみるかという議論も展開されていたものと推察される。

こうした推察を裏付けるものとして，たとえばこの答申の直後には，「保育所・幼稚園統廃合検討を」（『朝日新聞』1997.4.11 朝刊，地域面 富山），「幼稚園と保育所の一体化を促進 文部・厚生省が通知」（『朝日新聞』1998.3.11 朝刊，総合面）という記事が相次いで掲載され，保育所，幼稚園の実態が変化しつつあることが報道されていたことが挙げられる。ここからは，当時保育所，幼稚園の関係が問い直される中で，改めて両者の「目的・機能の差異」をめぐる議論は活発になり，またセンシティブなものであったと考えられる。そのため，答申で預かり保育に言及する上でも，「保育所との目的・機能の差異」に留保することが求められたのではないだろうか。

さて，その後の預かり保育への言及は，1998 年 6 月提出の「幼児期からの心の教育の在り方について」（答申）にある。この時期は預かり保育が推進事業として展開された直後にあたるが，当時の社会的関心は子どもの「心をめぐる問題」に集中していた。

<u>子どもたちの幼児期からの心の成長ということを考える場合，多くの憂慮すべき問題が存在しております</u>。家庭をめぐっては，少子化や核家族化等を背景とする様々な生活体験の機会の減少，親の無責任な放任や，逆に過保護・過干渉といった傾向が指摘されております。また，地域社会においては，地縁的な連帯が弱まり，人間関係の希薄化が進むとともに，生活体験や自然体験などが失われてきております。さらに，学校に関しても，過度の受験競争などを背景として，学校生活が［ゆとり］のないものとなり，友人たちとの交流を深めたり，自己実現の喜びを実感しにくくなっているなどの課題が生じております。（中略）子どもたちの間に見られるいじめ，薬物乱用，性の逸脱行為，さらには青少年非行の凶悪化などといった憂慮すべき状況も，子どもたちの心の在り方と深いかかわりがある問題であり，また，我々大人自身が真摯に自らの在り方を省みるべき問題であります。こうした問題の解決に資する上でも，心の教育の在り方を考えていくことが必要と考えます。折しも，神戸市須磨区の児童殺害事件においては，中学生が容疑者として逮捕

され，私も教育行政をあずかる立場にある者として大変衝撃を受けるとともに，心の教育の重要性を改めて痛感したところであります。(1997.8.4，文部大臣諮問理由説明，小杉隆)

　上記の諮問理由説明では，具体的な少年事件の発生を例にとりながら，「心の教育の重要性」を強調している。汐見稔幸がすでに指摘しているところではあるが，「家庭が『本来果たす』役割というものがあり，それをあいまいにしている家族，親が今ふえているということが，子どもたちの心の教育，重要なあるいは直接の原因だという認識をはっきりと表現」(汐見 1998: 8)し，子どもたちの問題行動は直接，「心の教育」と結びつけながら議論が進められていったことを確認することができる。
　こうした諮問を受けて，答申の「はじめに」には以下の記述が含まれていた。

　我々は，子どもたちの心をめぐる問題が広範にわたることを踏まえ，社会全体，家庭，地域社会，学校それぞれについてその在り方を見直し，子どもたちのよりよい成長を目指してどのような点に今取り組んでいくべきかということを具体的に提言することとした。特に，過保護や過干渉，育児不安の広がりやしつけへの自信の喪失など，今日の家庭における教育の問題は座視できない状況になっているため，家庭教育の在り方について多くの提言を行っている。(1998.6.30「幼児期からの心の教育の在り方について」(答申)「はじめに」)

　上記のように，「家庭における教育の問題」が「子どもたちの心をめぐる問題」を引き起こすものと捉えられ，両者の問題性は結びつけられていた。ここでは当該答申が「家庭教育の在り方」にとくに介入したものであったことがうかがえる。ただしこの答申では家庭のみならず学校についても同様に，「心を育てる場所」(1998.6.30「幼児期からの心の教育の在り方について」答申　第4章)との位置づけを強調していた。そのため不可避的に幼稚園もまた，「心を育てる場所」としてその役割を見直すことが迫られていた。具体的には，「幼稚園・保育所で道徳性の芽生えを培おう」，「体験活動を積極的に取り入れよう」，

「幼児の自然体験プログラムを提供しよう」,「幼稚園・保育所による子育て支援を進めよう」,「幼稚園・保育所の教育・保育と小学校教育の連携を工夫しよう」といった項目が盛り込まれていたのである。それでは,こうした局面において,預かり保育に関してはどのような言及があったのだろうか。

> 子育て支援に当たっては,安心して子どもを産み育てることができるような環境を整備すること,そして,家庭における子育てを支えるためのシステムを充実していくことが重要である。<u>女性の社会進出が進む中,子育てと仕事の両立を支援していくための多様な保育サービスの提供が重要な課題である</u>。保育所には低年齢児保育,延長保育,一時的保育などの充実が求められている。<u>幼稚園には,通常の教育時間終了後に,希望があった場合に引き続き教育を行う「預かり保育」への要望が高まってきており,保育時間の設定や保育室の確保などの面で幼稚園における弾力的な対応が求められる。</u>
> (1998.6.30「幼児期からの心の教育の在り方について」(答申) 第4章(1)-(d))

先にみたように,この時期「家庭における教育の問題」の深刻さはいっそう伝えられていた。その上で,「心を育てる場所」として幼稚園の存在が描かれた。こうした論理のもと,「心を育てる場所」としての家庭をサポートするために,「多様な保育サービス」を幼稚園は担うこととなった。そして,預かり保育もそのひとつとして位置づけられた。

なお,ここでは,保育所には「低年齢保育,延長保育,一時的保育」への要請が高まっていることも併記されている。1996年7月答申のように,「保育所との目的・機能の差異」が明示されることはないものの,保育所,幼稚園それぞれに要請されている内容が異なっているという点を伝えていると言えるだろう。

いずれにせよ,先掲の1996年答申と同様,家庭教育に対する私的な責任は強調されながらも,預かり保育は「子育てと仕事の両立」を支援していくために,まさに「公共的に対応すべき」(Fraser 1989)課題として扱われていた。

第3節 1990年代以降の預かり保育をめぐる政策言説の通時的変化

2 「少子化への対応」としての預かり保育—2000年4月答申以降—

　こうした預かり保育をめぐる認識には，少子が社会問題となる中で，新たな解釈が加えられていった。少子問題と預かり保育の関係について見ていこう。
　中教審において，1998年答申以降預かり保育に関する議論があったのは，2000年4月「少子化と教育について」（報告）の中だった[6]。「少子化と教育について（中央教育審議会報告）」の「はじめに」によると，当該報告は，文部大臣の諮問を受けての審議ではなく，委員の発意により議論がなされ，取りまとめがおこなわれた初めての試みだったという。このような特徴をもった当報告では，「少子化が教育に与える影響とそれへの対応ということと，少子化の要因への対応という二つの側面」（1998.12.11 第1回 少子化と教育に関する小委員会，国際日本文化研究センター所長　河合隼雄）が議題にあがっていた。ここからは，中教審が，少子の問題と教育の問題を不可分なものと扱おうとしていたことがうかがえる。言い換えるならば，教育問題としての少子問題について問おうとしていたと言えるだろう。

　<u>今回の報告において特に強調したいのは，「子どもは社会の宝」であり，「社会全体で子どもを育てていく」ことが大切であるという考え方である。この考え方を基本としながら，本報告においては，少子化の現状と要因を分析するとともに，少子化が教育に及ぼす影響として，1．子どもの切磋琢磨の機会の減少，2．親の過保護・過干渉，3．子育ての経験や知識の伝承の困難，4．学校行事や部活動の困難，5．良い意味での競争心が希薄になることなどを挙げた。</u>（2000.4.1「少子化と教育について」（報告）「はじめに」）

　この報告の冒頭部分，「はじめに」には上記の記述があった。ここでは「子どもは社会の宝」とし，「社会全体で子どもを育てていく」という論理を明示した。そして乳幼児期の教育には，以下のように言及した。

　<u>乳幼児の教育については，第一義的責任を有する家庭における子育てや教育を軸に地域社会，幼稚園，保育所等が連携・協力して子どもを育てることが基本である。しかし，現在では，家庭の教育力が低下している状況もある。</u>

(中略)両親が企業社会にすっぽりと組み込まれ，父親と母親がそれぞれの役割を十分に果たすことができない多くの家庭にとって，<u>どのようにして家庭の教育力を高めていくかは大きな課題であると言えよう</u>。(2000.4.1「少子化と教育について」(報告)第4章第1節)

報告の冒頭では子育てを「社会全体で」取り組んでいくべきものと位置づけつつ，ただし同時に「家庭の教育力の低下」に対する問題意識を強め，「第一義的責任を有する家庭」を重視するという姿勢を示している。さらに下記のように，幼稚園と「少子化への対応」の関係に言及し，少子化は幼児教育の範囲においても対応すべき問題として解釈されるようになっていった。

<u>幼児教育の専門施設である幼稚園を中核に，家庭，地域社会における幼児の教育をも視野に入れて，幼児教育の全体についての施策を総合的に展開する</u>ことが，少子化への対応の観点からも効果的であると考えられる。この場合，施策の展開に当たっては，幼稚園と小学校との連携・接続の充実を図るとともに，幼稚園と3歳から5歳までの幼児の約3割が入所している保育所とは，子育て支援の観点から類似した機能を求められることを踏まえ，両施設の連携を一層図ることが重要である。(2000.4.1「少子化と教育について」(報告)第4章第2節-1)

このようにして幼稚園もまた，少子問題の解消に資するべき場と捉えられるようになった。併せて，「子育て支援の観点」から，保育所との連携を進めていくことの重要性が喚起されている点も注目される。そして少子問題への幼稚園での対応が議論されるようになったことにより，預かり保育は「女性の社会進出への対応」としての側面のみでは説明されなくなっていった。すなわち，預かり保育にもまた，少子問題への対応が要請されるようになったのである。

近年，地域において一緒に遊ぶことのできる子どもの数の減少，親の過保護や過干渉，育児不安の問題が指摘されているとともに，女性の社会進出が進むなど幼児を取り巻く状況が変化している中で，幼稚園において計画的に構

成された環境の下での集団生活を経験することは，幼児の成長にとって大きな意義を持つものである。(中略) さらに，<u>少子化の要因の一つとして挙げられる，子どもを産み育てることへの不安や負担感の解消に資する観点からも，地域の実情に応じて，満3歳に達した時点での幼稚園入園に係る条件整備を行ったり，幼稚園における預かり保育や幼児教育相談の実施等地域の幼児教育のセンターとしての機能を活用した子育て支援活動を推進したりすることが重要である。</u>(2000.4.1「少子化と教育について」(報告) 第4章第2節 -1)

ここでは，先掲の1998年答申の「心を育てる場としての家庭」をサポートする役割を引き継ぐように，幼児教育相談や地域の子育て支援活動と併せて，預かり保育について触れている。なかでも強調されているのは，「子どもを産み育てることへの不安や負担感の解消」としての側面である。このように，「少子化の要因」に働きかけるという点からも預かり保育の実施は推進されるべきものとして解釈されていったことが読み取れる。さらにここで，この中教審による報告が，少子の問題と教育の問題の連関を問うという性質をもっていたことをふまえれば，預かり保育の議論においても，この時期に教育の問題との関係が問われ始めていたと読むことができるのではないだろうか。

3 「家庭の教育力の補完」としての預かり保育— 2005年1月答申以降—

この後，「幼児教育の重要性について，国民各層に向けて広く訴えることを目的とし」(下記答申「はじめに」)，2005年1月に「子どもを取り巻く環境の変化を踏まえた今後の幼児教育の在り方について」が提出された。このように，幼児教育に焦点化した答申が出されたのは，当時の文部科学大臣から「今後の初等中等教育改革の推進方策について」の諮問を受けたことによる。

今日の子どもたちを取り巻く状況や子どもたちの変化などを踏まえながら，改めて，義務教育の今日的な意義・目的と学校の役割，義務教育における国と地方公共団体の役割等について御議論いただきたいと考えております。(中略) また，関連して，<u>義務教育に接続するものとして幼児教育の在り方についても御検討いただきたいと考えております。</u>(2003.5.15，文部科学大臣

諮問理由説明，遠山敦子）

　上記にあるように，この諮問では主に義務教育に関する多岐にわたる課題について検討が求められた。そのなかで，「義務教育に接続するものとして幼児教育のあり方についても御検討いただきたい」との諮問を受けて，幼児教育の在り方について審議するために初等中等教育分科会の下に幼児教育部会が設置された。ここでの議論がまとめられたものが「子どもを取り巻く環境の変化を踏まえた今後の幼児教育の在り方について」答申である。

　ここで幼児教育を取り巻く我が国経済社会全体の趨勢をとらえてみれば，我が国は，農耕社会から工業社会へ，そして現在は，情報社会へと大きな構造変化の渦中にある。このような社会構造の変化に伴い，現在，共働き世帯が就業世帯の半数を超え，両親が家庭にいる時間が少なくなり，また，地域社会の連帯感も希薄になっている。<u>このような中で，今，改めて幼児教育を問い直さねばならないのは，従来からの幼稚園等施設における教育はもとより，これまで以上に家庭における教育力，地域社会における教育力の現状に心を砕き，その再生・向上のための取組を講じていかなければ，教育が目的とする「将来にわたる子どもの健やかな成長」を保障することができなくなってしまうのではないかという強い危機感を抱いているからである。</u>
（2005.1.28「子どもを取り巻く環境の変化を踏まえた今後の幼児教育の在り方について」（答申）第1章第5節）

　このように，強い口調で「教育力の現状」への危機感が明記されていた。さらに，ここでの「教育力」は「再生」が目指されていた。すなわち，「教育力」と呼ばれるところのものがたしかにかつてあったものという前提のもとに議論が進められていたことがわかる。ただし依然として，「家庭における教育力」が何であるかという詳細は記述されていない。それでも，「教育力」の再生と向上のために，幼児教育を問い直す必要性が主張されていたのである。
　そして「家庭の教育力の低下」を問題意識とし，その「再生・向上」を目指すという論調を維持しながら，預かり保育については次のように言及した。

幼稚園等施設において行われている子育て支援や幼稚園における預かり保育の取組を，家庭の教育力の再生・向上，「親と子が共に育つ」という教育的視点から改めて整理し，充実を図る。(2005.1.28「子どもを取り巻く環境の変化を踏まえた今後の幼児教育の在り方について」(答申) 第2章第1節-4)

幼稚園における預かり保育については，地域の実情や保護者の要請により実施している面もあるが，幼児の生活の連続性の観点から家庭や地域社会の教育力を補完するとともにその教育力の再生・向上につながるという意義もある。幼稚園の教育活動としての預かり保育の望ましい在り方について，実施体制，内容・方法，実施時間，適切な名称など，幼稚園教育要領における位置付け等の明確化も含め検討する必要がある。(2005.1.28「子どもを取り巻く環境の変化を踏まえた今後の幼児教育の在り方について」(答申) 第2章第1節-4 (2))

　本章で検討している中教審の答申，審議では，たしかに「家庭の教育力の低下」という問題は繰り返し述べられてきていた。ただし，これまで預かり保育を意味づける上で「家庭の教育力」という語が用いられることはなかった。この時期においてはじめて，預かり保育への問題意識は「家庭の教育力」に関する問題意識と結びつけられていった。
　たしかに上記において預かり保育は，「公共的に対応すべき」(Fraser 1989)問題としての位置づけを維持している。ただしより注目すべきは，ここでの解釈に際して，「子ども」の観点が記述されはじめたことである。預かり保育は「家庭の教育力の補完」と位置づけられる中で，従来語られてきた「地域の実情や保護者の要請」というよりもむしろ，「幼児の生活の連続性の観点」，「教育的視点」がより強調されるようになった。たしかに，この答申が提出されるにあたっては「教育活動」として預かり保育の体制や保育内容を整えようとする議論も少なからずあった。しかし，「ニーズ解釈の政治」を立論する上でフレイザーが「誰かの観点」が語られることの意味を注視していたように，「子ども」の観点が登場したという点には留意しなければいけない。つまり，預か

り保育に言及する文脈において新たに「子ども」が登場し，預かり保育は教育の問題として意味づけられていった，そのことが指す意味は何なのかという点を考察する必要がある。

4 預かり保育に関する言説の転換が示すもの

前節までに検討してきたように，預かり保育の位置づけは，通時的な議論の中で新たな解釈を重ねながら変化してきた。このように，預かり保育を意味づけるフレームが変化していった背景には，どのような事情があったのだろうか。とくに，2005年1月答申以降，預かり保育を意味づける上で「子ども」の観点が語られるようになったことは，大きな転換点と言うことができる。そこで本項では，預かり保育に関する言説が転換していく過程での審議，また転換後の審議について分析していく。そして，答申上には具体的に表されてこなかった，子育てに関する公的領域と私的領域の再編の交渉を注視し，預かり保育に関する言説が転換したことの意味を考察する。

1990年代以降の議論の帰着点として，預かり保育はいわゆる「家庭の教育力の低下」言説の中で扱われる問題へと収斂していった。ここでいう「家庭の教育力」とは何を指していたのだろうか。前節までに言及してきたように，これまで答申本文において「家庭の教育力」に明瞭な見解は与えられてこなかった。ただ，これに関わるものとして，下記のような議論が展開されていた。次の議論を手がかりに，「家庭の教育力」が指す意味に接近してみたい。

> ちょっとお聞きしたいんですけれども，家庭の教育力の向上と先ほどおっしゃっていたんですけれども，<u>中教審の場でも家庭の教育力というのをどう上げるかというのはいつも議論になって，総論みんな賛成なんですけれども，では各論どうしたらいいかというところで，なかなか良案が出てこないというのが現状なんですね。お立場から，どういうふうにやれば家庭の教育力というのは向上するというふうにお考えなのか。</u>ちょっと身近なところからお話しいただければと思います。（2012.2.24　第14回教育振興基本計画部会，政治解説者・ジャーナリスト　篠原文也委員）

一つには，他の先生方からも，何人の方からもお話が出ましたけれども，国を挙げてワーク・ライフ・バランスというものをぜひ推進していただく必要があると思います。従来，地域社会を，ご家庭で言えばお父さんも，お母さんも支えていたわけですけれども，そのお父さんが長時間労働で地域社会から出ていかれる。そして今や，場合によってはお母さんまでも長時間労働に引っ張り出してしまうという状況にあれば，地域も家庭も教育力は当然落ちてしまうわけであります。

　したがいまして，まずワーク・ライフ・バランスというのをしっかりやっていただいて，親が子どもと十分過ごせる時間を保証するということを，国を挙げて取り組んでいただく必要がまずもってあると思います。その上で，私ども幼稚園，あるいは保育所の先生方，あるいは地域のリーダーの方々が，子どもを育てる家庭を励ますという基本的な姿勢を持っていかなければいけないと思います。(2012.2.24　第14回教育振興基本計画部会，全日本私立幼稚園連合会副会長　北條泰雅)

今の関連で，ワーク・ライフ・バランスのお話をされましたけれども，幼稚園は，かなりまだ専業主婦家庭も多いと思うんですね。専業主婦の家庭の教育力というのは，どう御覧になっていますか。(2012.2.24　第14回教育振興基本計画部会，政治解説者・ジャーナリスト　篠原文也委員)

おかげさまでといいますか，専業主婦の御家庭は，まだまだ明確に，自分の責任で子育てをするという意識を持っておいでです。したがいまして，幼稚園教育の場におりますと，よく，分かりやすく言ってしまいますけれども，モンスターペアレンツというような話題が出てまいりますけれども，幼稚園教育の場で，皆無とは申しませんけれども，池田先生も後ほどお話しくださると思いますけれども，大変それは少ないです。(2012.2.24　第14回教育振興基本計画部会，全日本私立幼稚園連合会副会長　北條泰雅)

　上記のやり取り(7)では，「家庭の教育力」の向上をはかる前提として，まずはワーク・ライフ・バランスが重要であると述べられている。そして，この文

脈において語られている「家庭の教育力」とは、「自分の責任で子育てをするという意識」と深く関連しあうものと捉えられていると読解できる。このロジックをふまえれば、「家庭の教育力の補完」としての預かり保育の位置づけをめぐっては、まさに「自分の責任で子育てをするという意識」こそが議論されていると言い換えることができるだろう。さらに踏み込めば、ここで、その「教育力」を「補完」するという構図を提示することで、あくまでも子育ては私的な責任のもと、担われるべきとする論理がより際立って見える。すなわち、「家庭の教育力の補完」と位置づけながらも預かり保育を政策的に推進することには、子育てを公共的に対応すべき問題とする論理と、私的に家庭が担っていくべき問題と位置づけようとする論理、この2つの異なる論理が同居しているのである。

　もっとも、審議の過程では、こうした「家庭の教育力」を強調し過ぎることには留意する必要があるとの意見も出されていた。

<u>家族の教育力のお話が出たんですけれども、実は家庭力は経済的な困難を抱えることと密接に関連しています。</u>(中略)社会学でいう、いわゆる階層論は、家族的背景という言葉を用いて、恵まれた教育力のある家庭に生まれた子とそうでない子をどういうふうに社会的に包み込んでいくかということになります。家庭力は子どもの機会の不平等を考えるにあたって極めて重要な視点です。その意味で、篠原先生がおっしゃったことは重要ですし、家庭の教育力を無視することができないという点も同意します。ただ、<u>そこのところは注意して書かないと、家庭の教育力を単純に強調すると誤解も生じます。この点、文科省としての立ち位置とも係わり、十分留意して議論を進めるべきだと考えます。</u>(2011.8.29　第8回教育振興基本計画部会、東京大学大学院人文社会系研究科教授　白波瀬佐和子委員)

　このような意見は出されながらも、預かり保育の取り組みには「家庭の教育力の補完」という位置づけが付与された。「家庭の教育力」という語を通して、子育てに対する家庭の責任に言及したのにはどのような理由があったのだろうか。ここまでの答申上の位置づけを通観する限り、1996年7月以降の答申で

は「女性の社会進出への対応」,「子どもを産み育てることへの負担感や不安」に対応するという理由から,預かり保育は一貫して,「公共的に対応すべきものと解釈する言説」に沿って展開されてきたように思われる。しかしながら,答申が提出される前の審議にも目を配れば,こうした見解に必ずしも合意が得られていなかったことが見えてくる。

ただちょっと注意したいことは,幼稚園の預かり保育にしても,相談にしても,それはもっと充実してほしいと思うのですけれども,あれもこれもサービスいたしますということで,逆に依存的な親が増えて,預けたほうが楽だから長時間預けるというような親が増えていったら,母性は育たないし,自分の子どもがますますかわいくなくなるというか。やはり苦労しながら自分自身の母性や父性もたくましくなっていくと思いますので,保育園とか,幼稚園でその視点を少し入れていかないと危険な部分があるのではないかと思うのです。(1999.9.29 第9回少子化と教育に関する小委員会)

働く女性たちの中では,やはり仕事を重視していれば,延長保育をしてほしいとか,病後児保育あるいは病児保育をしてほしいという言葉が出てくるのは,ある意味では理解できないではないんですけれども,これまたあまり極端になってしまうと,一体,子どもを育てるというのはどういうことなのかということになります。(1999.2.5 第3回少子化と教育に関する小委員会)

ひとつめの意見では,預かり保育を親が選びうる「サービス」のうちのひとつとして捉えていることが分かる。そのうえで親が「依存的」になることや「母性」が育たないこと,「自分の子どもがますますかわいくなくなる」可能性があることの「危険」が語られた。またふたつめの意見では,保育時間の延長という話題に関連して,「病後児保育」や「病児保育」も例に挙げられている。これらに共通するのは,いずれも一定時間以上,親の手から離れた場所で子どもを保育するという形の支援であるという点である。そして発言者は「ある意味では理解できないではない」と語っているように,その必要性に対して,消極的ではあるものの理解を示し,一方では「あまり極端になってしまう」こと

への危惧を示している。預かり保育も含め，延長保育，病後児保育や病児保育という議題が，「子どもを育てるとはどういうことなのか」という問いを喚起しうるトピックであることがうかがえる。

<u>預かり保育の在り方を考える際には，子どもの育ちという視点から幼児期だけでなく，児童期にどのような影響があるか</u>，保育所の長時間化ということも含めて考える必要がある。(2006.6.5 第4回幼稚園教育専門部会)

<u>預かり保育の実施時間数が増加しており，幼稚園は幼児教育を行っているのではなく，子どもの安全確保するだけのものになってきている。</u>これは子どもにとっては好ましいことではない。<u>条件整備をしっかりすべきである。</u>(2006.9.12 第46回教育課程部会)

たとえば上記の委員による発言からは，「子どもの育ちという視点」を重視した，預かり保育の「条件整備」への声があがっていたことが確認できる。すなわち，預かり保育の実施の是非を問うというよりもむしろ，預かり保育を「子どもの安全確保するだけのもの」ではなく，保育内容それ自体を充実させていくことに焦点を当てた議論もなされていた。

たしかにこのような議論は登場していたが，一方で預かり保育の実施をめぐっては，「親の育児の肩代わり」(2006.6.5 第4回幼稚園教育専門部会 審議まとめ)になることへの危惧や，「家庭，地域，幼稚園の連携の中で家庭にどこまでやってほしいのか」(2006.9.12 第46回教育課程部会)という問題もまた，断続的に問われていたのである。

「親の育児の肩代わり」になってはならないという論理，すなわち，子育ての私的なものとしての特性を強調しようとする論理は，答申上，表面化されてはこなかったものの，預かり保育を推し進めようとする議論においても登場していた。しかしながら，預かり保育の実施を推し進めるためには，子育てを公的に支えていくというロジックを維持しておく必要があった。それゆえに，そこで採られた議論の収めかたが，「公共的に対応すべきものとする言説」と「問題を私的なことと解釈する言説」の両者を含んだ位置づけだった。すなわ

ち，一方では預かり保育の充実の必要性を訴え，他方では「家庭の教育力」に働きかける支援としての位置づけを見出す必要があったのである。

　さらに，このように，公的な対応の必要性を主張しつつも，私的な責任にも言及するという位置づけが採用された背景には，「子ども」の観点という解釈が作用していると考えていいだろう。フレイザーが「ニーズ解釈の政治」の議論において指摘していたように，「子ども」の観点は，その言説が互いに対立していることを覆い隠すレトリックとして働いていたと考えられる。

第4節　考察—預かり保育の実施の拡大と子育ての私的な責任の拡大—

　預かり保育はどのような認識をもとに展開されてきたのだろうか——この問いをもとに，本章では預かり保育に関わる1990年代以降の中教審答申と審議経過を分析した。その結果，預かり保育をめぐる言説について通時的な変化が明らかとなった。

　当初，預かり保育の実施を支える論理は，「女性の社会進出への対応」であったが，2000年ごろから「子どもを産み育てることへの負担感や不安」など，少子化の要因に対応するという位置づけが登場し，さらにその後には，「幼児の生活の連続性の観点から」の「家庭の教育力の補完」としての位置づけに転換していった。

　上記の知見が示す重要なことは，本分析によって描かれた預かり保育をめぐる交渉過程が，フレイザーが言うところの「公共的に対応すべきものと解釈する言説」が単線的に支持されていくプロセスではなかったという点にあるだろう。むしろその交渉過程を追っていく中で明らかになったのは，その実施が進められるにつれ，預かり保育が「公共的に対応すべき」とする論理のみでは説明されなくなっていく過程であり，子育てへの私的な責任を拡大しようとする論理がそれ自体の姿を潜めながら強調されていく過程であった。そして，このように2つの論理が預かり保育の位置づけに内包されているところに，今日の子育てをめぐる公的領域と私的領域の再編のゆらぎを読み取ることができる。すなわち，預かり保育の実施を通して具体的なケアは遂行されるべきだが，それは家庭の責任を重視したもとで行われるべきものなのだという，公的領域と

私的領域の境界を策定してきたのである。

　預かり保育をめぐる答申の位置づけを単純にたどれば，それはひとつの子育てへの社会的支援が，「教育的視点」をもった実践に移行していく過程に見えるかもしれない。たしかに，「子ども」の観点や，教育の問題が語られるようになったことは重要であるだろう。しかし本章では，フレイザーの「ニーズ解釈の政治」概念を参照し，「公共的に対応すべきものとする言説」と「問題を私的な家庭内のことと解釈する言説」の交渉に注視することによって，「ニーズ解釈」の背後に控えていたロジックに接近することができたのである。

　注
（１）　文部科学省ホームページ，2015.9.28 取得，http://www.mext.go.jp/b_menu/shingi/toushin.htm による。
（２）　当該答申以前，審議会議事録は非公開のため資料「審議経過のまとめ」を参照した。
（３）　第212回（1997.8.4），213回（1997.9.3）の議事記録は公開がないため対象ではない。
（４）　たとえば小玉（1996）は，第15期中教審の第一次答申の「家庭の教育力の低下」という認識が論じようとしている家族イメージについて言及した。同様に汐見（1998）は，「幼児期からの心の教育の在り方について」に関する中間報告の分析から，「心の教育」において家族の役割が強調されるようになった経緯を明らかにした。さらに本田（2008）は，1990年代後半以降「家庭教育」が強調されるようになった政策動向を，中教審答申の変化から指摘した。
（５）　文部科学省ホームページ，2015.9.28 取得，http://www.mext.go.jp/b_menu/shingi/old_chukyo/old_chukyo_index/toushin/attach/1309641.htm による。
（６）　中教審が少子化問題に着手した背景について検討するうえでは，東野・山瀬（2006）の議論が参考になる。東野・山瀬（2006）が考察するに，2003年に少子化社会対策基本法が制定される過程では，少子化問題は労働者不足の問題や経済問題，財政問題ではなく，「教育問題」に転回される必要があったという。つまり，社会保障の財源や将来的な労働力とみる子ども観を前面に出すことを忌避するために，「教育」がひとつのレトリックとして使われたと指摘している（同上 2006: 44-45）。
（７）　この議論が展開されたのは，2004年の教育基本法の改正と，2008年の教育振興基本計画の策定を受けた，「第2期教育振興基本計画について」（答申）に係る審議会である。

第5章

預かり保育の実施状況と保育者の認識

　前章で扱った政策言説に対し，本章以降では預かり保育の実践に即した側面について扱う。すなわちミクロレヴェルで預かり保育を経験する人たち，ここでは保育者や親たちにも，マクロレヴェルでの預かり保育に関する認識が反映されているのか，あるいは反映されていないのかという点に注目していく。

第1節　課題設定

　先にも述べたように，1990年代終わり頃には，政策的な展開と並行して幼稚園での預かり保育に関する実態調査が進められていた。そして近年でも，たとえば文部科学省による『幼児教育実態調査』では，預かり保育に関する報告が継続して公開されていることからも，全国で預かり保育がどのように実践されているかという点には多くの関心が寄せられていることがうかがえる。

　上記の関心と重複するところも含まれるが，本章ではとくに調査対象園における預かり保育の実施状況がどのような特性を持っているのか，量的調査のデータから分析する。加えて，本調査ではその預かり保育の実施を担う保育者にも着目をする。そこでは，対象者となった保育者の特性について考察したうえで，保育者が預かり保育にどのように関わっているのかという点，保育者がどのようなロジックを通して預かり保育を実践しているのかという点について検討する。

第2節　調査および対象者の概要

　本章では，都内3区内の公立幼稚園，私立幼稚園53園の保育者を対象にお

こなった質問紙調査の結果について考察する。そこで本節では，調査内容と対象園の特徴，そして対象者の特徴について整理する。

1　調査内容

　本章では，預かり保育の各園での実施状況と，保育者がどのような認識をもって預かり保育を実施しているかについて探っていく。したがって，調査対象園の概要のほか，預かり保育の実施状況，そして保育者の現在の職位や預かり保育への関与状況などの基本属性，子育て支援および預かり保育に関する認識についてたずねた。

　まず，調査対象園[1]およびその保育者に対し，基本属性に該当する項目に答えてもらった。調査対象となった幼稚園と保育者がどのような社会的背景から，預かり保育を実施しているのかという点を把握するためである。具体的には調査対象園には，幼稚園に在籍する園児数や教職員数，創立年数，実施している子育て支援は何かといった項目をたずねた。また保育者には，現在の職位，預かり保育の担当の有無をはじめとし，預かり保育への関与状況をたずねた。今回の質問紙調査は，対象者の勤務園で預かり保育を実施しているか否かにかかわらず，調査協力を依頼した。そのため，ひとつめのケースは，正確には預かり保育の「関与状況」ではないが，預かり保育を実施していない園の保育者である場合，二つめのケースは，預かり保育を実施している幼稚園で保育者として勤務し，なおかつ預かり保育の実施時間帯に保育者として携わっているという場合，そして三つめのケースは，預かり保育を実施している幼稚園で保育者として勤務しているが，預かり保育の時間には携わっていないという場合がある。これらの三つのケースのうちどれに該当するか，という点を選択式でたずねた。

　つづいて，預かり保育の実施状況に関して，その実施の有無，実施を開始してからの経過年数，週当たりの実施日数，登園時刻前の実施の有無，長期休業期間中の実施の有無，預かり保育終了の時間帯のほか，利用条件の有無，保育記録を残しているかどうか，預かり保育の利用園児の割合，預かり保育の担当者が日中の保育にも携わっているか否か，預かり保育中の保育者1名に対する園児数などをたずねた。なお，全園児数に占める預かり保育利用園児の割合，

表5-1 「預かり保育に関する意識」調査項目

	調査項目
①	預かり保育は親への支援として必要だと思う
②	本来，定時でのお迎えが理想的である
③	子どもの成長や発達によい影響がある
④	預かり保育を通して，教職員の子どもへの理解が深まる
⑤	預かり保育実施に係る業務のため，教職員の負担が過大になる

保育者の通常保育と預かり保育両方を担当している割合，預かり保育実施時間中の保育者1名に対する園児数については，質問紙ではそれぞれの項目に関連する実数をたずねた。したがってそれぞれの割合は，回答によって得られた実数をもとに筆者が算出したものである。

それぞれの保育者には，表5-1の項目を，「とてもそう思う」，「まあそう思う」，「どちらともいえない」，「あまりそう思わない」，「まったくそう思わない」の5件法でたずねた。なお表5-1のうち，質問項目番号①，③は，無藤(2007)が調査した「預かり保育の評価」の項目を参照し，質問項目⑤は，文部科学省(2008)による，『重要対象分野に関する評価書——少子化社会対策に関連する子育て支援サービス』のなかにあった質問を参考に作成した。その他の質問項目②，④については幼稚園への予備調査[2]をふまえ，調査者が作成した。質問項目①「預かり保育は親への支援として必要だと思う」などは，子育てへの社会的支援についてどのように捉えているかということに関連する認識について聞いている。その一方で，質問項目②「本来，定時でのお迎えが理想的である」という内容は，預かり保育への否定的な認識について聞いている。「定時でのお迎えが理想的」と考える背景には，さまざまな理由があるものと思われる。ただその一部には，子育てをめぐる具体的なケアは家庭において担われるべきと捉える視点が含まれているのではないかという仮説のもと，これを質問項目に設定した。以上のように，子育てへの社会的支援や預かり保育についてどのように捉えているかという点をたずねる項目を盛り込んで，質問紙を構成した。

また，保育者が預かり保育をどのような認識から実施しているのか，表5-2の全6項目についてたずねた。質問は選択式とし，「とてもそう思う」，

表5-2 「預かり保育に関する意識Ⅱ」調査項目

	調査項目
①	通常保育と同様に保育記録を残す必要がある
②	預かり保育特有のカリキュラムが必要である
③	通常保育と預かり保育の担当教師はできれば同じが良い
④	預かり保育では,通常保育よりも「家庭的な雰囲気」が意識されるほうがよい
⑤	通常保育と預かり保育の連続性は意識されるべきである
⑥	通常保育と預かり保育は互いに独立したものである

「まあそう思う」,「どちらともいえない」,「あまりそう思わない」,「まったくそう思わない」の5件法でたずねた。これらの質問項目はいずれも,「教育課程」の時間,いわば通常保育と預かり保育を対比するような内容にしている。ここでの意図は,通常保育と預かり保育におけるそれぞれの保育内容や両者の関係が,対象者にどのように意識されているのかということに言及するためである。

このほか本章では,自由記述式の回答にも着目する。具体的に質問紙では,「預かり保育に関する考えや意見等がありましたら,自由にご記入ください」という欄を設定し,自由回答を求めた。なお以降,自由記述事例を紹介する際には,回答者の属性について,括弧付けをして,①職位／②回答者の保育歴(年数)を記載する。

2 調査対象園および調査対象者の特徴
1) 対象園の特徴

調査対象園の概要とその特徴について説明する。

まず,今回の調査は東京都3区内の幼稚園を対象としている点に留意する必要がある。すなわち,対象園から得られる分析結果は,ごく都心部の現状を反映しているということになる。

上記をふまえたうえで,対象園となった幼稚園に創立年数,園児数,教職員数を記述式でたずねた。なお,いずれの項目も2012年7月1日時点での状況につき,回答を得た。

調査園のうち,公立幼稚園は16園(全体の39.0%),私立幼稚園が25園

表5-3　対象園の概要

		平均値	(SD, 範囲)
園創立年数　n=39		60.9年	(18.9年, 36-122年)
在籍園児数　n=41		106.5人	(54.4人, 33-251人)
教職員数　n=36		12.8人	(6.1人, 3-32人)
フルタイムで正規雇用の教師数	n=41	7.7人	(3.9人, 2-17人)
フルタイムで非正規雇用の教師数	n=38	0.8人	(1.5人, 0-7人)
パートタイム雇用の教師数	n=37	2.3人	(3.2人, 0-16人)
事務職員	n=39	0.8人	(1.0人, 0-4人)
養護教員（看護師など）	n=36	0.1人	(0.2人, 0-1人)
用務員・警備員・その他	n=38	1.2人	(1.5人, 0-7人)

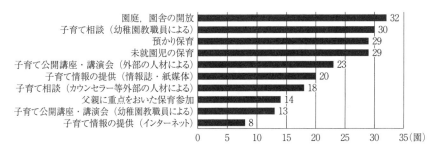

図5-1　実施している子育て支援（MA）（n=41）

(61.0%) だった[3]。そして表5-3に示すように，幼稚園の創立年数の平均値は60.9年（SD=18.9年），在籍園児数の平均値は106.5人（SD=54.4人），教職員数の平均値は12.8人（SD=6.1人）であった。

　次に，対象園が現在おこなっている子育て支援の実態である。対象園には，調査時点で実施している子育て支援について回答してもらった。図5-1が示すように対象園で実施されている子育て支援は多岐にわたっている。なかでも特徴として挙げられるのは，園庭，園舎の開放（32園）や，幼稚園教職員による子育て相談（30園），預かり保育（29園）など，幼稚園内部の資源を活用した支援が多くの園で実施されている点である。そして本書が扱う預かり保育は，かなり多くの園でおこなわれている取り組みであることも改めて確認できるだろう。さらに，園庭，園舎の開放や，保育者による子育て相談のように日常的

表5-4 調査対象者の属性

性別	n=309	男性　13名（4.2%）　女性　295名（95.5%）　無回答　1名（0.3%）
年齢	n=309	平均36.9歳（SD：12.1, 19-77）　（無回答　10名）
保育歴	n=309	平均12.3年（SD：10.2, 1-45）
現在の職位	n=309	園長　　　　　　27名（ 8.7%）　副園長　　　　　18名（ 5.8%） 教頭　　　　　　 4名（ 1.3%）　主任　　　　　　27名（ 8.7%） 教員（常勤）　198名（64.1%）　教員（非常勤）　35名（11.3%）
預かり保育 関与状況	n=309	預かり保育実施園で預かり保育担当あり　　　　73名（23.6%） 預かり保育実施園で預かり保育担当なし　　　166名（53.7%） 預かり保育非実施園で預かり保育担当なし　　 58名（18.8%） 無回答　　　　　　　　　　　　　　　　　　 12名（ 3.9%）

な実施が想定される支援に限らず，カウンセラー等による子育て公開講座や講演会（23園），子育て相談（18園）などを実施している園も比較的多い。幼稚園外部からの資源を取り入れた支援も充実していることがうかがえる。

2）調査対象者の特徴

　次に，調査対象者となる保育者の基本属性について確認する。

　表5-4に示すように，今回の対象者は女性の占める割合が95.5%（295名）ときわめて高い。また，対象者の年齢は平均36.9歳で，とくに常勤の教員が多いことも特徴として挙げられる（64.1%，198名）。保育歴は平均12.4年であるが，1年目から45年目までと保育者としての経験年数にはばらつきがある。具体的に5年ごとにその保育歴の分布を考察してみると，1年から5年未満が最も多く（26%，76名），5年から10年未満が次いで多かった（24.7%，72名）。このように比較的経験年数が短い層に偏りはあるものの，保育歴が20年を超える対象者も21.9%（64名）と決して少なくない。

　また，預かり保育の実施状況に関わる点として，今回の対象者のなかで，預かり保育を担当している者からの回答は比較的少なかった（23.6%，73名）。預かり保育は，在園児のうち，「希望する家庭」を対象として実施される保育であるため，日中の保育時間に比べ，対象となる園児数が少ない。そのため，預かり保育に携わる保育者数の実数が，日中の保育時間よりもそもそも少ない。対象者のうち，預かり保育を担当している者の割合があまり高くなかったこと

には，こうした事情があると考えられる。じっさい，預かり保育を実施している園のなかで，預かり保育を担当していない保育者のほうが多かった（166名（53.7%））。なお，預かり保育を実施していない幼稚園の保育者は58名（18.8%）だった。

第3節　預かり保育の実施状況

1　預かり保育の実施の有無と実施年数

調査対象園のうち，預かり保育を実施している幼稚園は29園（70.7%）だった。これは，文部科学省の『平成24年度幼児教育実態調査』（2013）による調査当時の全国値81.4%（平成24年6月時点）よりも10%程度，下回る値である。この背景には，調査協力園に公立幼稚園が多く含まれていたということや，調査地域の特性が反映された可能性が考えられる。

また，今回の調査対象園では，預かり保育の実施年数は平均13.7年であった。ただし，実施年数の長さは1年〜35年と範囲が大きいという点にも留意する必要がある。すなわち，各園における預かり保育の実施経験の程度には，差異がある。なお，実施年数が11年〜15年の園がもっとも多く，9園（31.0%）だった。これらの幼稚園も含めて，1997年度の預かり保育推進事業以降に実施を開始している幼稚園が比較的多い（58.6%，17園）ということもわかる。こうした状況には，政策推進による影響があらわれていると考えられる。

2　預かり保育の実施日数，終了時間帯など

次に預かり保育の実施頻度について，週当たり5日間実施している園がもっとも多かった（79.3%，23園）。本調査と同じ時期におこなわれた『平成24年度幼児教育実態調査』（文部科学省 2013）では，週4日以下の実施が8.3%，週5日の実施は69.4%，週6日の実施は17.3%であった。週6日実施している園が今回の対象にはなかったことや，全国値と比べて週4日実施している園が多いことが今回の対象の特徴として挙げられるものの，本調査の対象園では日常的に預かり保育が実施されているといっていいだろう。なおこの点は，長期休業期間中にも実施している園が多い（72.4%，21園）ことからも指摘できる。

表5-5 調査園における預かり保育の実施状況

項目	n	区分	割合
預かり保育の実施の有無	n=41	実施している	70.7%（29園）
		実施していない	29.3%（12園）
預かり保育の実施年数	n=29	平均13.7年	（SD：9.7, 1-35）
預かり保育の実施日数／週	n=29	週4日	17.2%（5園）
		週5日	79.3%（23園）
		その他（年に数回）	3.4%（1園）
登園時刻前の実施	n=29	実施している	55.2%（16園）
		実施していない	44.8%（13園）
預かり保育の終了時間帯	n=29	午後3時以前	3.4%（1園）
		午後3時～4時	10.3%（3園）
		午後4時～5時	58.6%（17園）
		午後5時～6時	17.2%（5園）
		午後6時～7時	10.3%（3園）
長期休業期間中の実施	n=29	実施している	72.4%（21園）
		実施していない	17.2%（5園）
		無回答	10.3%（3園）
預かり保育の利用理由	n=28	聞いている	35.7%（10園）
		聞いていない	64.3%（18園）
預かり保育の保育に関する記録	n=29	記録あり	79.3%（23園）
		記録なし	20.7%（6園）
預かり保育利用園児の割合	n=29	平均17.8%	（SD：13.4%, 2.5-46.2）
通常保育と預かり保育両方を担当する保育者の割合	n=29	平均57.0%	（SD：42.9, 0.0-100.0）
保育者1名に対する園児数	n=29	平均5.1人	（SD：4.7, 0.6-24）

　そして預かり保育の終了時間帯は，「午後4時～午後5時」がもっとも多かった（58.6%，17園）。また，「午後3時以前」に預かり保育を終了する園も1園あった。その一方で，「午後6時～午後7時」までの預かり保育を実施している園も3園（10.3%）あった。これらの幼稚園では，親のフルタイムでの就労なども想定して，預かり保育の終了時刻を設定していることがうかがえる。さらに登園時刻前にも預かり保育を実施している園は過半数だった（55.2%，16園）。なかでも早い園は，午前7時半からの実施があった（1園）。

3　預かり保育の内容，保育者など

つづいて，対象園では預かり保育の時間をどのように構成しているのだろうか。預かり保育の実施場所や活動内容，担当保育者などについて考察する。

まず預かり保育を実施している場所について，図5-2の結果が得られた。調査では，預かり保育の時間に使用している場所として該当するものすべてを回答してもらった。図5-2を見ると，通常の保育室をそのまま預かり保育でも活用している園が多い（16園）。その一方で，預かり保育の専用の部屋を用意している園（9園）もあった。また，園庭を預かり保育中に使用する園も多かった。保育時間終了後の園庭開放を実施している園では，預かり保育中の同時間帯に園庭で園児同士が遊ぶなどの交流があると推察される[4]。

次に預かり保育の活動内容の各項目について，「必ず実施している」，あるいは「たまに実施している」と回答した園数を図5-3には示した。ここで，先ほど検討した預かり保育の実施場所と併せて分かることは，通常の保育室もしくは預かり保育専用の保育室にて，室内遊びを中心に預かり保育は実施されているという実態である。また，ほとんどの園で必ずおやつの時間が設定されていた（96.6％，28園）。これに関連して，「月に1回おやつクッキングを実施している」（教員（常勤）／10年目）といった事例や，「ケーキ作り（クリスマスなど特別な時），クッキー，ホットケーキ等子どもと手作りおやつをする」（主任教員／27年目）といった事例もあった。日中の保育にはないおやつの時間について，預かり保育特有の活動と援助があることがうかがえる。さらに，午睡は多くの園では実施されていないという点も明らかとなった。ただし，自由記述で「体力差があるので子どもによっては午睡の必要があり，施設内に静かな場所をつくり出す工夫が必要になる」（子育て相談担当職員／41年目）と指摘する保育者もおり，午睡の必要性を感じつつも環境面での制約があることもうかがえる。

なお，こうした預かり保育の様子について，保育記録を残している園も多かった（79.3％，23園）。

そして，各園の預かり保育利用園児数の平均は1日当たり，18.2人だった。これを全園児数に占める割合になおすと，17.8％となる。このように，少なくない割合の子どもたちが，預かり保育で過ごしていることが分かる。

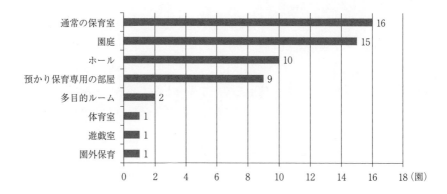

図5-2 預かり保育の実施場所（MA）n=28

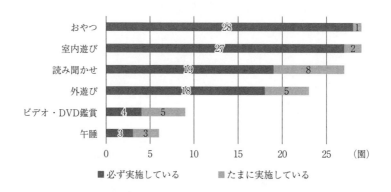

図5-3 預かり保育の活動内容　n=29

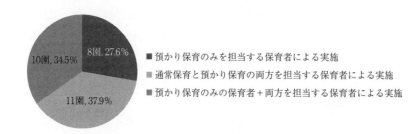

図5-4 預かり保育の担当教職員配置状況　n=29

次に預かり保育の担当保育者についてである。各園での担当者数は平均4.8人で、預かり保育のみの担当者により実施している園は8園（27.6%）だった。なお、預かり保育のみを担当する保育者は、職種として非常勤であるケースが半数（4園）を占めていた。このような職種の違いは、ほかの常勤の保育者との意識共有、情報共有という点にも影響する可能性がある。一方、それ以外の園（21園、72.4%）では、何らかの形で日中の保育に携わっている保育者が、預かり保育の時間も担当していた。そのうち、預かり保育のみを担当するための保育者を雇用していない園も11園（37.9%）と比較的多くあった。

これに関連して、預かり保育を担当する保育者1名に対する園児数も算出した。この値は、5名以下の園が21園（75.0%）と多く、平均では5.1人であった。『OECD保育白書』（2006=2011）では乳幼児期システムにおける「構造上の質」を図る指標のひとつに「職員1人に対する子どもの適切な人数」を挙げている。預かり保育では、子どもの人数だけではなく、異年齢の子どもたちが参加する場であるという点も考慮に入れる必要があるが、上記の水準から考えると、今回の調査対象園での預かり保育では、十分な保育者数が配置されており、「構造上の質」は維持されている。

第4節　預かり保育の実施と保育者

1　預かり保育に対する両価的な認識

それでは対象者は、預かり保育に対してどのような認識をもっているのだろうか。

図5-5および図5-6は預かり保育への認識に関する結果の概要である。ここでは、それぞれの質問項目について「とてもそう思う」または「まあそう思う」と回答した者の割合を整理している。

まず図5-5が示すように、保育者は「預かり保育は親への支援として必要である」との認識を高く支持している（78.3%、234名）。ただ同時に、「預かり保育の実施によって教職員の負担が過大になる」という認識にも「そう思う」との回答が多く集まっている（75.1%、226名）。とくに、教職員の負担に関しては、他の項目に比して「とてもそう思う」と回答する割合が高いことも特徴

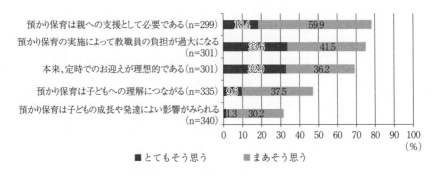

図5-5　預かり保育への認識（%，5件法）

である（33.6%，101名）。また，「本来，定時でのお迎えが理想的である」との認識にも，支持が集まっている点も注目されよう（69.1%，208名）。ただしこの質問項目は，「定時でのお迎え」が「誰にとって」理想的であるのかという点には言及しえていないという点に留意する必要がある。「子どもにとって」理想的であるとの認識をもって回答した場合もあれば，「園にとって」理想的であると考えて回答した場合があることも考えられる。このように多義的な解釈が可能な質問項目を設定してしまった点で，考察できることに限界はあるものの，「定時でのお迎え」を理想と捉える認識が，少なからず保育者のうちにあることが浮かび上がった。

いずれにしても，こうした結果には対象者である保育者が預かり保育の必要性を認識し，現状として実施に対応しつつも，「定時でのお迎え」という理想状態との間に齟齬をきたしている側面があることがうかがえる。

一方，「預かり保育は子どもへの理解につながる」との認識（47.1%，158名）や「預かり保育は子どもの成長や発達によい影響がみられる」との認識（31.5%，107名）はあまり支持されていない。「親への支援として必要」という認識は支持されながらも，子どもへのポジティブな影響はあまり支持されておらず，いわば「子どもへの支援として必要」という認識から預かり保育が実施されているわけではないという点が読み取れる。

つづいて，図5-6の考察に移ろう。図5-6を見る限り，保育者にとくに支持されている認識は「預かり保育では通常保育よりも『家庭的な雰囲気』が意

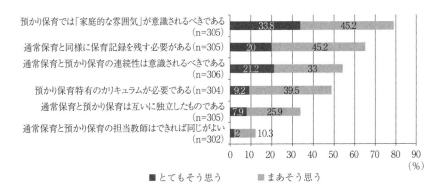

図5-6 預かり保育と通常保育の関係への意識（％，5件法）

識されるほうがよい」というものである（79.0％，241名）。これには，とくに「とてもそう思う」と回答した者が多い（33.8％，103名）。一方で，「通常保育と預かり保育の担当教師はできれば同じがよい」との認識に対する支持は圧倒的に低い（12.3％，37名）。これらふたつの結果だけを考察すれば，保育者には預かり保育が通常の保育から独立したものと捉えられているように見えるが，実態は少し異なるようである。というのも，「通常保育と預かり保育の連続性は意識されるべきである」という項目にも，少なからず支持が集まっているからである（54.2％，166名）。実施場所や参加する子ども，保育者といった，環境の変化が避けられないなかで，何らかの「つながり」をもつことが重視されている。

2 預かり保育の関与状況との関係から

前項では，預かり保育について保育者がどのような認識を持っているのかを検討した。これを受けて本項では，保育者自身の預かり保育への関与状況と認識には関連があるのかという点を探っていく。なお，関与状況は，①預かり保育を実施していない園の保育者である場合，②預かり保育を実施している幼稚園で勤務し，なおかつ預かり保育の実施時間帯に保育者として携わっている場合，③預かり保育を実施している幼稚園で勤務しているが，預かり保育の時間には保育者として携わっていないという場合の3つの分類を指す。

さっそく、保育者の預かり保育への関与状況と意識の関係について考察した。分析には、図5-5にて検討した預かり保育に対する認識を扱っている。なおここでは、「まったくそう思わない」、「あまりそう思わない」、「どちらともいえない」、「まあそう思う」、「とてもそう思う」の5件法に、それぞれ1点～5点までの得点を当て、各グループ（ここでは関与状況）の平均値を算出した。すなわち、表中の値が大きいほどに、その認識が支持されていることを意味する。

それでは、各グループ間で預かり保育への意識に違いはあるのだろうか。分散分析の結果[5]からは、預かり保育に対する意識についてグループ間で有意な差があることが示された。さらに表5-6が示すように、多重比較の結果が統計的に有意な値を示したものは、保育者の所属園が預かり保育を実施しているか否かという違いと、保育者が預かり保育を担当しているか否かという違いによるものであった。

そこで、預かり保育の実施園・非実施園による違いと、実施園での預かり保育の担当の有無の違いが、どのような認識の差異としてあらわれているのか考察する。

1) 預かり保育の実施園・非実施園による違い

保育者自身が所属している園で預かり保育を実施しているか否かということは、保育者の意識とどのように関連するだろうか。

表5-6が示すように、預かり保育を肯定的に評価する項目、「預かり保育は親への支援として必要」や「子どもの成長や発達によい影響がある」といった認識を、預かり保育を実施している園の担当保育者、あるいは担当なしの保育者のほうが、非実施園の保育者よりも支持している。

他方、預かり保育を否定的に評価する項目、「教職員の負担が過大になる」、「定時でのお迎えが理想的である」といった認識をより支持していたのは、預かり保育非実施園の保育者だった。預かり保育の時間は、参加する子どもが流動的であるため、活動に関して保育者にその場に応じた対応が求められる。さらに日中のクラス編成とは異なる中で、仲間関係ができていない子どもを保育することへの配慮も必要となるだろう。これらをふまえれば、預かり保育の実

表5-6 預かり保育への関与状況と意識の関連

	①実施園で担当あり	②実施園で担当なし	③非実施園	F値	多重比較
人数	70名	163名	58名		
預かり保育の実施によって教職員の負担が過大になる	4.06 (0.87)	3.84 (0.99)	4.47 (0.50)	$F=10.84$***	①<③**, ②<③***
預かり保育は子どもの成長や発達によい影響がみられる	3.20 (0.83)	3.16 (0.77)	2.70 (0.68)	$F=8.64$***	①>③**, ②>③***
預かり保育は親への支援として必要である	4.06 (0.61)	4.05 (0.68)	3.51 (0.76)	$F=14.66$***	①>③*, ②>③*
本来，定時でのお迎えが理想的である	3.79 (1.09)	3.82 (0.99)	4.31 (0.75)	$F=6.16$**	①<③*, ②<③*
預かり保育は子どもへの理解につながる	3.70 (0.97)	3.34 (0.92)	2.88 (0.84)	$F=12.74$***	①>②>③**

注・括弧内は標準偏差を示している。
・それぞれの有意水準の表記は以下に従う。***$p<.001$，**$p<.01$，*$p<.05$

施によって生じる保育者への負担は，決して少なくない。それにもかかわらず，実施園の保育者のほうがその負担を表明しなかった。この結果は，預かり保育への否定的な認識はその実施を通して緩和され，肯定的な認識へと変化する可能性があることを示唆しているのではないだろうか。

2) 実施園での預かり保育の担当の有無による違い

　先の結果からは，対象者の園で預かり保育を実施しているか否かが，保育者の意識に関わっていることがうかがえた。では，実施園のなかで，預かり保育を担当しているか否かという違いは，どのように保育者の意識とむすびついているだろうか。

　表5-6が示すように，「預かり保育を通して教職員の子どもへの理解が深まる」という項目について意識差があった。とくに，実施園での預かり保育の担当者，非担当者，非実施園の保育者の順で「子ども理解が深まる」と捉えている。すなわち，預かり保育への関与が大きくなるほどに，預かり保育を「子どもへの理解が深まる」場であると，肯定的に意味づけていることがうかがえる。ただし同時にこの結果は，実施園内で保育者の意識にギャップが生じていることを示しているとも読める。日中の保育と預かり保育をつなぐことの重要性は

これまでも山本・神田（1999）や園田・無藤（2001）によって課題意識として挙げられていながらも，十分に議論されてこなかった。上記の結果は，今後日中の保育と預かり保育の関係について検討を進めていく上でも手がかりとなるだろう。

3　預かり保育実施をめぐる保育者の葛藤—自由記述の分析から—

　前項では，預かり保育への関わりが深くなることと保育者の預かり保育への肯定的な認識には関連があることが示唆された。預かり保育の実施を通して，子育てに対する社会的な支援の実施が支持されるようになっている側面もあるかもしれない。しかしながらこうした分析では捉えきれない，保育者の認識があることも自由記述の回答からは見えてきた。以降では，預かり保育を担当している保育者からの回答について紹介する。

　保護者が仕事だから仕方ないと思い，楽しめる子もいるがそうでない子もいる。個人の意見としては預かり保育はせず親子の時間も大切にしてほしい。（教員（常勤）／7年）

　本園では母子で過ごす時間を大切にしているため，預かる上での理由を提示してもらい，（中略）兄弟児の学校の行事や通院，親の介護や自分の仕事の場合で，時間も4時までが最長となっています。（教員（常勤）／40年）

　上記の記述では，「親子の時間」あるいは「母子で過ごす時間」など降園後の家庭で過ごす時間の重要性を述べながら，預かり保育を実施することへの考えが示されている。とくに前者は，「個人の意見としては」という前提を加えた上で，預かり保育の実施には消極的な意見を示している。このように，「親子の時間」を大切にすべきという意識をもちつつも，一方では「親子の時間」を「減らして」しまう可能性のある預かり保育の実施を担っているという現実を保育者は経験している。

　次の事例では，子どもへの影響という視点から預かり保育の実施に対する意見が述べられている。

子ども達の保育の時間は決められていて更に預かり保育をすることは，子どもの体を考えるとあまり好ましくないと思います。（教員（常勤）／15年）

預けられる子どものこと（体調・疲れ具合・友だち関係など）が無視され，保護者の都合ばかりが優先されていることに疑問を感じることが多いです。少子化，子育て支援を良いことに，昔の保護者に比べると家庭での教育力（子育て力）が低いように感じます。（教員（常勤）／18年）

　上記では，長時間保育による子どもへの負担に言及している。前者の指摘する「子ども達の保育の時間」は教育課程内の時間を指すものと思われる。その「子ども達の保育の時間」を越えて預かり保育をすることは「あまり好ましくない」という見解を示している。後者は，子どもの「体調・疲れ具合・友だち関係など」に考慮する必要性に言及した上で，「昔の保護者に比べると家庭での教育力（子育て力）が低い」と指摘する。
　さらに次に挙げる事例では，預かり保育について記述するうえで，保育所が登場する。すなわち，幼稚園と保育所の差異という視点から，預かり保育の実施についての考えが示されている。

幼稚園でする預かり保育はとても半端だと思います。仕事をきっちりしているのならば，きちんと長時間預かり，保育する力のある保育所に預けたほうがよいと思う。現代の社会では仕方ない，そうするしかない，たまの保護者のリフレッシュのためなら，子どもも楽しめるかと思いますが，幼稚園に通って毎日5時まで預かりというのは…。それで安定している子を見たことがありません。（教員（常勤）5年）

親の支援になり，子どもも希望している場合は大変良いシステムだと思います。ただ，親の仕事の都合で毎日，朝も保育後も幼稚園の預かりを一日中，一年中，利用している子は，友達と比べて不満をもったり，寂しがったりする様子もあり，保育所でみんなと同じ環境で無理なく夕方まで過ごす方がそ

の子にとっては良いのでは…と思うことがあります。（親の希望で無理に幼稚園に通わせるのではなく）（教員（非常勤・補助）／16年）

「親の支援になり、子どもも希望している場合は大変良いシステム」と留保しつつも、上述の両者はともに、長時間にわたる保育であれば、保育所のほうがベターだということを語ろうとしている。とくに、前者の「きちんと長時間預かり、保育する力のある保育所」や後者の「保育所でみんなと同じ環境で無理なく夕方まで過ごす」という言葉から、幼稚園において長時間の保育を引き受けるべきか否かという点についても意見があることがうかがえる。

第5節　考察―預かり保育に対する両価的な認識―

　本章の調査では、対象となった幼稚園とその保育者が、預かり保育をどのように実施し、それに対してどのような認識を持っているのかを検討した。

　対象園では7割近くの園で預かり保育が実施されていた。また、週5日、日常的に実施している園が多かった点も今回の対象園の特性である。さらに、各園で平均して2割程度の園児が預かり保育の場で過ごしているという点も明らかになった。

　これらの実施状況をふまえた上で、保育者にも焦点を当てた。具体的には、預かり保育に対してどのような認識を持っているのかを考察したほか、その認識と預かり保育への関与状況との関連を考察した。

　まず興味深いことは、対象者である保育者は預かり保育に対して両価的な認識を持っているという点である。すなわち、一方では「預かり保育は親への支援として必要である」との認識を高く支持し、同時に他方では、「本来、定時でのお迎えが理想的である」との認識にも理解を示していた。このように保育者は現実と理想とする状態に乖離を感じている可能性があるという重要な論点が見えてきた。

　そして、関与状況との関連の検討では、預かり保育への関わりが深くなることと保育者の肯定的な意識には関係があることがわかった。調査結果では、非実施園の保育者よりも実施園の保育者のほうが、預かり保育を肯定的に捉えて

いた。とくに，実施園のうちでも非担当の保育者よりも担当の保育者のほうが，子どもへの理解が深まる場として，預かり保育を捉えていた。このように，預かり保育にどのように対象者が関わっているのかという状況は，保育者の認識にも影響を与えている可能性がある。以降で預かり保育に関する語りを見ていく上でも，重要な背景要因として考慮に入れる必要がある。

ただし，預かり保育への意見に関する自由記述からは，量的分析の結果では把握しきれなかった側面が浮かび上がってきた。たとえば，預かり保育を実施しつつも，家庭で過ごすことを望む意見や子どもへの負担を考慮してほしいという保育者としての意見も含まれていた。

こうした預かり保育の実施状況と保育者の認識の背景には，預かり保育に対するどのような意味づけがあるのだろうか。次章ではこの点について迫っていきたい。

注
（1） 第3章にも示したように，調査対象園の概要や預かり保育の実施状況に関する質問項目は，対象園の園長または副園長，教頭のうちからそれぞれ1名に回答してもらった。
（2） 東京都内の公立幼稚園1園と私立幼稚園2園に依頼をし，予備調査を実施した。具体的には，預かり保育時間中の様子を観察した内容をフィールドノーツに残したほか，預かり保育を担当している保育者や園長へのインフォーマルな聞き取りをおこなった。
（3） ここでは幼稚園の公立・私立の区分をたずねているが，第3章にて記したように，本書では対象者（協力自治体）からの意向があったため，これらの社会的属性を分析の変数としては扱わないこととした。
（4） じっさい，筆者が予備調査に入った公立幼稚園では，保育時間終了後に親の見守りのもと園庭開放として遊んでいる園児と，預かり保育として遊んでいる園児が交流している姿も見られた。
（5） 分散分析の結果は，「預かり保育の実施によって教職員の負担が過大になる」という項目については，$F(2,288) = 10.84$, $p < .001$ で，「預かり保育は子どもの成長や発達によい影響がみられる」という項目については，$F(2,286) = 8.64$, $p < .001$ で，「預かり保育は親への支援として必要だと思う」という項目では $F = (2,286) = 14.66$, $p < .001$，「本来，定時でのお迎えが理想的である」という項目では，$F(2,288) = 6.16$, $p < .01$，「預かり保育を通して，教職員の子どもへの理解が深まる」という項目では，$F(2,288) = 12.74$, $p < .001$ であった。

第6章

預かり保育に対する保育者の意味づけ

　前章では預かり保育の実施状況に関する分析をおこなった。

　本章では，預かり保育の実施状況の背景に，預かり保育に対する保育者のどのような意味づけがあるのかという点を質的調査から明らかにする。そして，この意味づけのなかに，子育てをめぐる公的領域と私的領域の関係をどのように捉えているのかという点を探っていくこととしたい。

第1節　課題設定

　対象園では7割程度の園で預かり保育が実施されており，とくに週5日恒常的な実施を継続している園も多い。さらに，各園で平均して2割程度の園児が預かり保育の場で過ごしている。こうした実施状況のなかで，対象者である保育者は預かり保育に対して両価的な認識を持っていた。一方では「預かり保育は親への支援として必要である」との認識を高く支持し，同時に他方では，「本来，定時でのお迎えが理想的である」との認識にも理解を示していたのである。このように現実として預かり保育を実施しつつも，理想とする状態とのあいだで齟齬をきたしているという点をふまえると，預かり保育に対する保育者の意味づけを明らかにし，保育者には，子育ては誰にどのように担われることが望ましいと捉えられているのかという点を探っていく必要がある。

　預かり保育は，その実践を担う保育者にどのように受けとめられているのだろうか。第1章でも確認済みではあるが，預かり保育を「子育ての社会化」の実践のひとつと見る場合，上記の関心は，「子育ての社会化」が実践されている先での担い手の認識に着目するという点で，松木（2013）や井上（2013）らの研究関心と近い。これらの先行研究は，「社会化」の場に生じうる子育ての

担い手（松木 2013），あるいは「あずかり手」「あずけ手」（井上 2013）の葛藤と，その背景にある家族に関する規範意識について言及した。このように「子育ての社会化」が実践された先で，どのような事態が生じているのかという点はまだ明らかにされはじめたばかりであり，本書においても先行研究からの関心を引き継いでいく必要がある。なかでも本書がより関心を向けるのは，預かり保育という場でどのような子育てへの認識が語られ，子育てについて誰がどのように担っていくことが望ましいと捉えられているのかという点を記述することである。とくに保育者は，預かり保育の政策レヴェルでの解釈を引き取り，それを実践レヴェルで支えていると考えられる。保育者による意味づけは，政策レヴェルでの「ニーズ解釈」に沿うものであろうか。それとも政策レヴェルとは異なる新たな解釈を付与しているのだろうか。保育者自身は，預かり保育をどのように意味づけ，どのような論理からそれを実施しているのだろうか。以上のように，預かり保育を保育者がどのように語るのかということを記述することを通して，子育てをめぐる論理を明らかにする。

第2節　調査および対象者の概要

　本章では課題を明らかにするにあたって，半構造化インタビューを採用した。調査で得られたインタビューデータをもとに，預かり保育を保育者がどのように語るのかという主観的意味づけに接近する。そこでまず本節では，調査内容の概要と対象者の特性について説明する。

1　調査内容

　本調査は半構造化インタビューの方法を採っているため，対象者ごとに質問の順番や内容を入れ替えつつ実施した。ただしそのなかでも，事前に用意したインタビューガイドに沿って対象者に質問した項目もいくつかある。対象者とのあいだで構築するインタビューという性質上，具体的な発問の仕方やタイミングには異なりはあったが，本項では主に扱った調査内容を説明する。

　調査者は，今回調査に協力してくれた対象者とは，事前の調査依頼の連絡を取ることを除いては初対面だった。そのため事前の質問紙調査にも回答してく

れた対象者に関しては，情報をいくらか知り得ていたものの，まずは基本的な属性からたずねた。具体的には，①現在の園での職位，勤務状況，担任をしている場合には何歳児クラスか（3歳児・4歳児・5歳児），②保育者として何年目か，③現在預かり保育の担当者であるかをたずねた。

　今回の対象者は，いずれも預かり保育を実施している幼稚園の保育者であり，上記③の担当の有無にかかわらず，預かり保育がどのように園のなかで実施されているかということを知っていた。そのため，それぞれの対象者の預かり保育への関わり方への違いを考慮に入れつつも，④現在の園で預かり保育を実施しはじめた経緯，⑤現在どのように実施しているか，具体的な実施場所や活動，子どもの様子，⑥利用している親の様子やコミュニケーションの取り方などをたずねた。これら④⑤⑥で語られた内容に沿いながら，⑦預かり保育の過ごし方と大切にしていること，⑧預かり保育ではない時間（「教育課程時間」）の過ごし方と大切にしていることをたずね，預かり保育をそれぞれの対象者がどのように捉えているのかという点を聞き取っていった。

　対象者によっては，預かり保育の内容に限らず，未就園児保育など，現在幼稚園で実施している子育て支援に関する話題や，自身の過去の経験なども語ってくれた。このようにインタビューは上記の質問項目に限定せず，さまざまな話題を取り上げながら，自由な会話形式を意識して進めた。

2　対象者の概要と特徴

　調査対象者の概要は，表6-1に示した通りである。

　まず本調査の対象者は，いずれも幼稚園教諭として都内の幼稚園に勤務している。

　また，対象者の多くには東京都3区内で実施した事前の質問紙調査にも協力していただいたという経緯がある[1]。ただし，4名の対象者（C先生，D先生，E先生，G先生）は，調査者の知人（研究者）または本調査の対象者からの紹介を受けて調査依頼をさせていただくこととなった。なかでも3名（C先生，D先生，G先生）は，都内幼稚園の保育者ではあるものの，質問紙調査を実施した地域3区には該当していない地域の保育者である。このように対象者との出会い方にはいくらか違いがあった。

表6-1 調査対象者の概要

	園種	性別	職位	担当	預かり保育担当	保育歴	備考
A	公立	女性	園長	―	なし	32年	
B	私立	女性	主任	5歳児	あり	34年	
C	私立	女性	園長	―	なし	約30年	
D	私立	女性	主任		なし	15年	
E	私立	女性	担任	3歳児	なし	14年	
F	私立	女性	担任補助	4歳児	たまにあり	19年	過去に預かり担当保育者として勤務
G	私立	男性	担任	5歳児	あり	4年	
H	私立	女性	担任補助	3歳児	なし	7年	
I	私立	女性	担任	3歳児	なし	8年	過去に預かり担当保育者として勤務
J	私立	女性	教頭	―	なし	23年	

　そして，表6-1が示すように，対象者の調査当時の職位はさまざまであった。そのため，本調査では特定の職位による語りというよりもむしろ，いろいろな立場の保育者から語りが得られていると言うことができる。ただし，そのなかでも保育歴が10年以上におよぶ対象者が多かったという点は付記しておく必要がある。とくにA先生，B先生，C先生の保育者経験は30年以上で，F先生，J先生も20年近くである。また対象者は必ずしも，初職から継続して幼稚園教諭をしている者に限られているわけではなかった。たとえばI先生は，自身の子育て経験を経た後に保育の仕事に就いたと話してくれた。そして，保育経験8年間のうち，初めの3年間は都内の認証保育所で保育士として勤務していたという。

　そのほか，対象者が共有しているバックグラウンドとして，調査当時，調査対象者の勤務する幼稚園では，いずれも預かり保育が実施されていたという点がある。ただ，このような状況は決して特殊ではない。というのも調査当時に近い時期，2012年度には，預かり保育を実施する幼稚園は全国で81.4％（文部科学省 2013）で，とくに私立幼稚園にいたってはその実施率は94.2％におよんでいた（同上 2013）からである。したがって本調査では，預かり保育の実施が全国的に拡大した段階での保育者の語りが抽出されていると考えられる。

ただし，預かり保育を実施する園ということに変わりはないが，その実施年数は園によって幅があった。たとえば，G先生は預かり保育の実施が昨年度から始まったばかりだと話したが，B先生の園では32，3年も前から取り組みがあったことを教えてくれた。このように，対象者それぞれの預かり保育に対する経験にも差はあるが，それだけではなく，対象者が所属している園がどの程度預かり保育の経験を積み上げているかというところにも違いがある。
　さて，対象者が預かり保育にどのように関わっているかという点である。今回の対象者は，いずれも，いわば「教育課程時間」の保育に何らかの形で携わっている保育者であり，預かり保育を主に担当している保育者というわけではなかった。そのため，現在の預かり保育の実践に即した語りを得るという点では，調査上の限界がある。ただF先生とI先生は現在勤務している園で，過去に預かり保育を担当していたことがあるという。他の対象者は，預かり保育の時間を主に担当してはいないという事例か，預かり保育に参加する子どもが通常よりも多い場合や配慮が必要な子どもがいる場合には，臨時的に保育に入ることもあるという事例が多くを占めていた。ただしいずれの対象者も，預かり保育の時間中で過ごす子どもおよびその保育者と接点がないということはなかった。適宜預かり保育での子どもの様子をうかがいに行ったり，担当の保育者から見聞きするなどして，園内でどのような預かり保育が実施されているかという点には関心を向けていた。
　以上の対象者の特徴や違いなどをふまえながら，保育者の預かり保育をめぐる意識に関する語りを分析していく。

第3節　預かり保育を保育者はどのように語るのか

　以降では，具体的な保育者の語りをもとに，預かり保育を保育者がどのように意味づけているのかを考察する。分析にあたっては対象者と調査者（＝筆者）のあいだに交わされた語りの一部を引用する。また，語りを引用する際，対象者をそれぞれアルファベットで表記し，調査者を ＊（アスタリスク）で表記する。なお，引用した語りのうち，要点箇所に筆者が下線を引いた。

1 預かり保育の利用をめぐる多様性とその受容
　　―「内容は関係なく預けられる場所」―

　先ほども確認したように，いずれの対象者の幼稚園でも預かり保育は実施されていた。ただし，その実施に至った経緯やそれに伴う経験年数には違いがあった。

＊：いつごろですか（預かり保育を）始められたのは？
B：えーっとですね，私が記憶があるのが，えーっと…うーん…私がもうここへ勤務して34年なんですよ。そのたぶん，翌々年くらいから始めたと思うんですよ。だから30年くらいっていうとそのくらい。
＊：じゃあ32，3年でしょうか。（預かり保育の）実施に至った経緯は？
B：この辺は，会社や商売をしている，そういう自宅もそこで，仕事場もそこで，っていう方が30年くらい前は何世帯か，かなりいて。<u>「あともう少し3時くらいまでいいですか」，「4時くらいまでいいですか」っていう，「ちょっと仕事が手が離せないので」っていうような，要望があって。で，あのーいいですよ，っていう</u>。その延長線上の中に，「まだ2歳半なんですけど，半年早いんですけど，いいですか？」とか，「3歳ちょっとなんですけどいいですか？」っていうようなのといっしょに。預かり…ま，うちでは「○○○」っていう勝手な呼び方(2)をしてきたんですけど，始めたんですね。<u>だからまあ，要望があってということですかね</u>。
＊：柔軟にそのご家庭に合わせてということだったんですね。
B：そうですね，あのほかのいろんなこともそうなんですけど，<u>いろんなことに柔軟に対応していこうっていうのがありますね</u>。なので，外国籍の人とか，それから，うーん，ほんとに，一時預かりみたいな。

　B先生は現在の園に保育者として入って34年になるという。そのため，幼稚園が預かり保育を始めた契機にも立ち会っており，その当時のことを教えてくれた。語りのなかにあるように，B先生の園の預かり保育は親からの要望がきっかけとなって始まった。現在B先生の園では，午後6時過ぎまで預かり

保育を実施している。「『あともう少し3時くらいまでいいですか』,『4時くらいまでいいですか』っていう」親の個別的な要望を受け止めてきた先に,現在も引き続き預かり保育を実施している様子がうかがえる。そして,預かり保育に限らず,「いろんなことに柔軟に対応していこうっていう」園の考え方があるということも話してくれた。

　他方,G先生の園では近年,預かり保育を始めたという。

＊：預かり保育もなさっているんですよね。
G：そうですね。えー2年目になるのかな。
＊：あ,ではごく最近なんですね。
G：そうなんです。そうですねー。もうそれもやっぱりその「預かって預かって」って（親からの要望があったという）よりも,やっぱりちょっとはやってみようかって。保護者の支援というか。たぶん,保育所だったりとか他の幼稚園さんはわからないんですけど,なんか親の,働いてるお母さんとかのやっぱりその,ねえ,時間で来る方のためにとかっていう,仕事の支援のほうが多いと思うんですけど。うちはもともとニーズがなかったので,働いてるお母さんがまずあんまりいない。なので,ちょっと今日は美容室に行くからって感じの（利用）。1日いても1人,2人。

　G先生の幼稚園では親からの要望というよりもむしろ,「やっぱりちょっとはやってみようか」という園側の働きかけにより預かり保育が実施されるようになった。

　このようにふたつのケースを見るだけでも,預かり保育の実施が始まった経緯が一様ではないということがわかる。こうした違いはありつつ,それぞれの幼稚園で預かり保育はどのように受け止められているのだろうか。

　今回の調査では,勤務する幼稚園で,親が預かり保育を利用する上でのいわゆる「条件」があると語る保育者はいなかった。ただ,たとえばA先生は,幼稚園の長期休業期間中の利用は,原則として就労を理由とした利用に限定するという了解を保育者と親のあいだで共有していると話していた。そのほか,F先生が「（預かり保育を利用する）理由が明確に見えていない場合にはうかが

う時はあります」と答えたように，「条件」を設定しない場合でも，利用に際しては，親と何らかの形で意識共有を図っている様子がうかがえた。このような保育者と親のあいだでのやり取りは，下記の語りからも確認できる。

＊：ちょっとこうお互いに意思疎通をしあいながら，（預かり保育を）やっている感じ…（ですか）？
B：そうですね。それ（意思疎通ができている）なら，こちらも納得っていうか，いいですよって。ご事情のある方のみって言ってるので。そのご事情のね，範囲を決めてないってことですね。それは，保護者の方に任せてる。

このように，預かり保育の利用の背景には何らかの「事情」があるものと考えられている。その上で保育者は，その「事情」の「範囲」を親に一任していると語った。

B：ただ，朝，ホワイトボードに何時までって，子どもの名前を書いて，何時までって書けば，引き受けるって形なので。

＊：利用されてる方の理由は聞いたりはしますか。
E：えっと，預かりの窓口が基本的に事務所になってるんですね。なので，臨時保育をする場合にも，何でっていうのを，書いて，伝えてくださる方もいらっしゃるのですが，基本的にそのクラスノートというので，「今日は△△△（預かり保育の呼称）です」とかいうコメントで，ポンと入るかたもいるので，とくに聞かないで預かりってこともありますし。子どもから，「今日お母さん，なんとかなんだ」とか，「病院行くから預かりなんだ」っていう場合もありますし，その形は不特定かもしれませんね。

上記のようにB先生，E先生とも預かり保育を利用するにあたっての事務的な手続きについて教えてくれた。これらの語りからは，対象者の園において

は預かり保育の利用条件を設定していないことがわかる。とりわけE先生については,「とくに聞かないで預かりってこともありますし」とも述べている。それでも次にB先生が語るように,保育者は預かり保育の利用背景をおおむね把握し,それに理解を示していた。

B：それ（＝利用する理由）はもう長年やってますから,はい。
＊：わかる？
B：そうですね,はい。それと,そこのおうちの状況っていうのを大体知っていますので。たとえば,中学校とか小学校とかの保護者会に行ってきますとかいうときには,保護者会って終わりの時間が読めないじゃないですか。だから,こちらから聞かなくても,向こうからおっしゃいますね。「保護者会なので,ちょっとだいたい4時には終わると思うんですけど」っておっしゃって。

このような保育者と親の意思疎通の話題とともに多くの保育者が語ったことは,預かり保育を利用する背景が多岐にわたっているということであった（B先生,E先生,F先生,H先生,J先生）。

＊：基本的には,保護者の方はお仕事で（預かり保育を）利用されてる方が多いですか。
H：基本的にはやっぱりお仕事の方。ほんとにフルタイムで働かれてる方もいるし,あとはまあパートの方もいるし。（中略）なかなかこう家の周りで遊ばせられないとか,あと,友達が近くにいないとか,場所がないっていうので。（中略）あとは上の子がいて,習い事とか学校のこととかあったりすると,その曜日だけ入れてるとか。あとは幼稚園に慣れさせるために,仲の良いお友達も入ってるので一緒に入れるとか。まあおうちじゃもう,見きれないっていうか,わんぱくすぎて,毎日公園に連れてくわけにもいかないし,みたいな感じで。
B：お仕事をしてない人も,仕事で預かりを（利用）しようとしている人も

第3節 預かり保育を保育者はどのように語るのか　*135*

ものすごくたくさんいますけど，あの，お母さんがちょっと買い物に行きたいとか銀行に行きたいとか，あの…病院に行きたいとか，お友達とお茶したいとか，もうなんでもいいんです。

　上記のようにH先生，B先生から語られる預かり保育の利用理由は，具体的であり，これらの理由から預かり保育が利用されていることがうかがえる。関連して下記F先生からは，預かり保育の利用理由が経年的に変化してきたという点が語られた。

F：あのずいぶん変わってきたことではあると思うんですけど，預かり保育ってもともとは私たちの幼稚園では，もっと幼稚園で遊びたい子たちが残って幼稚園で遊べる時間だったはずなんですね。そのもう，もちろん…えっとね，何年前だろう。15年ぐらい前かしら。基本的に4時半までしか預かりをしてなかったんです。(中略) そうそう，だからもしかしたら今はね，もうちょっとそのお母さんの都合でってことも本人たちはわかってるのかもしれないですけれど。でも基本的に今預かり保育，毎日同じ人数じゃないのは，やっぱりそこがあって。うちの幼稚園の今の状態でもお母様は別に専業主婦でいらしても，預けたければっていうか，もっと遊びたいの？ じゃあ◇◇◇（預かり保育の呼称）に入る？っていうふうな子もいますし。あと面白いんですけど，◇◇◇，6時以降まで残る子にはおにぎりあげるんですけど，そのおにぎりを食べるために残りたいっていう子も。

F・＊：(笑い)

＊：あーでもそういうのが楽しいのかもしれないですね。幼稚園でね。

F：はい，ですからできるだけ預かりの側も，（中略）預かり保育でしかできないことっていうのをやっぱりいくつか提供していて，それを楽しみにしてもらって，残って，残りたくなる人がでてきてるっていうのも。

　F先生の園では，預かり保育の時間は「もともとは」，「もっと幼稚園で遊びたい子たちが残って幼稚園で遊べる時間」だったと話す。そして現在では家庭

の都合での利用が増えつつも，引き続き，「もっと遊びたい」という利用から預かり保育で過ごす子どもたちも一定数いるという。

　以上のように今回の対象者が共通して語ったのは，親の就労以外にも親自身の用事，子どものきょうだいの用事や，子どもの遊び場としても預かり保育が利用されているという点である。そしてこうした利用をいずれも「引き受ける」(B先生)という姿勢でいることを語っていた。

　それでは，保育者が種々の家庭の事情を汲みつつ，預かり保育の利用を「引き受ける」という姿勢であると語るのはなぜなのだろうか。

A：<u>なかなかおじいちゃんおばあちゃんが一緒に住んでる家庭も少ないので，すごくお母さんたちも頑張ってると思います。</u>（中略）<u>私なんかは主人の両親が同じ敷地内に住んでる中で，子育て，小さいときはしてきたので。</u>ちょっとお願いします，出かけるときにはお願いしますとか。（中略）あとなんかこっちが（子どもを）叱ったときに，いつのまにかおじいちゃんおばあちゃんのところに行ってたりとか。なんか逃げ場？（中略）<u>そういう場って今ない</u>ので。<u>親も苦しいし，子どもも苦しいだろうなと思うんです。</u>

　A先生が話すように，保育者の「引き受ける」という姿勢の背景には，各家庭における子育ての困難さへの理解があると考えられた。たとえばA先生は，自身が「主人の両親が同じ敷地内に住んでいる中」での子育てだったことを振り返り，それと対比させるように現在の子どもと親たちの置かれた状況に触れている。そして，祖父母や親族から手助けをしてもらえない状況での子育てを，「苦しい」であろうと思いやっている。そのうえで，親，子ども双方にとっての預かり保育の必要性を意味づけている。さらに下記H先生は，子どもが「おうちにだけずっといたら（私なら）おかしくなっちゃう」と親の置かれた状況に自身を重ねながら，親の就労状況に限らず「預けられるような場所」があることを肯定的に受け止めている。

H：働いてるいないに関係なく，その自分自身のこうホッとする時間とか，

それも子ども自身にもだと思うんですけど。確保するようなところとして，開放する。（中略）そのね，おうちにだけずっといたらおかしくなっちゃうだろうなって思うので。（中略）働いてるいないに関係なく，やっぱりちょっと預けられたり，それがまあ理由がどうであれ，たとえばリフレッシュしたいとか，具合が悪いとか，あとまあ，たとえばおうちのお母様の介護があるとか，あとはまあお仕事始めようかなとか内容に関係なくちょっと預けたりとかできるっていうのはすごく，いいんじゃないかな，いいかなって。やっぱり保育園だと点数つけられて，どんな働き方してるとか，そういうことを細かく聞かれて，そういう…ダメなんだ，預けられないんだってたぶん思っちゃうと思うんですけど。そうじゃなくて，もっと気楽にというか，あの預けられる子どもの様子と自分の様子で預けられるところがすごく（良い）。（中略）あと園長なんかも，あのもう少しそうやってちょっと，行き詰ってるお母さんなんかは，ちょっと預ければいいのにね，なんて言ったりするので，ほんとに（預かり保育は）働いてる人だけのものではなくて，子どもにいっぱい遊ばせてあげたいって上（＝Hの勤務する幼稚園園長）も思ってるので，すごくそういう意味では，安心して，状況っていうか，内容は関係なく預けられるような場所になってるんじゃないかなって思います。

　ここで注目されることは，「内容は関係なく預けられるような場所」になっていることがH先生に積極的に受容されているという点である。先にB先生が語った，「（預かり保育を利用する）事情のね，範囲を決めてない」ことと関連するが，「内容は関係なく預けられるような場所」であるということは，預かり保育を利用する理由を知り得ている場合でもそうでない場合でも，その理由によって預かり保育の利用を制限しないということである。ここでH先生には，「内容に関係なく」預けられるという，制限されていないことの良さが解釈されている。そして「園長」との会話を紹介するなかで，まだ預かり保育を利用していない「行き詰っているお母さん」にも言及し，「ちょっと預ければいいのにね」と語っている。こうした語りからは，預かり保育を肯定的に意味づけ，それに対応している様子がうかがえる。

2 「保育所の時間」との異なり，「幼稚園の時間」との異なり

　それでは，保育者は「内容は関係なく預けられるような場所」での保育を，どのように意味づけているのだろうか。

　預かり保育は長時間の保育を担うという点で，保育所での保育と重なる側面が少なからずある。そのためか，下記に示すB先生のように預かり保育を「保育所の時間」との対比によって説明しようとする語りがあった。

> B：逆に私たちは，預かり保育の時間は少し子どもたちを解放してあげてるっていう感じがするので，あまり深くこうこっち（保育者）が関わっていかないっていうのかな。安全に見守りながら，必要なところを一緒に遊んであげて，自分たちで遊べてるところはそのままにして。で，それぞれ担当じゃない先生は，それぞれの仕事をしてるじゃないですか。でも保育園だとそうじゃないですよね。全員がそこの，夕方の時間までもそこが仕事だから，みーんなそこへかかってるでしょ。

　B先生の園では，10年ほど前から，預かり保育には預かり保育のみを担当する保育者が入っているという。ただし，預かり保育を実施している場所は日中の保育と同じであるため，担任や主任なども「それぞれの仕事をし」つつ，緩やかに預かり保育に参与しているという。このように「あまり深くこうこっち（保育者）が関わっていかない」という預かり保育での子どもとの関わり方と，保育所での「みーんなそこへかかってる」という関わり方の違いから，預かり保育は長時間保育であったとしても，保育所での時間とは異なっていると意味づけている。

　このように，B先生には「保育所の時間」との異なりから預かり保育が説明されていた。ただ，だからといって，預かり保育の時間＝「幼稚園の時間」というわけでもないことが語られた。

> I：これは（預かり保育に）いた人，中にいた人間じゃないと分からないんですけど，同じのようでも違うんですよね。あの幼稚園のほうから見ると，うーん…保育の仕方があまりうまくないよねとか，たとえばですけ

ど，もうちょっとこうすればいいのにねって思うことも外から見ててあったとしても，意外に預かり保育って大事にしてるっていうのはそういうところではなくって別のところだったりする。ほんとにもうアットホームでゆったりと子どもが，…もう，こうなんて言うんでしょう。幼稚園はある程度ちょっとこういうところ頑張って，ここそうだったらいいなとかっていうのがあったりもする。もちろんそれ，無理ではないんですけど，でもなんかそういうふうなこう願いとかねらい持ってやったりするところ。預かり保育では，やっぱりもうほんとは帰りたいだろうに疲れてるだろうに，でもおうち帰れないっていうことは子ども自身が良く分かってて。甘えたいし，自分を出したいし，暴れたいしとかっていうのをすべてこう家庭のように受け止める場所だったりするので。

　先にも確認したようにI先生は過去に預かり保育を担当していたという経験がある。現在は3歳児クラスの担任をしており，預かり保育には直接的には関わっていない。上記の語りのなかに，「幼稚園のほうから見ると」とあるように，I先生は「幼稚園のほう」と「預かり保育のほう」を分けていることがうかがえる。同じ幼稚園のなかでの保育ではありつつも，預かり保育の時間が，語りの上では「幼稚園」として語られていないというところが興味深い。続けてI先生は，「幼稚園の時間」との異なりから預かり保育について説明してくれた。「幼稚園」は「願いとかねらい持ってやったりするところ」とし，預かり保育は「すべてこう家庭のように受け止める場所」であると意味づけている。

＊：午前中の通常保育と呼ばれている時間と預かり保育の時間とで，過ごし方っていうんでしょうかね，どのように違いますか。

H：通常保育はやっぱりカリキュラム，まあこの年齢でそういうところが育ってほしいとかこういうこと経験させたいとか学年によってそれぞれあると思うんですよ。やっぱりそこは計画を立てて，たとえば行事なんかも幼稚園のなかでひとつのものを作ったりするようなことは基本的には全員に体験させたいっていう姿勢だけど，預かりではべつにやりたい人がやる，とかいろいろこうあの日によっていろんなものつくったりして，

全員がっていうよりかはこういうの好きな人は取り組む。外で遊ぶのが好きな人はとにかく外で遊ぶとか。あのもう少し，ゆるくというか，あまりこう，その，ねらいがないわけじゃないと思いますけど。ねらいはねらいで，そのあとの時間はほんとに好きなことをする時間として分けて…ると思うので。午後だからほんとにそんなにカリキュラム的なこと…もしかしたらあるのかもしれないですけど，この日はこれ絶対やるとかそういうことはないとおもいます。もう少し緩やかな。

　このやり取りの直前，H先生とは「教育課程時間」から預かり保育にどのように移行させているかということについて話をしていた。そのなかでの「幼稚園としてその延長のところと切って」（H先生）という語りからは，いわば「幼稚園の時間」との異なりを意識しているように思われた。そこでやや誘導的ではあるものの，調査者が「幼稚園の時間」と預かり保育の時間の異なりをどのように捉えているか，率直にたずねたところ，上記のように語った。「通常保育はやっぱりカリキュラム」に基づいた保育が前提となるが，H先生によると預かり保育は，「もう少しゆるく」，「もう少し緩やかな」時間であるという。

3　「幼稚園の時間」と「家庭の時間」の狭間─「家庭」「きょうだい」の再現─

　保育者にとって預かり保育は，「保育所の時間」とは異なり，ひいては「幼稚園の時間」とも異なる。この語りが意味しようとしていたと思われるところを，J先生は次のように語ってくれた。

　　J：やっぱり，なんだろ，少しずつ家庭に帰っていく間の時間じゃないかなと私は個人的には思ってるんですね。（中略）私は，あのー，私の個人の考えではお家に帰るまでの，時間だと思います。なので，なだらかに家庭に移行していくような時間であるように思ってるんです。（中略）家庭に近いところで，人数が減ってった時に，だからおにぎりを食べるだとか，そういうようなその家庭にだんだん近づいていって，お家に帰ってく，っていう時間であるのが良いんじゃないんかなって私は思ってるんですね。◯◯（預かり保育の通称名）の先生たちは，そのー明確に

そういう風に思っているかっていうと，そうじゃないと思いますけど，でも実際には，お家に近いようなものをたとえば出すっていうので良いんじゃないかっていうのはお話のなかではなっていますね。だからたとえば，幼稚園の時間では出さないものが◯◯の時間には。塗り絵みたいなものを出したりだとか。だからそのすごく細かい，ちょっとその印刷されたようなもの，紙を切ってクラフト製作みたいな，そんなようなものだったりだとか。◯◯だったら出してみたりだとか。その一ちょっと手や目をかけてあげられて，ちょっと込み入ったものなんかもゆったり座ったところでできるだとか。(中略)それはちょっと，なんだろ，家庭的というか，人数はたくさんいるけれども，ひとりで遊んだり，お友達とも遊んだり，っていうようなところとのそのつなぎ目のようなところになったりして。徐々にこうトーンを落としていってこう落ち着いて，穏やかにお家に帰るっていうようなところに繋がるんだと思うんですよね。(中略)幼稚園の時間はもしかしたらその集団生活としてのコアな時間であるんだけれども，◯◯の時間っていうのはそのコアな時間とそのやっぱり家庭の時間っていうところのあいだにある時間かなっていうふうに思います。

　このようにJ先生は，預かり保育を「少しずつ家庭に帰っていく間の時間」，「コアな時間とそのやっぱり家庭の時間っていうところのあいだにある時間」と表現する。「家庭に移行していくような時間」であるために，「家庭に近い」ということが意識される。そこでは子どもたちは「おにぎり」を食べるだとか，材料も「幼稚園の時間では出さないもの」で遊んだりする。過ごし方への「意識」だけではなく，こうした「おにぎり」や「幼稚園の時間では出さない」材料を通して，「家庭に近い」ことが環境として具現化される。このように子どもの人数は多くとも，そこで目指されるのは「家庭的」な過ごし方であるという点が詳細に語られている。
　このような預かり保育において「家庭的」な過ごし方を希求することと関連して，保育者たちに多く語られたのは，子どもたちがいわば「きょうだい関係」のようなものを経験できるという良さについてであった（E先生，D先生，

H先生)。

> H：もう少しなんていうか，ま，<u>家庭的，家庭に近いというか</u>，そんなたぶん姿をめざしているんじゃないかなとは思いますね。
> ＊：その家庭に近い姿目指すっていうのは，なんでしょう，時間的なこと，時間的な長さからくるものですか。
> H：うん，でも両方ある。<u>時間のこともありますし，ま，保育園じゃないっていうか，幼稚園でやるべきことって言ったらおかしいですけど。ま，それぞれの学年でのことはしているので，まあその後はやっぱり他学年での交流とか</u>。普段おうちではまあ家庭的とはまたちょっと違っちゃうんですけど，できないような，<u>預かりでしかできないようなやっぱり，他学年の交流，きょうだいいない子でも，いろんな子とそこで出会えるとか，あの一緒にそこで，お庭で遊べるとか，反対にお部屋のなかで，おっきいおにいさんが描いてるのを描きたくて真似してみるとか</u>。そういうような環境。（中略）結果的にやっぱりそういう家庭…<u>昔ならたぶん，近所であったような交流なんかもやっぱり預かりに入れると自然に</u>。

　対象者の園の多くは，日中の保育では同年齢の子ども同士で編成された集団で過ごし，預かり保育では異年齢の子どもが同じ場で過ごすという「縦割り保育」が実施されていた。日中の保育でも縦割り保育を実践している幼稚園もなかにはあったが（B先生の園），預かり保育において，年齢別の保育を行っている園はなかった。

　H先生は，「幼稚園の時間」と預かり保育の時間の違いに関して語った直後に，上記を話してくれた。H先生は「預かりでしかできない」こととして，「他学年の交流」が挙げた。H先生が語る，預かり保育で目指している「家庭」は，実際に子どもたちが過ごしている「いま」の「家庭」の再現というわけではないのだろう。「昔ならたぶん，近所であったような交流」や「家庭」のありようが「自然に」生まれていることを，積極的に意味づけているものと読み取れる。

E：預かり保育の場合は，タテの関わりがすごく大きいと思うんですね。だからそれに子どもたちが，いい影響，まあ，悪い影響もいっぱい受けて，そこも成長の部分につながっていくと信じてるんですけども。そういう何かいろいろな経験ができる場として，預かり保育もいい経験になってるのかなって。いまとくに，きょうだいが少なかったりするお子さんもいらっしゃるし，一人っ子もいる，そのなかでやはりいろんな人がいて，お兄さんがいてお姉さんがいて，で，反対に今度は学年上がった時に下の子がいてっていうその関わりも大事なのかなっていうのを感じていますね。

A：縦割りになりますよね，預かりって。3, 4, 5歳が。普段の保育の中でも自然な形で交わってはいるんだけども，ひとつ同じ空間の中で同じ時を過ごす，同じ経験をしてったりする中で，昔はほんとに普通に大きい子とちっちゃい子が遊んだりしてた場がね。預かり保育を通して保障しているなあって思うんですね。

　同様にE先生，A先生にも，いわゆる「一人っ子」家族では経験できない，異年齢の子ども同士の「タテの関わり」が生まれる場であることが語られた。A先生が，「昔はほんとに普通に大きい子とちっちゃい子が遊んだりしてた場がね。預かり保育を通して保障しているな」と語るように，「きょうだい関係」が育まれることの良さは一様に示されていた。
　このように対象者は，「昔あって今ない」という交流や「きょうだい」的な関わりが預かり保育のなかで再現されていると解釈し，さらにこうした，「家族」そのものでもなく，「きょうだい」関係そのものでもない，いわばコミュニティが生成されていることを支持していた。こうした意味づけからは，保育者自身が「昔なら，たぶんあった」と認識している家族のありようや，地域とその周辺で築かれる関係性を肯定的に捉えているということもうかがえる。
　さらに，このようにいわば再現される「家庭」や「きょうだい関係」への評価から，預かり保育の中での子どもの遊びの「広がり」，「深まり」という点も語られていた。

H：人数が減って，学年が混ざることによって，ま，狭いんだけど広がるっていうか。そういうのはあると思う。結構…遊びを仕入れてくるというか，小さい人が大きい人の遊びを仕入れてきて，それをまた，午前中というか幼稚園の時間に遊んでると，その他の子もまたそれで遊ぶとか，そういうのはあると思う。たぶん人数が少なくて場所もコンパクトになるので，小さい人も目に入りやすくなる，その遊びが。ってこともあるのかなと思って。
＊：おもしろいですね。
H：（遊びを）持ってったり。両方で。違うたぶん時を過ごして，両方にたぶん，良い効果と悪い効果をもたらしてるのかなって気はしますね。

H：やっぱり，昔あって今ないようなものがここではあるというか…。あると思いますね。長く遊んでいると遊びが深まるっていうか。午前中で終わらないでまだその場所で遊べるので，なんかこう楽しいこと思いつくのって預かりの人っていうか。
＊：あーそうなんですか。
H：そうです，長くいる分だけ，いろんなものを仕入れてるっていうか。

　H先生は，預かり保育の場を，「人数が減って，学年が混ざることによって，ま，狭いんだけど広がる」と表現する。この言葉にあらわされているように，長く幼稚園で過ごす分，子どもたちは「いろんなものを仕入れてる」という。
　次に紹介するI先生も，語る言葉や対象は異なるものの，H先生が語った「狭いんだけど広がる」という特徴を，「生活面」から言及している。

I：こう泣きながらも預かり保育に来たりとか，先生がひとつひとつ丁寧に寄り添ってくれて，いっしょにやりながら，ちょっと涙が渇いていったりするなかで，もう日々やっぱりそういうところから，結構丁寧にやろうねっていう形でうちの預かりのほうの先生たちはずっと取り組んできてるので。結構そこで生活面っていうのを支えられて幼稚園にくるんで

すよね。だからあのそういった意味でも、預かり保育の先生たち、ただ預かってるわけでもないし、ただ好きなように過ごしていいよってしてるわけでもなくって、そういうやっぱり生活の仕方っていうのも結構やっぱり独特のものがあるので、幼稚園の時間とは違って。流れもあったりするので。それをひとつひとつ教えてくださっているなかで、やっぱり知らず知らず身についたことを幼稚園の時間でやっぱりぱっとできる。こちらが言わなくても、預かりでやってるからこの子できてるとか、分かってるなと思う部分も私は見て取れるので、ああ育ててもらってるなとかって思って。（略）
* ：そうですね。ほかの先生との時間も作れたり、経験が増えるっていうことにもつながったり。そういう場として預かり保育を見る視点っていうのもすてきだなと思いながら（聞いていました）。
Ｉ：そうですね。だから子どもによっては、ちょっと預かりに行って、揉まれたほうがいいよなとか。そういう見方でみたりとかもあるんですね。もしかしたら保護者の方も少し、お子さんといっしょに預かりを経験して、ちょっとそうすると見方が変わって楽になるかなとかね。

　「生活面っていうのを支えられて幼稚園にくる」という語り、そして「ああ育ててもらってるな」という語りに、Ｉ先生の預かり保育への捉え方があらわれている。「幼稚園の時間とは違っ」た時間を過ごすことが、「幼稚園の時間」で過ごすことを支えている——こうした捉え方に対して調査者が思わず、「すてきだなと思いながら」と評価的な発話で返したところ、「だから子どもによっては、ちょっと預かりに行って、揉まれたほうがいいよなとか。そういう見方でみたりとかもある」ということを教えてくれた。こうした語りからは、Ｉ先生には、幼稚園とは異なった預かり保育での子どもの経験や先生との関わりが積極的に意味づけられていることがうかがえる。
　さらに続けてＩ先生は、こうした、預かり保育では幼稚園とは異なった子どもの経験や先生との関わりがあることを、「縁の下の力持ち」という言葉でも表現した。

I：預かり保育をやろうっていう使命感にあふれる人（＝保育者のこと）にでてきてほしい。…そうですね，陰－日向で言えば幼稚園はやっぱりちょっと華やかだし，担任の先生，担任の先生って親から言われたり行事もあって，人前に出たり。保育園もね，担任とか赤ちゃんとかもほんとに，日向の部分かもしれないですけど。どうしてもそういった意味ではちょっと日陰の部分っていうか，縁の下の力持ちになってしまうと思うんですよね，預かり保育って。

上記の語りは，インタビューのごく後半のほうで得られたものである。この語りの直前I先生は，預かり保育を専任に担当していた経験をもとに，長期休暇期間中の「休みない」保育の状況など，預かり保育に関わる保育者の勤務状況について話してくれていた。

先ほど，「生活面っていうのを（預かり保育の時間に）支えられて幼稚園にくる」と語っていたI先生は，幼稚園や保育所を「日向」とあらわす一方で，預かり保育を「日陰の部分」，「縁の下の力持ち」であるともあらわした。「日陰」という言葉のなかには，少なからず消極的な含意がある。決して目立たない部分で，「日向」，すなわち幼稚園を支えている。しかしこの意味を読解するに，おそらくそれは「日向」が「日向」であるための「日陰」の必要性，重要性というところに言及した語りなのだろうと思われる。それは，「預かり保育をやろうっていう使命感のあふれる人にでてきてほしい」と語っていることからも読み取れる。

第4節　預かり保育をめぐる保育者の葛藤と対処

1　親への「協力」と葛藤

前節までに考察したように，それぞれの幼稚園において，預かり保育をめぐるニーズを受容し，それを担うという姿勢は保育者に共有されているようにみえる。しかしながら預かり保育について聞き取りをしているなかで，預かり保育を実施することについて，保育者は何らかの迷いを抱えている側面もあるものと思われた。

G：なんかこう今やっぱり…僕らの理想としている保育とやはりその社会というか，やっぱり親のニーズだったりとかっていうのが，ちょっと今ちょっとズレがあるというか。

　先にも確認したように，G先生の園では「親のニーズ」をきっかけに預かり保育を始めたわけではなかった。そのためここでG先生が上記のように語る対象は，預かり保育というよりもむしろ，「親のニーズ」全般を指したものであったが，自身が「理想としている保育」と「親のニーズ」の間には少なからず「ズレ」があるという感覚をもっていると話した。

＊：ではほんとに利用される理由もさまざまなんですね。
H：そうそう，正直初めは，働いてないんだったら…一応，そんなもうちょっと若いときですけど，子どもとゆっくり過ごしたらいいのに，この時期ってほんと短いしって思っていたところが（あって）。やっぱり，それに向いてる人と向いてない人がいたりとか。あとはそういう環境にない人も結構いたりとか。やっぱりその核家族で。子どもと年中いるっていうのは，実際けっこう難しいっていうことなんかも見聞きして，知っていくと，子どもにとっても，友達と思いっきり遊べる環境があるっていうのは必要だし，そういう環境にいられることも幸せなんだなっていうふうに今は思うように少し変わってきたかなって思いますね。

　一方，先の語りにおいて，預かり保育が「内容は関係なく預けられる場所」であるという点を積極的に意味づけていたH先生は，「初め」は預かり保育に対する抵抗感があったという。親が「働いてないんだったら」，「子どもとゆっくり過ごしたらいい」と考えていたと語ったように，降園後は「ゆっくり過ごせる」家庭があることを理想的な状態であると捉え，重視していたことがうかがえる。しかし，預かり保育への抵抗感は，親たちが置かれている子育ての状況を「見聞きして，知っていく」過程で，「少し変わってきた」と言う。ここで，預かり保育への認識に変容をもたらしたものは，親の必要感に応えるとい

う意味だけではなく,「子どもにとっても」,「必要」,「幸せなんだ」という意味づけだった。すなわちこれ以降,「子どもにとって」のという意味づけが,H先生が預かり保育に対応することを支えてきたものと考えられる。このように,たとえ,「ゆっくり過ごせる」家庭があるという理想的な状態が実現されなくとも,親の必要感と子どもの必要状態が重なりあうと認識されるとき,預かり保育の実施は保育者に受容されうるということがうかがえる。

　同様にE先生は,「最初」に抱いたという「戸惑い」について話してくれた。

> E：やはりなんだろ…今の時代がそうしてるのかなっていうのもあるんですけど,やはり,初めて私が勤めたころなんかは,預かり保育ってことはほとんどなかった幼稚園に勤めてたので,やはり働いてるお母さんの子どもは保育園っていうイメージがすごくあったので,最初はやはり戸惑いはあったんですけど,やはりいろいろ勉強していくなかで,幼稚園と保育園の違いとかを,おうちのかたが理解されて,そういうふうに幼稚園の保育を受けさせたいし,でも仕事も続けたいって形なのかなって,割り切る部分も（笑い）…出てくるのかもしれないですね,私自身は。

　E先生もH先生同様の「戸惑い」があったという。とくにE先生においては,「働いてるお母さんの子どもは保育園っていうイメージ」があったことがこの「戸惑い」の背景にはある。ただ,「いろいろ勉強していくなかで」の自身の捉え方の変化があったと語った。そうではあるものの,親たちを受けとめようとする様子が,「割り切る部分も」という言葉を通して語られたことからは,E先生のなかにあった「戸惑い」がすっかり解消されているわけではない様子が見え隠れする。H先生が,親の必要感だけでなく「子どもにとって」の「必要」状態にも応えていると意味づけることによって,預かり保育を受容していたのに対し,E先生が語ったのは,「幼稚園の保育を受けさせたい」,「仕事も続けたい」という親の必要感への認識だった。H先生がそうであったように,E先生においても親の必要感と子どもの必要状態が両立していることが認められない限り,それは「割り切る」という形での受容にならざるをえないものと推察される。

このように，すべての保育者が預かり保育を実施することについて，迷いを感じていないとも限らない。たとえば，次のF先生やH先生の語りからは，預かり保育の実施をどのように受け止めたらいいのかをめぐって，「揺れ」ている様子がうかがえる。

F：<u>なんか協力してあげちゃったけど，ほんとによかったのかなーみたいな。</u>たぶん，預けていっぱい働きたい方に対してはすごく良い協力をしてあげてるんだと思うんですけど，それがもちろん悪いことだとはもちろん思わないんですけど。<u>でもこの形でいいのかは難しいですよね。</u>
＊：協力の仕方でしょうか。
F：<u>難しい……。</u>
＊：尽きないですね。
F・＊：(笑い)
F：<u>尽きない!! 尽きないっていうかほんと。</u>なんか話し相手ができたらすごいなんか話しちゃったみたいな感じだけど，<u>ほんとに尽きないですね。</u>

　F先生は，親への「協力」，すなわち預かり保育へのニーズに保育者として対応していることを，「悪いことだとはもちろん思わない」としながらも，「ほんとによかったのかなー」とも語る。「預けていっぱい働きたい方」，すなわち親にとっては，「良い協力」をしていると話す。つまりこの語りに示されていることは，親ではない側，すなわち子どもにとってそれが「良い協力」なのかどうなのか，というF先生の迷いがあるということがわかる。F先生はこのやり取りの前に，F先生の園での預かり保育は「もともと」は，「もっと遊びたい子たちが残って幼稚園で遊べる時間」だったことを語っていた。F先生が預かり保育にこうした意味付与をしていたことをふまえれば，そうした原風景としての預かり保育が変化し，子どもが「遊べる時間」ではなく，親への「協力」が中心となっていることを複雑な気持ちで捉えていることが理解できるだろう。
　そしてこの対話のなかで，F先生は「難しい」としばらく沈黙し，「この形でいいのだろうか」という自らの問いへの答えを探してくれていた。なかなか

言葉にならないF先生に対し,「尽きないですね」という言葉を調査者が発した。この発話により,調査者はF先生が語ろうとすることを語らせない方へと導いてしまったのであるが,「尽きない」という言葉が腑に落ちたのか,その時に表現したかった気持ちと一致したのか,F先生は調査者と同じ言葉を使って,「尽きない！」,「ほんとに尽きないですね」と繰り返した。こうしたやり取りからは,「なんか協力してあげちゃったけど,ほんとによかったのかなー」という思いが絶えず行き来して,明確な答えを出せずにいる様子がうかがえる。

　　H：まあむずかしい部分は,任せちゃえばいいってことではない,って思うので,それをじゃあ誰が線引きするんだっていうのは,それはまあ保護者だと思うんですけど。ただまあ,週末はまあ絶対一緒だし,そうなってくると,週末その関係うまく子どもと過ごせるために平日は預けて,お母さんのリフレッシュするとかそういうことはやっぱり今の時代っていうか,昔はそんな知らないけれども必要なのかなっていうのは…。実際,そういう子どももいないですけど,想像できるっていうか。たぶん自分自身も四六時中子どもといるって思ったら,それはそれでどうなっちゃうかなっていう。（中略）ま,でも,すごく揺れます。（預かり保育が）あればあれで,ちょっと預けちゃえっていうのは,どうかなって思ってみたり。だけど,そこですごくイライラしちゃって,その子どもをもう面倒見ることができなくなる関係になっちゃうんだったら,もうそこはすっぱりこう預けることでお互いにとっていいのかなーとか。すごく。

　同様にH先生は,「むずかしい部分は,任せちゃえばいいってことではない,って思うので,それをじゃあ誰が線引きするんだっていうのは,それはまあ保護者だと思うんですけど」と話すように,子どもを預けるのか預けないのかということをはじめとして,子育てにかかる判断,「線引き」をまずは親に委ねている。ただ,このように「線引き」を親に一任しつつも,「揺れ」てもいる。預かり保育があるがゆえに,「ちょっと預けちゃえ」という状況が生じうると

いうことを，一方では「どうかな」と批判的にも感じ，しかし他方では結果的には，「お互い」，すなわち，親にとってだけでなく子どもにとっても「いいのかなー」と肯定したりもする。

> A：だからあの，<u>ほんとはもっと早くお迎えにきてとか，子どもたちにもっともっとこんなふうに手をかけてもらえればとかいろいろ思うけれども，とてもそんなこと言えない</u>。いっぱいいっぱいでやってるだろうなって思う家庭も，やっぱり年々増えてきてるなって思うので。

　A先生は，「ほんとは」親に早いお迎えに来てもらえたり，子どもに「もっと」手をかけてほしいという理想的な状態に対する思いを持ちつつも，親には「そんなこと言えない」と語る。それは，親たちが「いっぱいいっぱいでやってるだろうな」ということも理解し，受け止めようとしているからである。
　このように，保育者は預かり保育をめぐる親への「協力」について，それをそのまま肯定し，受容するわけでもなく，かといってそれを批判しているわけでもない。親が「早くお迎えに」来られる状態や子どもに「もっと手をかけられる」ような家族のあり方を理想状態として認識してもいる。そのような理想状態と，保育者として預かり保育を実施したり，担っているという現状のあいだにはおそらく齟齬がある。ただ，たとえ「ゆっくり過ごせる」家庭があるというような理想的な状態が実現されず，現実とのあいだに齟齬があったとしても，親の必要感と子どもにとっての必要状態が重なりあうと認識されるとき，預かり保育の実施は保育者に受容されていた。そうではなく，親の必要感と子どもの必要状態が一致しなかったり，子どもの必要状態が見出されないと判断される場合，事情は異なる。こうしたいわば対立を認識しつつも，預かり保育を実施すること，子育てをめぐる「遂行」を部分的でこそあれ担っているということが，保育者にとって葛藤の経験になっていると考えられた。

2　子どもの「代弁」による対処

　前項で考察してきたように，預かり保育を実施することに対する迷いや葛藤は，親の必要感と子どもの必要状態に対する認識がもつれ合うことによって生

起するものと考えられた。それではこのような葛藤に，保育者はどのように向き合っているのだろうか。

A：ほんとは帰りたくてしょうがないのに，いざ（親が迎えに）来たらなんかこう遊びだしちゃったりとか，帰らないとかって言い出したりってことがあるんですね。だから子どもたちもすごく頑張ってるんだと思います。
＊：そういうふうに気づいたこととかがあったときは？
A：そう，やっぱり伝えますね。(中略) 就労支援でもちろんお母さんたちのために力を貸してあげなくちゃいけないんだけど，でもやっぱりそれ以前に子どものことを伝えていかなくちゃいけないので，その辺言うべきことは言って，伝えるべきことは伝えてって思ってます。

A先生は，「お母さんたちのために力を貸してあげなくちゃいけない」ということを受けとめつつも，他方では「それ以前」のこととして，「子どものこと」を伝えていく必要性を強調した。保育者として，「お母さんたちのために力を貸す」ことと，「子どものことを伝える」という両方の役割のあいだに立とうとしている。

I：預かり保育のほうからはなかなかそれは言いたいけれど言えない部分でもあったりするわけですよね。やっぱりお預かりします，お預かりしますって全部こう受け止めていくのが，やっぱりそちらの…なんていうんでしょうね，あの本分と言いますか，役割なので。でもやっぱり子どもたち見てると，こういう部分をね，ちょっと親御さんもこういうふうに，家庭もこういうふうになってくれると，ほんとはもっと早くスムーズに預かりにも慣れるんじゃないかなとか，幼稚園にも慣れるんじゃないかなとかって思う部分は。やっぱりその幼稚園からそういった形で，気になることがあれば，帰り際にまあその6時，7時ぐらいに親御さんくる場合であっても私たち職員残って，そこでは話をさせていただいたりとか。ほんとに個人面談や保護者会で，個々に必要なこととか。あとはまあ全体でこのクラスのこんな感じっていうところで，おうちでこういう

第4節　預かり保育をめぐる保育者の葛藤と対処　　153

ところを受け止めてほしいなっていうところを，ちょっと代弁する。ちょっと子どもを代弁するような形で，やってますということをしたりとかしますね。

　I先生は先ほど，預かり保育を意味づけるうえで，「幼稚園の時間」との対比からそれを説明しようとしていた。上記においても，「預かり保育」，「そちら」と「幼稚園」を分化させながら，I先生自身，「幼稚園」の保育者としての役割に言及している。語りのなかにある「預かり保育のほう」が意味するのは，預かり保育を担当する保育者であるだろう。預かり保育においては，「お預かりします，お預かりしますって全部こう受け止めていくのが，やっぱりそちらの…なんていうんでしょうね，あの本分と言いますか，役割なので」と述べるように，親の判断を尊重し，受容しなければならないという立場であることを語る。一方，自身は「幼稚園」という立場から，子どもを「代弁する」という形をとって「気になること」を親に伝える役割を引き受けている。

　A先生は，親と子の調整に介入していると語ったのに対し，I先生には，預かり保育の保育者に代わって子どもを「代弁」しているという意識がある。このような異なりはあるものの，A先生，I先生はともに子どもの「代弁」を引き受けることで，預かり保育を実施することに対する迷いや葛藤を緩和させようとしていると考えられるのではないだろうか。

第5節　考察—「幼稚園の時間」と「家庭の時間」の狭間で—

　本章では，保育者が預かり保育をどのように意味づけながら，それを実施しているのかを半構造化インタビューによって得られた語りから分析した。
　まず，いずれの対象者の園でも預かり保育は実施されており，親の就労による利用だけではなく，親のリフレッシュのための利用，子どもの遊び場としての利用など，どのような理由であっても預かり保育は「内容関係なく預けられる場所」であるという意味づけのもと，保育者に受けとめられていた。
　また，ここでの「内容関係なく預けられる場所」は，「保育所の時間」とも異なり，「幼稚園の時間」とも異なるものとして語られた。そして，「保育所

でもなく「幼稚園」でもない預かり保育において重視されるのは、「家庭」に近づけるということだった。「幼稚園の時間」と「家庭の時間」の狭間との解釈が語られた。預かり保育においては縦割り保育が実践されているということもあって、現状では経験できないような「きょうだい関係」も、再現される場であると保育者は語っていた。このように預かり保育を意味づけつつ、保育者は親の置かれている子育てをめぐる状況を敏感に捉えていた。すなわち、親の就労状況や、祖父母、親族などに子育てを助けてもらえない状況への理解が、預かり保育を公共的に対応すべき課題と解釈し、それに応答することを支えていた。

　以上のように保育者には、家庭の子育てを支援することが重要であるという論理は共有されている。子育てに伴うケア行為を「私的なもの」とし、家庭でのみ担われるべきと語られることはもはやなかった。本章での保育者の語りをみるに、保育者は預かり保育に独自の意味づけを付与しながら、「昔ならたぶん、近所であったような交流」、コミュニティが生成されることや、遊びの「広がり」や「深まり」、「生活面」を支える場としての価値も認識していたのである。ただし、保育者が理想とする状態と預かり保育を実施することとのあいだには少なからず齟齬があった。そのため、親の必要感と子どもの必要状態が重なり合うと認識される場合、預かり保育の実施は保育者に受容されるものとなっていたが、親の必要感と子どもの必要状態に対する認識がもつれ合う場合、預かり保育を実施することに対する葛藤は生起するものと考えられた。

　本章では保育者の語りに焦点を当ててきたが、預かり保育をめぐる意味づけや解釈は、保育者と親との相互作用の中で生じ、絶えず修正されている側面もあると考えられる。親自身は、預かり保育をどのように利用し、預かり保育へのニーズをどのように語るのか、また、子育てをめぐる役割をどのように語るのか。次章以降にて考察する。

　　注
（1）　都内3区内での質問紙調査の結果については第5章にて詳しく検討している。
（2）　B先生の幼稚園では、預かり保育には通称名を当てて呼んでいた。またこれ以降にも登場するように、B先生の幼稚園に限らず預かり保育への独自の呼称がある園は複数あった。預かり保育を通称名で呼ぶことの意味については、

第8章において考察している。

第7章

預かり保育の利用状況と親の認識

第1節　課題設定

　第1章でレビューしたように，預かり保育に関する先行研究では，親に関する検討も進められてきた。そこでは，預かり保育の利用者の特徴として，子どもの出生順位が後であること，子どもを預ける先が多いこと，子育てについて相談する相手が少ないこと，育児への負担感が高いという点に言及した安藤ら（2008）の研究や，母親の就業状況というよりもむしろ，学歴や教育意識の高い層に預かり保育の利用が多いことに言及した石黒（2011）の研究があった。本章ではこれらの知見を参照しつつ，本調査の対象者となった親たちの特徴を把握する。加えて，先行研究では十分に検討されてこなかった，親たちが預かり保育をどのような子育て意識のもとにそれを利用したり利用しなかったりしているのかという点を質問紙調査から探っていく。したがって本章では，預かり保育の利用状況のなかに，調査対象者の親たちが直面していると思われる子育ての状況を読み取っていくことを目指す。

第2節　調査および対象者の概要

　本章では，都内3区内の公立幼稚園，私立幼稚園17園[1]の親たちを対象におこなった質問紙調査の結果を考察する。そこで本節では，調査内容と本調査の対象者である親たちの特徴について記述する。

1 調査内容

　本調査では，預かり保育の利用状況とそれに関わる子育てをめぐる意識や親の基本属性との関係について探っていく。これを検証するにあたって，親の就労状況などをはじめとする親たちの基本属性，親たちの子育てへの意識，預かり保育の利用状況について以下の質問項目を設定した。

　まず，今回の調査対象者となった親たちに基本属性をたずねた。これを質問項目として設定したのは，調査対象者がどのような社会的背景のなかで，子育てに携わっているのかを把握するためである。具体的に，親の現在の就労状況のほか，学歴，家庭の経済状況，親との近居，同居の状況などをたずねた。都市部での子育てを扱った研究には，たとえば矢澤澄子・国広陽子・天童睦子の研究（2003）があるが[2]，本書の対象者がどのような特徴をもった層であるのかという点を説明する上で，上記の質問項目は重要な手がかりとなる。

　次に，親の子育てに関する意識について，表7-1の項目をたずねた。それぞれの項目では，子育てや家庭生活に関連する内容を，どのように捉えたり，何を望ましいと考えているかたずねた。現在，都心部に居住する親がどのような意識のもとに子育てに携わっているのかを，量的データから考察することがここでの目的となる。具体的には，『第3回子育て生活基本調査（幼児版）』（ベネッセ教育総合研究所 2008）や『福祉と生活に関する意識調査（SPSC調査）』（武川 2000）を参考にしながら質問項目を作成し，以下の項目について，「とてもそう思う」，「まあそう思う」，「どちらともいえない」，「あまりそう思わない」，「まったくそう思わない」の5件法でたずねた（表7-1）。たとえば質問項目①「男は外で働き，女は家庭を守るべきである」は，いわば性別役割分業意識について聞いている。また，質問項目②「子どもが3歳くらいまでは母親は育児に専念するほうがよい」との内容は，いわゆる「3歳児神話」をどれくらい親たちが内面化しているかを考察するものである。もっとも，幼稚園に通う子どもに関しては，当該「3歳」という時点を過ぎているが，「3歳児神話」を内面化してきたことが親たちの後の園生活や預かり保育の利用状況にも影響している可能性を考慮して，これを質問項目に含めた。一方で，質問項目③「母親にとって子育ても大事だが自分の生き方も大切である」という内容は，質問項目②と相反する認識を含んでいる。さらに，質問項目⑤「子育ては社会

表7-1 「子育てに関する意識」調査項目

	調査項目
①	男は外で働き,女は家庭を守るべきである
②	子どもが3歳くらいまでは母親は育児に専念するほうがよい
③	母親にとって子育ても大事だが自分の生き方も大切である
④	子育て支援は人的支援よりも,親への金銭給付を拡大するほうがよい
⑤	子育ては社会全体で取り組むべき問題である
⑥	子育ての責任はすべて家庭にある
⑦	子どもの進路は親が責任をもって考えるべきである

全体で取り組むべき問題である」,および質問項目⑥「子育ての責任はすべて家庭にある」は,より直接的に子育てへの捉え方を聞いている。そしてこれら質問項目⑤,⑥に加えて,質問項目⑦「子どもの進路は親が責任をもって考えるべきである」との内容を通して,子育ての選択に係る責任を対象者がどのように捉えているか探っている。

また,子育て意識に関連する事項として,現在の幼稚園を選ぶにあたってどのような点を重視したのかをたずねる選択式質問項目のほか,現在子どもが通っている習い事やおけいこごとについてたずねる質問項目を用意した。

以上の点を総合的に考察し,本調査の対象者となった親の子育てに対する意識の傾向性を把握する。

そして本調査では,預かり保育を実施している幼稚園に通う対象者の預かり保育の利用状況も考察した。利用状況として,預かり保育の利用の有無と,利用している場合にはその利用頻度についてたずねた。また,預かり保育を利用していない場合にも,預かり保育を「利用しようと思ったことがない」のか,それとも「利用しようと思ったことはあるが,まだ利用していない」のかという点を分けてたずねた。というのも,後者,「利用しようと思ったことはあるが,まだ利用していない」というケースには,利用を妨げる何らかの要因があることが推察され,その背景要因についても併せて検討する必要があるためである。預かり保育の利用頻度は,選択式でたずねた。具体的には,「週4〜5回」,「週2〜3回」,「週1回」,「2週間に1回」,「月1回」,「数ヶ月に1回」,「その他」という項目を設定した。次に預かり保育をどのような理由から利用

表7-2 「預かり保育に対する認識」質問項目

	調査項目
①	子どもは預かり保育を楽しんでいる
②	子どもの希望による利用が多い
③	預かり保育の実施時間帯に満足している
④	預かり保育を利用して，リフレッシュになった
⑤	預かり保育の利用を極力抑えている
⑥	預かり保育の利用に抵抗感がある
⑦	預かり保育の利用は子どもがかわいそうな気がする
⑧	預かり保育は気軽に利用できる
⑨	預かり保育を担当している先生とコミュニケーションが取れている
⑩	預かり保育を担当している先生は家庭の事情を理解してくれている

しているのかを，該当する項目からすべてを選び，答えてもらった。併せて，預かり保育の利用時間も「午後3時まで」「午後4時まで」「午後5時まで」「午後6時まで」「午後7時まで」という項目を設定し，選択式でたずねた。

　これらの預かり保育の利用状況に併せて，預かり保育を利用した親たちを対象に，その感想について，「とてもあてはまる」，「まああてはまる」，「どちらともいえない」，「あまりあてはまらない」，「まったくあてはまらない」の5件法たずねた（表7-2）。たとえば，質問項目④「預かり保育を利用して，リフレッシュになった」，⑧「預かり保育は気軽に利用できる」など，肯定的な認識だけではなく，質問項目⑤「預かり保育の利用を極力抑えている」，⑥「預かり保育の利用に抵抗感がある」，⑦「預かり保育の利用は子どもがかわいそうな気がする」など，否定的な認識をたずねる項目も設定した。

　また本章では，保育者調査と同様に，親による自由記述回答も分析の対象とする。預かり保育を利用していると回答した対象者には，「（上記以外に）預かり保育を利用しての感想がありましたら教えてください」とたずねた。

2　調査対象者の特徴

　預かり保育の利用状況やそれに係る親の意識を考察するに先立って，対象者である親の基本属性の特徴について述べる。

　まず，今回の調査は東京都3区内の幼稚園を対象に実施したという限定性が

あることを考慮しなければならない。すなわち，ここで考察していく対象となる親は，きわめて都心部に在住し，かつ子どもを幼稚園に通わせることを選択したという点で，共通した特徴を有している。こうした前提をふまえたうえで，今回の調査に協力してくれた親の属性について，さらに見ていこう（表 7 - 3，図 7 - 1，図 7 - 2）。

　まず挙げられるのは，今回の調査では母親からの回答を圧倒的に多く得たという点である（99.3％，669 名）。この背景について少し考察してみたい。今回，調査者が直接，対象者に質問紙を配布するのではなく，各園の保育者に，親への配布をお願いした。そのため園によっては，質問紙の配布時期が保護者会などの集まりと重なるということで，保護者会などで親に渡してくれたところもあった。それ以外の場合には，幼稚園への送り迎えの場面で質問紙を配布してもらうよう依頼した。したがって，今回の回答者に母親が多いということからは，幼稚園の集まりに参加したり，子どもの送り迎えに携わったり，幼稚園からの配布物に目を通すことが多いのが母親であるということがうかがえる。

　そのほか，対象者の属性に関する特徴としては，父親，母親ともに大卒以上である割合が高いという点も挙げられる（父親：86.0％，530 名，母親：62.4％，392 名）。今回の調査対象者にはいわゆる高学歴層の親が多く含まれており，その特徴が反映されている可能性がある。

　また，親たちの就労の状況も対象者の特徴を知る上で重要な手がかりとなる。この点は，図 7 - 1，図 7 - 2 にまとめてある。父親は常勤（フルタイム）の場合がきわめて多く（95.1％），母親に関しては，「現在働いていない」という回答が多い（64.5％）。ただし特筆すべきなのは，母親の働き方は父親と比較して多様であるという点である。幼稚園に子どもを通わせつつも，「パートタイム」(12.7％)，「フリー（在宅ワーク含む）」(10.8％) という働き方で就業している母親も少なからずおり，さらには「常勤」（フルタイム）(7.3％) の母親も一定数いる。

　さらに，親との同居，近居の有無，すなわち祖父母世代との同居，近居の状況についてである。質問紙では「近居」を，「車や電車を用いて 30 分以内に移動できる距離に住んでいること」と定義して，その有無をたずねた。今回の対象者においては，親とは近居も同居もしていないというケースが過半数を占め

表7-3　調査対象者の属性

回答者の属性		
子どもとの関係	n=674	父親　3名（0.4%）　母親　669名（99.3%）　無回答　2名（0.3%）
子どもの性別	n=674	男児　355名（52.7%）　女児　317名（47.0%）　無回答　2名（0.3%）
子どもの満年齢	n=671	3歳児　99名（14.8%）　4歳児　220名（32.8%） 5歳児　240名（35.8%）　6歳児　112名（16.7%）
子どもの出生順位	n=672	第一子　369名（54.9%）　第二子　249名（37.1%） 第三子　47名（7.0%）　第四子　6名（0.9%）　第五子　1名（0.1%）
子ども数	n=668	ひとり　193名（28.9%）　ふたり　370名（55.4%） 3人　88名（13.2%）　4人　12名（1.8%）　5人　5名（0.7%）
居住地	n=670	X区　153名（22.7%）　Y区　254名（37.9%）　Z区　135名（20.1%） X・Y・Z区以外の都内23区　127名（19.0%）　その他　1名（0.1%）
父親学歴	n=616	中学校　4名（0.6%）　高等学校　29名（4.7%） 専門学校　45名（7.3%）　短期大学　6名（1.0%） 大学　384名（62.3%）　大学院　146名（23.7%）
母親学歴	n=628	中学校　5名（0.7%）　高等学校　38名（6.1%） 専門学校　69名（11.0%）　短期大学　121名（19.3%） 大学　342名（54.4%）　大学院　50名（8.0%）
父年齢	n=612	平均　40.2歳（SD：5.5，25-61）
母年齢	n=619	平均　38.4歳（SD：4.3，25-50）
家庭の経済状況	n=660	ゆとりがある　98名（14.8%）　多少はゆとりがある　347名（52.6%） あまりゆとりがない　170名（25.8%）　ゆとりがない　45名（6.8%）
親との同居，近居の有無	n=670	同居している　64名（9.5%）　近居している　221名（32.9%） 同居も近居もしていない　385名（57.4%）

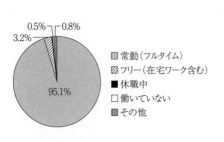
図7-1　父親の就労状況　n=616

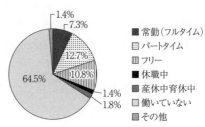
図7-2　母親の就労状況　n=628

ていた（385名，57.4%）。ただし，同居しているケースも64名（9.5%）あり，子どもから見て，祖父母世代との交流が日常的にあると考えられる対象者も一定数いた（表7-3）。

第3節　子育てに対する高い関心

　調査対象者の基本属性をふまえつつ，親の子育てに対する意識について考察する。

1　園選びに対する関心

　石黒（2011: 1）によれば，「就学前においては，就学が義務でない以上，就学するか否かの選択にはじまり，幼稚園にするか保育所にするかという制度選択の点においても，それぞれ特色が異なる多様な幼稚園・保育所の中からどこを選択するのかという，いわゆる『園選び』においても，『選択』の度合いが強い」。そのため，この「園選び」という事象には家族の育児資源が直接的に反映されているという（石黒 2011）。この知見をふまえつつ，本書の対象者となった親の特性を知るうえでも，まずはこの「園選び」に関する調査項目の結果を見ていくことにしよう。

　まず，「現在の幼稚園を選ぶまでにどの程度考えたか」という質問に対して，「よく考えた」（61.5%）との回答が最も多かった。「まあ考えた」との回答と合わせると，その割合は89.4%（600名）にもおよんだ。このように，親の園選びに対する関心の高さがうかがえる。

　これに関連して，対象者は園選びの際にどのようなことを重視したのだろうか。図7-3は，園選びに関する項目について「とても重視した」「多少重視した」と回答した親の割合について整理したものである。まずこの図を概観して気がつくことは，複数の項目について，「重視した」と回答した親が多くいることである。本調査の対象者は，重視するポイントを複数持ちながら園選びに高い関心を寄せていると言える。なかでもこの図が示すように，「家からの距離」（80.2%）や「長時間預かってくれること」（36.3%）等，入園前に実測や確認が可能な内容に対する期待も少なくないものの，それ以上に，「園の雰囲気」

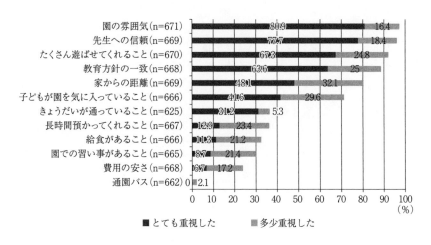

図 7-3　園選択で重視したこと（%，5件法）

(97.3%) や「先生への信頼」(96.1%)，「たくさん遊ばせてくれること」(92.1%)，「教育方針の一致」(88.6%) などがとくに重視されている点が特徴である。親たちが幅広い内容を幼稚園に求めていることが読み取れる。とくに，園の雰囲気や教育方針は，実際に園に足を運んだり，情報収集しない限り，知りえないような内容でもあり，親たちの園選びに対する関心の高さがあらわれているといえるだろう。

　そして，園選択で重視したことに関する自由記述回答では，園庭の広さや充実に関する回答（58件）が目立って多く，これに関連して園における自然環境に関する回答（11件）もあった。また，長期休暇期間中における実施を含み，預かり保育の実施に関する記述（18件）も少なくなかった。預かり保育をとくに重視するという傾向は顕著とは言えないものの，一部の親たちには園選びの決め手になるほど必要と考えられているようである。また，「通園される家庭の環境」，「実際に通われている保護者の方の話」など，幼稚園に通う親たちの様子を重視するという記述もいくらか見られた（15件）。そのほか，少人数，小規模な園であることとの記述が12件，防犯，セキュリティ，耐震対策などの安全面に関する記述が12件，子どもの障がいや疾患に対する理解や対応に関する記述が10件，園を選ぶ際に重視したこととして挙げられていた。

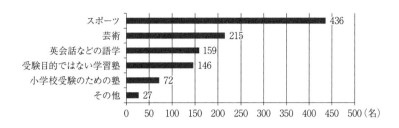

図7-4　通っている習い事・おけいこ事（MA）n=671

2　早期教育に対する関心

　親たちの子育てに対する意識は，幼児期の習い事への投資にも反映されていると考えられる。ベネッセ教育総合研究所が実施した『第3回子育て生活基本調査（幼児版）』（2008）の首都圏の調査結果によると，習い事に通わせている人の割合は，幼稚園児・保育園児のうちの62.0%であるという。このように，都市部では総じて習い事の利用率が高いことが先行研究によって示されてきた。ただ，今回の調査ではその結果を大きく上回り，全体の80.5%（540名）が現在何らかの習い事やおけいこ事をしていると回答した。具体的にどのような習い事・おけいこ事に通っているかという点を，図7-4にまとめている。

　これをみると，スイミングや体操をはじめとして，スポーツに関連する習い事が人気であることがわかる。ただしそれに限らず，英会話などの語学や学習塾も比較的上位に入っており，早い段階から学習への意識を持っている親も少なくない。その他の回答として，「ロボット教室」「実験教室」「ことばの教室」「リトミック」などの記述があった。

3　子育てに対する意識

　園選びに高い関心を払い，さまざまな点を重視して子どもの通う園を選ぶ。そして，幼稚園降園後や休日等にも子どもを何らかの習い事に通わせる——こうした親たちの様子には，子どもの教育に対する関心の高さがうかがえるが，じっさいに親たちは子育てに対してどのような意識をもっているのだろうか。

　図7-5は子育てに対する意識についてたずねた項目のうち，「非常に賛成」あるいは「やや賛成」と回答した人の割合についてまとめたものである。

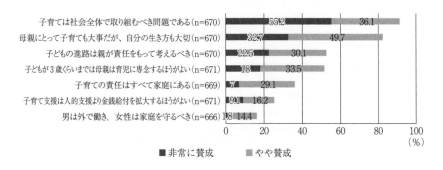

図7-5 子育てに関連する意識(%，5件法)

　この図が示すように,「子育ては社会全体で取り組むべき問題である」(612名, 91.2%)との考えは,親たちに圧倒的に支持されている。園選びや習い事など,子育てに関連する事項について個別的な関心を払いつつも,同時に子育てが公共的な問題として扱われることを求めている。一方,上記の意識に比して,「子育ての責任はすべて家庭にある」(242名, 36.2%)との考えへの支持は高くない。「男は外で働き,女性は家庭を守るべき」(108名, 16.2%)といった固定的な性別役割観はあまり支持されていないし,「母親にとって子育ても大事だが,自分の生き方も大切」(552名, 82.4%)との認識も親たちには共有されている。ただそれと同時に,「子どもの進路は親が責任をもって考えるべき」(420名, 62.7%)といった意見や,「子どもが3歳くらいまで母親は育児に専念するほうがよい」(346名, 51.6%)といった意見が少なからず支持されていることも特徴である。

第4節　預かり保育の利用状況

1　預け先としての預かり保育

　親たちの子育てに対する意識を確認したうえで,預かり保育をどのように利用しているのかを見ていく。ただここで,預かり保育に関する考察に入る前に,預かり保育の「預け先」としての側面について確認する。
　今回の調査では,「自宅を留守にする際,いざという時の預け先としてお子

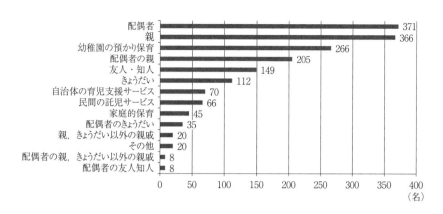

図7-6 いざという時の預け先（MA） n=672

さんの面倒を見てくれる人はいますか」という点をたずねた。その結果、面倒を見てくれる人（場所）が「いる（ある）」と回答したのは全体の80.7%（542名）だった。多くの親たちは、子育てに関して何らかのサポート資源を有している。一方で注目すべきは、「いない（ない）」と回答した親も、19.3%（130名）に及ぶという点である。決して少なくない親たちが、「いざという時」のサポート資源がないと感じながら、子育てをしているという点は、見過ごすことのできない結果である。

「いざという時の預け先」があると回答した人を対象に、具体的に、誰（どこ）を頼りにしているかという点をたずねた。図7-6が示すように、「配偶者」（371名）、「（自分の）親」（366名）との回答が圧倒的に多かった。次いで多いのは、「幼稚園の預かり保育」（266名）だった。「配偶者の親」（205名）や「友人・知人」（149名）、「きょうだい」（112名）よりも、「預かり保育」を挙げる親が多かった点は注目されよう。日ごろ通い慣れた幼稚園に「いざという時の預け先」があるということが、親たちにとって重要な意味をもっているのである。

2 預かり保育の利用経験

親たちは預かり保育をどのように利用しているのだろうか。

今回調査への協力を得られた幼稚園17園のうち、調査時点で預かり保育を

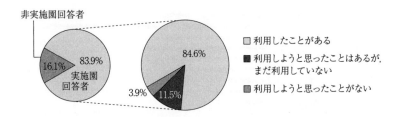

図7-7　預かり保育の利用経験（%）n=674

実施していた園は14園（82.4%）だった。そのうち，預かり保育の利用経験の有無をたずねたところ，図7-7の結果となった。この図が示すように，実施園の親（558名）のうちの多くは，預かり保育を利用したことがあると回答している（84.6%，472名）。また，実施園の親で預かり保育を「利用しようと思ったことがない」と回答した人は3.9%（22名）とごく少数であった。ただし，「利用しようと思ったことはあるが，まだ利用していない」とする親は「利用しようと思ったことがない」親よりも多い（11.5%，64名）。利用意向はありつつも実際に利用するには至っていないというケースには，どのような背景があるのだろうか。預かり保育の利用を踏みとどまらせる何らかの要因があるのだろうか。この点についても分析していく必要がありそうである。

3　預かり保育の利用理由・時間・頻度

　預かり保育は通常の保育時間とは異なり，「希望する者を対象に行う教育活動」（『幼稚園教育要領』第3章）であるため，それを利用するにあたっては何らかの理由がある。そして，その利用理由に併せて，利用時間や利用頻度も変わってくるだろう。つまり，預かり保育の利用理由と利用時間，そして利用頻度は相互に関連しあっていると考えることができる。そこで本項では，これら3点の結果をそれぞれ考察しながら，対象者の親たちにどのように預かり保育が利用されているのかという点を記述していく。

　まず，預かり保育の利用理由として，とくに多く挙がったのは，「仕事」（201名）および「通院」（194名）だった。そのほか図7-8からは，「友人との交流や趣味」（181名），「リフレッシュ」（181名），「きょうだいの保護者会」（178名）

という理由からも，預かり保育が利用されていることがわかる。

　上記の利用理由に併せて，どのくらいの時間，そしてどのくらいの頻度で預かり保育を利用しているのだろうか。図7-9を見ると，預かり保育の利用時間帯は「午後4時まで」と「午後5時まで」のケースに集中していることがわかる。もっとも，預かり保育の利用可能時間帯は各園で設定されていることが多いため，この結果が親たちの「利用希望時間」を必ずしも反映しているわけではない。親たちのなかには「午後7時」まで利用しているケースもあり，その利用のされ方は多様であることがわかる。同様に，利用頻度についても「年に1回程度」から「週4～5日」まで，かなりの幅がある。そのなかでも「数ヶ月に1回」(112名)，「月1回程度」(100名) との回答はとくに多い。「週2～5回程度」(123名) の日常的な利用というよりもむしろ，単発的に預かり保育を利用している親たちが多い。ただし，利用頻度に関する結果についても，親たちの「利用希望」が反映されていない可能性があることも見過ごしてはならない。たとえば預かり保育を現在利用していない親のうちの21.3%（17名）は，その理由として「園での預かり保育の条件（子どもの年齢，利用理由等）を満たしていないため」と回答していた。具体的に預かり保育を利用したことがないという親からの自由記述回答のなかには，「年少児は10月からの為，まだ利用できない」（4歳児母親／預かり保育利用なし）というものや，「1～2週間前から計画的に預かり保育を利用したい状況がなく，利用したい場合は1～3日前になる。そうなると保育枠がいっぱいで，お願いできないことが多く，実家を頼ることが多い」（5歳児母親／預かり保育利用なし）というものもあった。このように，園側が預かり保育の対象となる子どもの年齢や，利用者数を限定していることが，預かり保育の利用状況に影響しているのである。

　上記の結果をふまえたうえで，預かり保育の利用理由と利用頻度の関連を見ていく。表7-4では仕事による利用と頻度の関係，同様に，表7-5では通院による利用と頻度，表7-6では友人との交流や趣味による利用と頻度，表7-7ではリフレッシュのための利用と頻度の関係について検討している。この分析からは，預かり保育の利用理由とその頻度には強い関連が見られるということが確認される。とくに，仕事による利用が「週4～5回」，「週2～3回」について有意に多かったり，通院による利用は「2週間に1回」，友人と

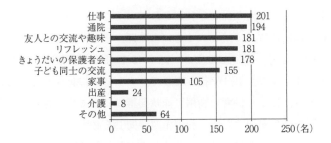

図7-8 預かり保育の利用理由（MA）n=472

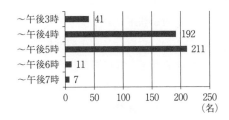

図7-9 預かり保育の利用時間（降園後）n = 462

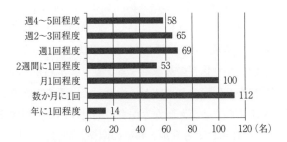

図7-10 預かり保育の利用頻度（名）n=471

表7-4 仕事による利用と預かり保育の利用頻度

利用理由—仕事	預かり保育の利用頻度							合計
	週4〜5回	週2〜3回	週1回	2週間に1回	月1回	数ヶ月に1回	年に1回	
あてはまらない	1.5% (4)	7.8% (21)	12.6% (34)	13.7% (37)	27.0% (73)	31.5% (85)	4.4% (12)	100.0% (270)
調整済み残差	-8.2▽**	-4.4▽**	-1.5	1.9	3.5▲**	5.2▲**	2.2▲*	
あてはまる	26.5% (53)	22.0% (44)	17.5% (35)	8.0% (16)	13.5% (27)	11.0% (22)	1.0% (2)	100.0% (200)
調整済み残差	8.2▲**	4.4▲**	1.5	-1.9	-3.5▽**	-5.2▽**	-2.2▽*	
合計	12.1% (57)	13.8% (65)	14.7% (69)	11.3% (53)	21.3% (100)	22.8% (107)	3.0% (14)	100.0% (470)

$\chi^2(df=7, N=470)=117.984^{***}$　　***$p<.001$

注)・それぞれの有意水準の表記は以下に従う。***$p<.001$, **$p<.01$, *$p<.05$
　　・調整済み残差については，|r|>2.58ならば，**$p<.01$, |r|>1.96ならば，*$p<.05$とする。
　　・以降，表7-5, 6, 7についても同様とする。

表7-5 通院による利用と預かり保育の利用頻度

利用理由—通院	預かり保育の利用頻度							合計
	週4〜5回	週2〜3回	週1回	2週間に1回	月1回	数ヶ月に1回	年に1回	
あてはまらない	19.1% (53)	11.6% (32)	13.7% (38)	7.9% (22)	20.2% (56)	23.1% (64)	2.9% (8)	100.0% (277)
調整済み残差	5.6▲**	-1.7	-0.7	-2.7▽*	-0.7	0.2	-0.1	
あてはまる	2.1% (4)	17.1% (33)	16.1% (31)	16.1% (31)	22.8% (44)	22.3% (43)	3.1% (6)	100.0% (193)
調整済み残差	-5.6▽**	1.7	0.7	2.7▲**	0.7	-0.2	0.1	
合計	12.1% (57)	13.8% (65)	14.7% (69)	11.3% (53)	21.3% (100)	22.8% (107)	3.0% (14)	100.0% (470)

$\chi^2(df=7, N=470)=38.232^{***}$　　***$p<.001$

表7-6 友人との交流や趣味による利用と預かり保育の利用頻度

利用理由 —交流や趣味	週4〜 5回	週2〜 3回	週1回	2週間に 1回	月1回	数ヶ月に 1回	年に1回	合計
あてはまらない	17.6% (51)	14.2% (41)	13.8% (40)	7.3% (21)	14.9% (43)	26.6% (77)	3.8% (11)	100.0% (289)
調整済み残差	4.6▲**	0.3	-0.7	-3.5▽**	-4.3▽**	2.5▲*	1.3	
あてはまる	3.3% (6)	13.3% (24)	16.0% (29)	17.7% (32)	31.5% (57)	16.6% (30)	1.7% (3)	100.0% (181)
調整済み残差	-4.6▽**	-0.3	0.7	3.5▲**	4.3▲**	-2.5▽*	-1.3	
合計	12.1% (57)	13.8% (65)	14.7% (69)	11.3% (53)	21.3% (100)	22.8% (107)	3.0% (14)	100.0% (470)

$\chi^2(df=7, N=470)=54.232$*** ***$p<.001$

表7-7 リフレッシュのための利用と預かり保育の利用頻度

利用理由 —リフレッシュ	週4〜 5回	週2〜 3回	週1回	2週間に 1回	月1回	数ヶ月に 1回	年に1回	合計
あてはまらない	16.3% (47)	12.5% (36)	11.8% (34)	6.6% (19)	20.4% (59)	26.6% (77)	4.2% (12)	100.0% (289)
調整済み残差	3.5▲**	-1.1	-2.3▽**	-4.1▽**	-0.6	2.5▲**	1.9	
あてはまる	5.5% (10)	16.0% (29)	19.3% (35)	18.8% (34)	22.7% (41)	16.6% (30)	1.1% (2)	100.0% (181)
調整済み残差	-3.5▽**	1.1	2.3▲**	4.1▲**	0.6	-2.5▽**	-1.9	
合計	12.1% (57)	13.8% (65)	14.7% (69)	11.3% (53)	21.3% (100)	22.8% (107)	3.0% (14)	100.0% (470)

$\chi^2(df=7, N=470)=42.485$*** ***$p<.001$

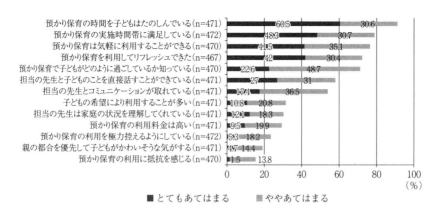

図 7-11　預かり保育を利用しての感想（%）

の交流や趣味による利用では、「2週間に1回」、「1か月に1回」、リフレッシュのための利用は「週1回」や「2週間に1回」との回答が多かった。以上の結果からは、預かり保育は、①仕事を理由とした頻度の高い利用と、②通院や友人との交流、リフレッシュなど比較的頻度の低い利用に、二分化していることが見えてくる。

4　預かり保育に対する意識

それでは実際に預かり保育を利用している親たちは、預かり保育にどのような認識を持っているのだろうか。図7-11は、それぞれの項目について、「とてもあてはまる」あるいは「ややあてはまる」と回答した人の割合についてまとめた。

図が示すように、「預かり保育の時間を子どもは楽しんでいる」（91.1%，429名）との回答はとくに多く、「預かり保育の実施時間帯に満足している」（79.0%，373名）、「気軽に利用することができる」（76.6%，360名）、「預かり保育を利用してリフレッシュできた」（72.4%，338名）との回答も上位を占めていた。一方で、「預かり保育の利用に抵抗を感じる」（15.3%，72名）、「親の都合を優先して子どもがかわいそうな気がする」（19.1%，90名）のように、預かり保育に対する否定的な回答は一定数あるものの、あまり多く見受けられなかった。こ

の結果が示唆することは，預かり保育は，それを必要としている家庭には，おおむね意向どおり利用されているということではないだろうか。

第5節　預かり保育にみる子育て事情

1　預かり保育の利用者層，非利用者層の違いはどこにあるのか

　預かり保育を実施している幼稚園の親の多くは，預かり保育の利用経験があると回答していた。その利用理由や時間帯，頻度には違いがあるものの，親たちは預かり保育についておおむね肯定的な認識をもっていることも確認された。ただし，利用希望はあるが今のところは利用したことがないという親や，利用経験がないと回答した親もいた。こうした預かり保育の利用に関する違いは何によるのだろうか。

　表7-8は，預かり保育の利用に関わると思われる項目とその関連の強さについてクロス集計し，それを整理したものである。表が示しているのは，それぞれの項目中に，「利用あり」の人，「利用希望はあるが，利用なし」の人，「利用なし」の人が，どのくらいの割合で存在しているのかという点である。また，表中に色付けした項目は，カイ二乗検定および残差分析の結果，預かり保育の利用との関連が統計的に示された項目である。

　この分析により，預かり保育の利用，非利用と関連があるものとして，母親の就労，家庭の経済状況，年下のきょうだいの有無の3つが特定された。母親が「勤務あり」の場合には，預かり保育を利用しているケースが多く，一方で「働いていない」場合には「預かり保育への利用希望はあるが，利用したことがない」というケースが多い。預かり保育の利用に何らかの迷いを持っている親たちは，いわば専業母に多いことが示唆される。またこの点に関連して，家庭の経済状況も預かり保育の利用と関連があった。経済状況に「ゆとりがある」と捉えている親は，預かり保育を利用しているケースが多く，「ゆとりがない」と捉えている親は，預かり保育の利用がない。母親の就労により，多くの場合ダブルインカムとなり，家庭の経済状況にはゆとりが生じる一方で，預かり保育を高頻度で利用することが必要になる。一方，シングルインカムの場合には，例外的な状況があることも想像されるが，ダブルインカムでない分，

家庭の経済状況にはゆとりがなくなる可能性があるが，その分，母親は子育てに専心することが求められる。その結果として，預かり保育の利用頻度は低くなる傾向にある。預かり保育の利用と母親の就労，家庭の経済状況の間にはこのような構図があるものと推察されるだろう。

上記の結果が示す重要なことは，子育てをめぐる意識面というよりもむしろ，家庭状況に関する客観的な事実が，預かり保育を利用するか否かに関わっているという点である。母親が就労していること，家庭に経済的にゆとりがあることが預かり保育の利用を促していると推察される。さらにこれらのうち注目すべきは，「預かり保育への利用希望はあるが，実際には利用したことがない」という層が，母親が就労していない層に偏在しているという点である。「利用意向」はあるものの，利用には至っていないという層の潜在化されたニーズの在り処が示されたと言えるのではないだろうか。

2　預かり保育の利用頻度の違いはどこにあるのか

それでは，預かり保育の利用頻度の違いは何に拠るのか。たしかに，預かり保育の利用頻度と利用理由の関連はすでに示されたところではある。ただし，預かり保育の利用頻度には，利用理由以外にも親たちの子育て事情が反映されている可能性はないだろうか。仕事による利用と頻度の関係（表7-4）からは，預かり保育の利用は，ひとつの基準として「月1回程度」以下か否かということと，「週2～3回程度」以上であるかどうかによってその利用者層の範囲を区切ることができると考えられた。これを参考に，預かり保育の利用頻度に関して3つの区分を設定し，利用者層の特徴について分析した。

　　利用頻度の高い層　　：週2日以上
　　利用頻度中程度の層　：2週間に1回程度～1週間に1回程度
　　利用頻度の低い層　　：月に1回程度以下

上記の分類をもとに，預かり保育の利用頻度と関連の強いものは何かクロス集計から探索した（表7-9）。

その結果，預かり保育の利用頻度と関連のあるものとして，母親の就労状況

表7-8 「預かり保育の利用，利用意向の有無」のクロス分析結果（％）

		利用あり	利用希望あり，利用なし	利用なし
分布の割合		84.6	11.5	3.9
母親年齢	25～29歳	80.0	0.0	20.0
	30～34歳	81.2	15.0	3.8
	35～39歳	86.5	12.0	1.6
	40～44歳	84.8	9.6	5.6
	45歳以上	87.1	9.7	3.2
母親就労状況 **	働いていない	80.7	14.3	5.0
	勤務あり	92.4	4.7	2.9
	休職中，産休・育休中	84.2	15.8	0.0
年下のきょうだいの有無†	年少のきょうだいなし	87.1	10.3	2.6
	年少のきょうだいあり	80.3	13.3	6.4
きょうだい	ひとりっこ	81.7	14.6	3.7
	2人	86.4	10.7	2.9
	3人以上	86.4	6.2	7.4
親との同居・近居	同居している	78.3	15.2	6.5
	近居している	84.6	9.3	6.0
	同居も近居もしていない	85.6	12.0	2.5
男は外で働き，女は家庭を守るべきである	賛成	77.3	15.9	6.8
	反対	88.4	9.2	2.4
	どちらともいえない	83.6	12.1	4.3
子どもが3歳くらいまでは母親は育児に専念するほうがよい	賛成	82.7	12.2	5.0
	反対	93.1	5.6	1.4
	どちらともいえない	84.0	12.6	3.4
子育て支援は人的支援よりも，親への金銭給付を拡大するほうがよい	賛成	80.1	14.0	5.9
	反対	88.2	10.2	1.6
	どちらともいえない	84.1	11.2	4.7
子育ての責任はすべて家庭にある	賛成	80.0	14.7	5.3
	反対	86.9	9.5	3.6
	どちらともいえない	86.9	10.1	3.0
母学歴	中卒・高卒	88.9	7.4	3.7
	専門卒・短大卒	83.9	11.4	4.7
	大卒・院卒	85.0	11.1	3.8
父学歴	中卒・高卒	88.5	3.8	7.7
	専門卒・短大卒	81.8	12.1	6.1
	大卒・院卒	85.3	11.1	3.6
家庭の経済状況 **	ゆとりがある	86.9	11.0	2.1
	ゆとりがない	79.8	12.3	8.0

†$p<0.1$ *$p<0.05$ **$p<0.01$ ***$p<0.001$

表7-9 「預かり保育の利用頻度」のクロス分析結果（％）

		頻度高い	頻度中程度	頻度低い
分布の割合		26.1	25.9	48.0
母親年齢	25～29歳	12.5	12.5	75.0
	30～34歳	21.5	26.2	52.3
	35～39歳	27.3	26.7	46.1
	40～44歳	25.0	28.0	47.0
	45歳以上	33.3	25.9	40.7
母親就労状況 ***	働いていない	9.3	28.6	62.2
	勤務あり	55.1	21.5	23.4
	休職中，産休・育休中	18.8	25.0	56.2
年下のきょうだいの有無	年少のきょうだいなし	25.7	26.6	47.7
	年少のきょうだいあり	26.8	24.6	48.6
きょうだい	ひとりっこ	29.1	23.1	47.8
	2人	25.2	26.7	48.1
	3人以上	23.2	29.0	47.8
親との同居・近居	同居している	22.2	25.0	52.8
	近居している	28.6	21.4	50.0
	同居も近居もしていない	25.5	28.4	46.0
男は外で働き，女は家庭を守るべきである **	賛成	19.1	29.4	51.5
	反対	36.6	20.2	43.2
	どちらともいえない	18.3	30.5	51.2
子どもが3歳くらいまでは母親は育児に専念するほうがよい ***	賛成	16.1	30.9	53.0
	反対	53.7	16.4	29.9
	どちらともいえない	28.5	23.3	48.3
子育て支援は人的支援よりも，親への金銭給付を拡大するほうがよい *	賛成	18.3	30.3	51.4
	反対	32.3	27.4	40.2
	どちらともいえない	25.1	22.6	52.3
子育ての責任はすべて家庭にある †	賛成	19.9	31.8	48.3
	反対	33.6	21.2	45.2
	どちらともいえない	25.0	25.0	50.0
母学歴 **	中卒・高卒	12.5	29.2	58.3
	専門卒・短大卒	15.3	29.8	54.8
	大卒・院卒	32.8	23.1	44.1
父学歴	中卒・高卒	22.7	27.3	50.0
	専門卒・短大卒	7.4	40.7	51.9
	大卒・院卒	28.1	24.2	47.7
家庭の経済状況	ゆとりがある	24.2	28.1	47.7
	ゆとりがない	30.0	22.3	47.7

†$p<0.1$ *$p<0.05$ **$p<0.01$ ***$p<0.001$

以外にも，母親の学歴，そして「子どもが3歳くらいまでは母親は育児に専念するほうがよい」という意識，「男は外で働き，女は家庭を守るべきである」という意識，「子育て支援は人的支援よりも，金銭給付を拡大するほうが良い」という意識，「子育ての責任はすべて家庭にある」という意識が挙がった。

　母親の就労状況による違いは，先ほどの預かり保育の利用の有無に関する結果と同様で，「勤務あり」の場合，預かり保育の利用頻度は高い。「働いていない」場合には，利用頻度は低い。

　また，先行研究（石黒 2011）の知見を参照し，本書においても親の学歴と預かり保育の利用との関連について検証しているが，表7-9にあるように，預かり保育の利用頻度と母親の学歴には有意な関連が見られた。母親が大学卒もしくは大学院卒と回答した層において，預かり保育の利用頻度が高い者が多く，一方，預かり保育の利用頻度が低い者が少なかった。以上の結果は，石黒（2011）の指摘とも符合する。

　さて，利用頻度と子育ての意識の関わりについて見ていくと，「子どもが3歳くらいまでは母親は育児に専念するほうがよい」という意識に「賛成」と回答する親は，預かり保育の利用頻度が低いか中程度であることがわかる。一方，「反対」と答える親は預かり保育の利用頻度が高い。同様に，「男は外で働き，女は家庭を守るべきである」という性別役割分業意識に「反対」と回答する親ほど預かり保育の利用頻度が高いこともわかる。

　以上の結果からは，母親の就労状況および学歴との関連を除いては，家庭状況や社会的属性というよりもむしろ親たちの子育てに関連する意識面が，預かり保育の利用頻度と関わっていることがわかる。すなわち，預かり保育の利用状況には親たちの子育てをめぐる価値観や意識が反映されていると考えられる。性別役割分業意識や「子育ては母親の仕事」といったような考えに違和感を持っている人たちに，また，子育て支援として人的支援を必要としている人たちに，多く預かり保育は利用されている。一方，「女性は家庭を守るべき」だとか「3歳までは母親が育児に専念すべき」といった，ジェンダーに関わる規範を内面化していることが，子どもに関わるケアを外部化することを躊躇させている。言い換えれば，子育ては誰が担うべきかという，公的領域と私的領域の境界をどう位置づけるかということに，ジェンダー規範は深く関わっているも

のと推察される。

3 預かり保育をめぐる親たちの認識—自由記述の分析から—

ここまでの結果からは，本調査の対象者である親たちは，幼稚園生活や子育てに対して高い関心を寄せているということと，預かり保育の利用には，①仕事を理由とした頻度の高い利用と，②通院や友人との交流，きょうだいの保護者会への参加等，頻度の低い利用があること，そして利用頻度の背景には，利用理由のほかにも，親たちの子育てをめぐる意識が関与している可能性が示唆された。本節ではこの点をふまえながら，親たちによって記述された回答について考察してみたい。なお，自由記述事例の後の括弧内には，回答者の属性として，①子どもの年齢，②預かり保育の利用あり・なしについて記載する。

> 仕事の休み（盆休み等）以外，毎日預かり保育を利用しているので，親にとって預かり＝臨時のものという位置づけではありません。入園から卒園まで毎日ずっとなので，子どもがその長時間を楽しく過ごせている現状では働く親（＝私）の心の支えです。幼稚園，先生方にとても感謝しています。（5歳児母親 a ／預かり保育利用あり）

> フルタイム勤務の保護者が日常的に利用することは想定されていない。保育園と同等は求められないが，幼稚園教育を求める共働き家庭をより受け入れやすい環境（予約の手間，保育スペース等）になるとよいと思う。（4歳児母親 b ／預かり保育利用あり）

これらの記述からは，仕事による日常的な預かり保育の利用や，幼稚園での預かり保育の一層の充実を求める声があることが読み取れる。一方，預かり保育を積極的には利用することができないと捉える親もいる。

> 子どもたちはとても楽しそうに過ごしているが，かわいそうな気がしてしまいただのリフレッシュのために利用する気にはなれず。でもリフレッシュしたいので悩ましい。（3歳児母親 c ／預かり保育利用あり）

たとえばcさんは，預かり保育で過ごす子どもたちは楽しそうにしているにもかかわらず，子どもたちが「かわいそうな気がしてしまう」と書いている。それゆえ，自身のリフレッシュのためには預かり保育を利用することができないという，もどかしさのようなものがこの記述からは感じ取れる。またこうした認識は，自分ではないほかの親に向けても綴られていた。

　自分は私のやりたいことや自分だけの都合ではほとんど利用してはいないのでうしろめたいなどの考えはない。ただ，待機児童などいわれているけれどそこの整備ばかりが良いこととは思わない，子どもがよりよく育つ環境を整えるべき。(6歳児母親d／預かり保育利用あり)

　異年齢の子どもたちと遊ぶ機会があるのはとても良いと思うが，仕事等でほぼ毎日，朝，夕の預かり保育をしている方には抵抗を感じます。(子どもがよく泣いているのを見かけるので。)幼稚園での長時間預かり保育は保育園と比べて人数が少ないので，一人だけママのお迎えがないのをみるとかわいそうに思ってしまいます。(3歳児母親e／預かり保育利用あり)

　「私のやりたいことや自分だけの都合ではほとんど利用していないのでうしろめたいなどの考えはない」という記述には，親自身の都合では預かり保育を利用しないという回答者の意思と，親の都合で利用することへの嫌悪感がうかがえる。同様に後者の記述も，預かり保育を「異年齢の子どもたちと遊ぶ機会」と解釈できる範囲ではそれを肯定しつつも，頻繁な預かり保育の利用には抵抗感を示した。
　このように，預かり保育を積極的に利用したり，一層の拡大を求める親がいる一方で，「自分(＝親)の都合で利用しない」場合，「異年齢の子どもと遊ぶ機会」になる場合といった，独自の細かな条件を満たす場合にのみ，預かり保育の利用が肯定されうると判断する親もいる。もっとも，園側が預かり保育の対象となる子どもの年齢や，1日あたりの利用者数を限定しているケースはあったが，「自分(＝親)の都合で利用しない」場合，「異年齢の子どもと遊ぶ機

会」になる場合といった細かな利用制限を園側はしていないものと考えられる。それにも関わらず，このように預かり保育の利用を抑制する，「リフレッシュしたい」のに「利用する気になれない」という背景には，どのような事情があるのだろうか。この点については次章での質的調査により探ってみたい。

第6節　考察—預かり保育の利用を進めるもの・忌避させるもの—

　本章の調査では，親たちが，子育てに対してどのような認識を持っていたり，どのように預かり保育を利用しているのかということを中心に検討した。

　概して親たちは，園選びや幼児期の習い事などに対して高い関心を払っていた。そして，子育てを社会で取り組むべき問題と位置づけつつも，「子どもの進路は親が責任をもって考えるべき」との認識や「子どもが3歳くらいまで母親は育児に専念するほうがよい」との認識も持ち合わせていた。

　一方で，預かり保育を実施している幼稚園の親の多くは預かり保育の利用経験があった。また，預かり保育を利用した親たちからは，おおむね肯定的な感想が得られた。預かり保育の利用の有無，とくにどのくらい預かり保育を利用するかという頻度には，利用理由，それぞれの家庭状況のみならず，親自身の子育てや家庭生活に対する意識が密接に関わっているということが明らかになった。性別役割分業意識や「子育ては母親の仕事」といったような考えに違和感を持っている人たちに，預かり保育は積極的に利用されている。翻って，子育てに対する責任は母親もしくは家庭にあるという意識を内面化している親たちは，預かり保育をあまり多く利用していないという可能性も示唆された。

　また，預かり保育に関する自由記述回答には，預かり保育の一層の充実を望む声だけではなく，預かり保育の利用に際しては「自分（＝親）の都合で利用しない」場合，「異年齢の子どもと遊ぶ機会」になる場合といった，細かな利用条件を自ら設定しているというケースがあることも示された。

　以上の分析結果を受けて，親たちの預かり保育の利用状況の背景には，どのような預かり保育に対する意味づけがあるのかという点について，第8章にて考察する。

注
(1) 調査対象となった園の選定方法や手続きについては，第3章にて詳述している。
(2) ここで紹介している矢澤ら（2003）の研究は，現代の都市環境において子育てをする市民男女の意識調査の分析を中心としながら，都市環境における子育てとシティズンシップのあり方について検討している。

第8章

預かり保育に対する親の意味づけ

第1節　課題設定

　前章の分析によれば，今回の調査対象となった都内幼稚園のうち，預かり保育を実施している園のおよそ8割の親はその利用経験があると回答し，なおかつ親たちには概して，預かり保育が肯定的に受け止められていた。しかしながら，その一方で，預かり保育に関する自由記述回答では，預かり保育の一層の充実を望む声だけではなく，預かり保育の利用に際しては「自分（＝親）の都合で利用しない」場合，「異年齢の子どもと遊ぶ機会」になる場合などの，細かな利用条件を自ら設定しているケースがあることも示された。第4章の政策言説においても，このような預かり保育の利用制限は登場せず，また，第6章にて保育者が預かり保育を「内容は関係なく預けられる場所」と語ったように，各園では上記のような利用条件が明文化されていることはほとんどないものと考えられる。そうであるとすれば，利用を「控える」という行為の背景に見えてくるのは，親たちの子育てに対する認識であるだろう。
　こうした親たちの預かり保育の利用状況の背景には，どのような預かり保育に対する意味づけがあるのか，そして子育ては誰がどのように担うことが望ましいと捉えているのか，その公的領域と私的領域の関係に係る認識について，親たちの語りをもとに接近してみたい。

第2節　調査および対象者の概要

　本章では，預かり保育をめぐる親たちの意識を検討する上で，半構造化イン

タビューを採用した。調査によって得られたインタビューデータから，預かり保育を親たちがどのように意味づけているのか検討する。そこで本節では，調査内容と対象者の特性について記述する。

1 調査内容

　今回採用した調査方法は，半構造化インタビューであるため，対象者ごとに質問の順番や内容を入れ替えながらおこなった。ただしそのなかでも，あらかじめ用意したインタビューガイドに沿って，対象者に共通にたずねた項目もある。具体的な発問の仕方や発問のタイミングは，対象者によって異なるが，ここでは主な調査内容について説明する。

　先にも述べたように，今回の対象者は，事前の質問紙調査にも協力してもらっているという経緯があるため，対象者に関する情報はいくらか知り得ている。ただ，インタビュー時点ではメール等でのやり取りを除いては，いずれの対象者とも初対面だったので，まずは，①現在，同居している家族は誰か，②幼稚園に通う子どもは何歳か，③対象者および対象者のパートナーの現在の働き方についてうかがった。子どもを出産して以降，継続して対象者およびパートナーが職に就いていると話してくれた場合には，④幼稚園入園前の子どもの過ごし方や，⑤保育所などでの経験と，幼稚園に入園したタイミングやきっかけもたずねた。なお，④の質問項目は，現在，対象者自身が就労していない，あるいは子どもが幼稚園に入園するまでの間，就労を中断したと答えてくれた対象者にもうかがった。そのほか対象者に共通して質問したのは，⑥現在通っている幼稚園を選んだ経緯である。前章で検討した質問紙調査からは，対象者は園選びに対して高い関心を払っていることが示唆された。そのため，いつ頃から幼稚園を探し始めたのか，どのような手続きを要したかなど，幼稚園入園に至るまでの経緯を話してもらった。入園後については，幼稚園の保育者と日ごろ，どのような会話や相談をするかといった，⑦幼稚園でのコミュニケーションに関する内容もたずねた。預かり保育に関しては，⑧利用したことはあるか，ある場合にはどのような理由で利用したか，預かり保育を利用していない場合には，⑨どのような理由から利用していないのか，といった質問をはじめとしながら，預かり保育について，それぞれの対象者がどのような捉え方をしている

のか聞き取っていった。

　対象者によっては，上記の話題だけでなく，自治体や民間が運営している一時預かりの利用経験やきょうだいの小学校生活や習い事，小学校受験，子どもの今後の進路，対象者自身の今後のキャリアへの希望などが語られたケースもあった。こうした話題も含めながら，極力自由な会話形式で調査を進めていく方針をとった。

　分析にあたっては対象者と調査者（＝筆者）のあいだに交わされた語りの一部を引用する。以降では第6章と同様に，対象者をそれぞれアルファベットで表記し，調査者を＊（アスタリスク）で表記する。なお，引用した語りのうち，要点箇所に筆者が下線を引いた。

2　対象者の概要と特徴

　本調査への協力を得られたのは，東京都3区内の幼稚園に子どもを1名以上通園させている親15名である。そして今回の対象者は，筆者が実施した2016年度の質問紙調査[1]にも協力をしてくれた方たちである。そのなかからインタビュー調査にも協力可能であると回答し，個別の連絡先の記載があった方165名から対象者を選定した。ただ本調査は筆者が個人でおこなっているため，すべての候補者とアポイントメントを取ることは難しいと考え，居住地域，夫婦の就労状況，預かり保育の利用状況などに偏りがでないように考慮して対象者を選定した。その後，うち38名とメールまたは電話にて連絡を取った結果，15名から協力が得られることとなった。ただし本章では，主に預かり保育に関する経験を記述するため，聞き取った語りのうち，預かり保育を実施している幼稚園に通う親12名の語りを扱うこととした。

　このように預かり保育を実施している幼稚園に通っていることを条件に加えた結果，対象者は，都内のなかでも預かり保育を積極的に実施しているY区の親が多くなった（10名）。今回の調査では分析の変数に含めていないものの，対象者の居住地域について，結果的に偏りが生じてしまった。こうした調査の限定性もふまえつつ，まずは，対象者12名の特徴について記述する。

　対象者に共通しているのは，全員母親であるという点，そして都心部に居住し，現在自身の子どもを1人以上幼稚園に通わせているという点である。こう

表8-1 調査対象者の概要

	同居家族	両親・義両親との同居・近居	対象者勤務状況	入園前	公立・私立	預かり保育の利用	利用理由
Z	5人（夫婦・小3・小1・年少）	近居あり（両親）	パートタイム	—	私立	なし	—
Y	4人（夫婦・年中・2歳）	近居なし	なし	—	公立	ほとんどなし	リフレッシュ
X	3人（夫婦・年長）	別階に同居（義両親）	パートタイム（週2回・9時～13時）	—	私立	月に1回程度	仕事，親の病院付き添い
W	4人（夫婦・小1・年少）	近居なし	なし	—	私立	たまに利用	リフレッシュ，きょうだいの行事参加
V	4人（夫婦・年中・1歳）	近居あり（両親）	育児休業期間中(2)	保育所	私立	なし	—
U	4人（夫婦・小2・年中）	近居なし	なし	—	私立	たまに利用	検診
T	3人（夫婦・年中）	近居なし	フルタイム	保育所	私立	週5日，18時まで	仕事
S	5人（夫婦・小6・小3・年長）	近居なし	なし	—	私立	週3日，16時半まで	きょうだいの受験勉強，送り迎え
R	4人（夫婦・年少・2歳）	近居あり（義両親）	フルタイム	保育所	私立	週5日，早朝／18時まで	仕事
Q	4人（夫婦・小6・年長）	近居なし	時短（フルタイム）	保育所	私立	週5日，18時まで	仕事
P	6人(3)（夫婦・義両親・小6・年長）	同居（義両親）	不定期（在宅）	—	私立	たまに利用	勉強会，子どもの希望
O	2人（自分・年少）	近居あり（両親）	時短（フルタイム）	保育所	私立	週2日，17時まで	仕事

した共通性を，対象者は以下のように理解している。

X：お母さま方やお子さまも，いろんなタイプの方がいらっしゃるんですが，枠をそんなに超えないというか。

＊：そういう雰囲気，保護者の方のご様子は入園前，どういうところから聞いたり，感じ取ったりしましたか？

X：もともと近所だったので，（幼稚園の）前を通っていったり，お母さま方のお迎え時間とか重なることがあって雰囲気がわかっていました。うちの祖母が「◎◎幼稚園がいいわよ」と言っていて，そんなにかけ離れた，あまりそう違わない方々がいるからおつきあいも大変じゃないのではないかと。

S：あ，そうそう。このあいだ別のお母さんとも言ってたんですが，やはり選んで△△幼稚園に入れてるのと，学区で行ってる小学校では，やはり意識が違うので。

＊：なるほど。

S：それもあって，…なんじゃない？（＝関係が密になるんじゃない？）って話はでました。やっぱり，幼稚園でも密になるお母さんもいれば，密にならないお母さんも当然いるんですが，自分に近しい人たちが多いから密になるのかなって。

　現在通う幼稚園の親同士の関係性を語るなかで，XさんやSさんには「枠をそんなに超えない」ことや「自分に近しい人たち」であることがゆるやかに意識されている。そしてそれらが肯定的な意味をもって語られた。こうした語りは，親たちが「親たちの雰囲気」を重視した園選びをしていたという回答（第7章）があったこととも併せて理解することができる。

　とくにSさんは，「選んで△△幼稚園に入れてる」と語るように，自らの意思で現在の幼稚園を選択したという点が意識されている。じっさいSさんは今の幼稚園に決めるまでの間，7箇所の幼稚園の見学や説明会に訪れたという。さらにこの園選びにあたっては，綿密な情報収集を「子どもが生まれてたぶん1年後」から始めたと話す。

S：それ（＝情報収集）は公園。公園と，あと，えっと区でやってる赤ちゃん広場みたいなところ。

＊：あーそういうところで。

S：はい。木曜日の…なんかありましたね。そういう感じ。ここら辺だと，

◇◇会館で集まってた気がします。
＊：そういうところだとごきょうだいが先にいるおうちとかもあるので？
S：そうそう，ママから聞いて。で，説明会は園に電話して聞いてとか。やっぱり先輩ママさんにこうやって調べたらいいよとか，この人この幼稚園行ってるからどうだよ，とか。
＊：でもたくさん選択肢があるのも大変でしたね。
S：そうそうそう（笑）うん。で，<u>みんながみんなおんなじ方を向いているわけではないので。やっぱり，自分とおなじ思いを持ってる人がすぐそばにいないので結構たいへんだなと思いました。</u>

　公園や公共のひろばなどでのコミュニティのなかで，「みんながみんなおんなじ方を向いているわけではない」ことを感じながらも，吟味を重ね，現在通う幼稚園に入園するに至った。
　その一方で，対象者の現在の勤務状況や預かり保育の利用状況，利用理由はまちまちであった。たとえば勤務状況は，現在就業していない，いわゆる専業主婦のケース（5名），パートタイム・不定期勤務（3名），フルタイム勤務（4名）と多様だった[4]。質問紙調査の対象者と同様に，いわゆる専業主婦層が少なくはないものの，何らかの仕事をもっている母親も本調査に多く協力してくれたことがわかる。幼稚園での生活を送るにあたって，こうした勤務状況の違いは，幼稚園の子どもの送り迎えの事情や，預かり保育の利用，園の行事への参加など，園生活について多岐にわたって影響を与えると考えられる。
　さらに，今回の対象者のうち5名（Vさん，Tさん，Rさん，Qさん，Oさん）は，幼稚園入園前に子どもを保育所に通わせていた経験がある。なお，一口に保育所といっても，私立の認可保育所，認可外保育所など，対象者の経験は異なっている。どのような経緯から幼稚園に通うことになったのか，そこに預かり保育は関係しているのか，これらの点にも注目していく必要がある。
　また，対象者の親との同居があるのは，義両親と住むPさんのみだった。Xさんは住居内の別階に義両親が住んでいる。それ以外の対象者は，両親が近居しているケースが，ZさんとVさん，Oさん，義両親が近居しているケースがRさんだった。したがって，対象者の半数にあたる6名（Yさん，Wさん，

Uさん，Tさん，Sさん，Qさん）は，両親，義両親とも近居，同居をしていない。

以上の特徴をふまえたうえで，親たちの預かり保育，ひいてはその背景にある子育てをめぐる意識について考察していく。

第3節　預かり保育を親はどのように語るのか

1　保育所からの転園─就労による利用と「納得したところに預ける」意識─

先にも示したように，対象者のうち5名（Vさん，Tさん，Rさん，Qさん，Oさん）は幼稚園入園前，保育所に通っていた。そのまま保育所に通うという選択もあったはずであるが，そうしなかったことの背景のひとつには，預かり保育の利用が関わっていた。

> T：まず延長保育（＝預かり保育の意）があるところ，お庭があるところですね。その中で園の方針が自由なところが気に入りました。
> ＊：今，通っているところは月から金まで6時まで延長保育（＝預かり保育の意）をされているということですね。
> T：そうですね。

上記はTさんが現在の幼稚園を選んだ経緯に関する語りである。TさんとTさんのパートナーはともに，会社員として平日フルタイム勤務をしている。Tさんは子どもが1歳になる年に，現在の職場に再就職した。普段は「5時5分」には勤務を終えているが，仕事の状況によっては土日や休日に出勤することも，国内外を問わず1～2週間の出張が入ることもあるという。そのため幼稚園に子どもを入園させることを考慮する場合，預かり保育の実施があることは条件として必須だったと話す。「まず延長保育があるところ」という語りにはこれが端的にあらわれているだろう。Tさんは現在の幼稚園への入園を検討する前，具体的な時期としてはTさんの再就職のタイミングから子どもが満3歳になるまでの間，都内の認証保育所に通っていた。そのままその保育所に通うという選択もあったはずだが，どのような理由から幼稚園への転園を考えた

のだろうか。

 ＊：3歳を機に幼稚園の3年保育を考えられたということですけども，何か理由はあったんですか？
 T：はい。<u>預け先が，園庭のないビルの中の保育園で。とてもよく外に遊びに連れていってくださるんですけども，うちの息子が元気がよすぎて運動不足な感じが，ずっと気になっていまして。園庭のある思い切り遊べるような，認可保育園でもいいし，幼稚園でも，と探していたんですね。たまたま近所で通える距離に，思い切り遊んでいい幼稚園があったので，そちらに転園という形になりました。</u>

　Tさんの通う幼稚園では，最長午後6時まで預かり保育が実施されている。そのため，Tさん夫婦の働き方では，「認可保育園でもいいし，幼稚園でも」という選択が可能だった。ここでのTさんの「認可保育園でもいいし，幼稚園でも」という語りは，「どこでもいい」という意味ではないだろう。というよりもむしろ，「園庭のある思い切り遊べるような」園を切望していたという意思が感じられる。都内の認証保育所から転園した理由をTさんは上記のように語ったが，そもそも希望する保育所に入園できなかったために，結果的に，幼稚園への転園を希望する状況が生み出された可能性も示唆される。これについてQさんは，「待機児」になった経験について次のように話した。

 Q：(引越しをしてきて)保育園を探してましたけど。なんか保育園もちょっと入れなそうな感じでしたね。たしか，申し込みはしたと思います。でも受かんなかったんじゃないかなー。でも，■■（幼稚園），預かり保育してたんで。今みたいにそんなに長い時間の預かりじゃなかったと思うんですけど。今より1時間くらい短かったかな。

　Qさんは，第1子が「1歳半くらい」になったタイミングで再就職をした。当時は東京都近郊の他県に居住しており，保育所を利用しながら「朝7時から夕方4時まで」の勤務を再開した。しかし1年後，現在の居住地である都内に

引っ越したことで,状況は一変した。保育所への利用を申請するものの,「受かんなかった」という。Qさんの子どもはいわば「待機児」となり,およそ半年を待って「預かり保育してた」幼稚園に通うようになった。

　同様に,「専業主婦になってからも何らかのタイミングで働きたいなと思っていました」と話すRさんも,再就職を見据えて保育所探しをしたという。そして,第2子が生後10か月ごろのタイミング（第1子は当時2歳）で,都内の認証保育所に通うことになった。認証保育所にはきょうだいともに1年間ほど通った。その後,第1子は幼稚園に転園するという経験をした。

　＊：その□□保育園から,移った理由とかってありますか。
　R：まず,えっとあそこ（＝□□保育園）,<u>2歳までの保育園で。…っていうのがあって。あとは,幼稚園に入れたほうがいいんじゃないかと思って</u>。上の子を。
　＊：うんうん。幼稚園に入れたほうがいいと思ったっていうのは？
　R：なんか私は地方出身なので,そういう感覚ってあんまりわかんないんですけど,<u>主人とか主人の両親がなんか,幼稚園のほうがいいんじゃないの？みたいな。行ける幼稚園が,働いても行ける幼稚園があるんだから,そこに入れるほうがいいんじゃない？みたいなことを言っていて</u>。まあ私はどっちでも良かったんです。まあ,保育園のほうがラクかなとは思ったけど。

　Rさんの通う幼稚園では,「7時まで」預かり保育の実施があり,両親がともにフルタイム勤務をしているケースも少なくないという。Rさんの転園の理由には,子どもが通っていた認証保育所では2歳児までしか受け入れがないという制限があったことも作用している。ただ理由はそれだけではなかった。就労を継続することを希望していたRさんは,保育所にするか幼稚園にするかという選択のなかから,「幼稚園に入れたほうがいい」,パートナーとその両親の「幼稚園のほうがいいんじゃないの？」という認識のもとに,幼稚園を選んだ。「なんか,幼稚園のほうがいい」という言語化されないような感覚ではあるものの,Rさんの選択を決定づけるきっかけとなった。そしてRさん自身は,

幼稚園でも保育所でも「どっちでも良かった」としつつも，「働いても行ける幼稚園」を選択するに至った。

このようにTさん，Qさん，Rさんの事例からは，フルタイム勤務をしながら幼稚園に子どもを通わせる場合，週5回の預かり保育の利用は欠かせないものになっていることがわかる。しかしながら，同じくフルタイム勤務をするOさんの事情はこれとは少し異なっている。

> O：（子どもを）1年見られない。（生後）1年見ないで復職するかって言ったら，（子どもは）かわいいし，自分の身体も1年でどうだろうっていうのもあると。どうする？って。<u>もう私は仕事を取らず，子どもをとったんですけど。その分，認可（保育所）に入れなくてもしょうがないやって。</u>なんか他に手があるかなと思ったら結局なくて，幼稚園と認可外（保育所）の併用みたいな変な感じになってますけど。

上記のようにOさんは，仕事にすぐに復職することを選ばず，「子どもをとった」と話した。当時のことを「その分（「子どもをとった分」），認可に入れなくてもしょうがないや」と考えていたと語ったが，Oさんが「予想していた」ように，復職を決意し保育所を探しはじめたタイミングでは，「申請してもどこも認可（保育所）は入れず」だった。このような経緯から，Oさんは「ひとつキープしていた」という認可外保育所に通うこととなった。そして，3歳のタイミングで幼稚園にも通い始め，認可外保育所との「併用」が始まった。「ちょっと幼稚園の延長保育（＝預かり保育の意）も週に2回行って，保育園のほうも週に3回。保育園の方に幼稚園に迎えに行ってもらって連れてってもらうっていうやり方」を取りながら，日々を過ごしている。

> O：<u>保育園辞めてしまって，幼稚園の延長だけでっていう解もあるとは思うんですけど，そうするとまた夏休みのときにどうしようって。</u>で，保育園を休会みたいな形にして，休みのときだけ復活させるっていうやり方もあるとは思うんですけど。それもまた，<u>（期間が）空いてまた行くってなるのも。子ども的にどうなんだろうなっていうのもあって。</u>あとは

ね，結構不定期に幼稚園自体も預かりがなかったりとか。

　Oさんの通う幼稚園では，毎日17時までの預かり保育の実施があるものの，長期休暇期間中にはその実施がない。加えて，不定期での預かり保育のお休みがあるということにも備えて，現在，認可外保育所と幼稚園での預かり保育を「併用」しているという。ちなみに，認可外保育所を週3回利用しているのは，認可外保育所のほうが「週に15時間以上契約しないと継続できない」（Oさん）という事情からだという。「併用」以外にも，長期休暇期間中にも預かり保育を実施している幼稚園を検討するとか，保育所に通年通うことを検討するとか，他の選択肢もあるのではないかとの疑問が調査者には浮かんだが，調査者が質問しようとする前に，Oさんは次のことを話してくれた。

O：〇△区にいたころに。〇△区は1日体験入園みたいのができるんですけど，区内の保育園に行って。それで近場に，気分転換と入園させるとなったら，どういう風になるのかなっていう調査も兼ねて（笑）結構，6箇所くらい行ったんです。
＊：たくさん，行きましたね。全部区立保育園？
O：区立の認可。で，やってるうちにほんとにいろいろ違うんだなって。
＊：園によって？
O：もちろんあの区でやってるところもあるし，委託してやってるところもあるしで。それぞれで色も違うし，雰囲気も違うし。行ってなんとなく自分と合う合わないとか。子どもが楽しそうとか，ちょっとなんかこの雰囲気だめそうみたいなのが。…分かったというか，あ，やっぱ幼稚園とか保育園ってそういうのがあるんだなって感じてしまっただけに，選べないことが…ちょっとどこに入れるか分からないけど申し込むっていうことが少し怖くなって。（中略）なので，結局，主人と話をして，自分たちが納得した幼稚園に行かせて，で，まあ仕事を続けられるようにいまの認可外と併用するような形でやっていったらどうかっていう結論に。

区立の認可保育所であれば希望する園を順に申請することはできるが，それでもOさんは育児休暇中の「体験入園」を通して，「自分たちが納得した幼稚園」に行かせたいという想いを強くしたと話した。

> O：やっぱ園庭が今のところは広くて気に入って。ま，申し込んだんですけど。なんか見学行ってもいろんなところで遊んで，自由に遊びまわれるっていう空間があるっていうのが経験的にいいのかなっていうのと。うん。ちょっと認可外だとビルのなかの一室で。たしかに遊ぶスペースはあるけれど，散歩に行くときは時間が決まってて。公園でほかの保育園の子たちが来ていることを気にしながら…遊ぶ感じ。ま，それはそれで悪くはないとは思うんですけど。なんとなくこう，思いっきり，明日も続きをやろうっていう感じもあったりするので。ま，そういう意味ではいろんな経験させるっていうのだと，今の選択でも間違いじゃなかったかなって思うんですけど。はははは。

　このようにOさんは，「自由に遊びまわれるっていう空間があるっていうのが経験的にいいのかな」（Oさん）と考え，「ビルのなかの一室」（Oさん）だった認可外保育所からの転園を決断するに至った。
　以上のように本項では，就労のために預かり保育を利用している親たちの語りをみてきた。彼女らの語りのなかで注目されるのは，都内の保育所不足が，結果的に親たちに「転園」を余儀なくさせているということに加え，いずれの対象者も就労を継続しながら「納得した園に預ける」という意識から現在の園を選んでいるという点である。そして，この「納得した園に預ける」ことを預かり保育の実施が可能にしているという点である。
　Tさんは夫婦の仕事と子どもの幼稚園生活を，「なんとか回しています。本当にギリギリで回しています」（Tさん）と日々の多忙さを率直にあらわした。そうであるにもかかわらずOさんは，「（子どもに）いろんな経験させるっていうのだと，今の選択でも間違いじゃなかったかなって思うんですけど。はははは」と話す。考え抜いた上での彼女らの選択は，子育て，教育に対する強い意識が反映されたものに他ならないだろう。

2 慣れた預け先としての幼稚園―単発的な利用と「安心」―

　親たちのなかには，就労による利用だけでなく，預かり保育を単発的に利用する者もいる。本項では，「たまに」預かり保育を利用すると話す親たちについて考察する。

　たとえば前項で触れた，フルタイム勤務をするＴさんには，「まず延長保育（＝預かり保育の意）があるところ」と語られたように，園を選ぶ際に預かり保育の実施があるかどうかという点がとくに重視されていた。こうした事情はフルタイム勤務の親に限ったことではなく，程度の差こそあれ，入園前，預かり保育の実施の有無や実施時間帯のことを気に留めていた。

　　＊：いま下のお子さん（＝未就園児）だと（民間の）一時預かりとかを利用されているとのことですが。幼稚園に預かり保育があることはあまり重視しなかったですか？
　　Ｙ：あ，しましたね，幼稚園。
　　＊：あるといいなっていう？
　　Ｙ：まああるといいなと思いました。でも（預かり保育が）あるの知ってたので。あ，それならという感じ（笑）…あとは，できればまあ，お弁当じゃなく給食だと有難かったんですけど（笑）

　　＊：●●区はたくさん幼稚園があったかなと思いますが，決め手になったこととかありますか？
　　Ｗ：●●（公立）の抽選に二人とも外れたのと，…いろいろ見ました。園庭が広かったのと，自主性を重んじているかを重視しました。（中略）▽▽（＝預かり保育の通称名）は朝８時から預けられることとか，降園後も２時間，３時間預かってくれるのもあるんですけど。便利は便利ですが，そのために行かせているというわけではないですね。

　Ｗさんは，調査当時の直近では「先週の水曜日に久しぶり」に「（Ｗさんが）お友達と会うという感じ」の用事によって預かり保育を利用したという。とはいえ，Ｗさんにおいては，預かり保育の実施をそれほど重視して今の幼稚園

に通っているわけではないという。一方Yさんは,「あんまりこう(預かり保育を)利用する理由がないというか(笑)」と語り,現在はほとんど預かり保育を利用していない。それでも幼稚園入園に際しては,預かり保育に関する情報を収集したうえで,「あ,それならという感じ(笑)」だったという。

 ＊：一昨年以来利用していないってことは,年少さんの時に数回っていうことですか？
 Y：そうですね,3,4回ですかね。
 ＊：友達と会ったりとか？
 Y：そう,友達と会ったりとかあとは病院に行ったりとか。なんか用事がないと。本人(＝子ども)には言いづらいので。(中略)でも(預かり保育が)あると安心ですよね。なんか自分の体調がすぐれないときとか。

Yさんは何らかの用事がない限り,「本人(＝子ども)には言いづらい」という理由から預かり保育を利用しないと語った[5]。利用を控えている側面があることもうかがえるが,それでも預かり保育は「あると安心」なのだ。あまり頻繁に利用していなくとも,預かり保育は親たちにとって拠りどころになっているのである。こうした点が具体的なエピソードとして語られた事例もあった。

 U：そうそう。去年パートしてたときも。やっぱりこうパートなので,幼稚園でお迎えも(あるから)って話で。で,仕事が終わってなくても「もう1時半になったら終わってください」って言ってくださっていたので。やっぱり明日また続きできるならば,ちょっと(仕事は)そのままで(幼稚園に子どものお迎えに)行くけども,(仕事を)次誰かに引き継がなきゃいけないとキリのいいところまでやらなきゃいけないって時に,もう(幼稚園のお迎えの時刻)全然間に合わなくなってしまって。そういう時は電話で,「すみませーん」っていう感じで(幼稚園に)お願いできたりだとか。
 ＊：そうすると,幼稚園のお部屋で待ってる？

U：そうですね，放課後のお預かりがあるので。毎日ではないんですけど，4時までなんですね。

Uさんは調査の前年度，週3日5時間程度のパートタイムでの職に就いていた。職場の人たちからの理解を得ているものの，仕事の都合上やむを得ず超過勤務になってしまった日に，預かり保育が受け皿となってこれに対応してくれたことを「気持ち的に楽」(Uさん) だったと振り返った。とくに，Uさんや先に示したYさんは，親世帯が近い距離に居住しているわけではない。そのため，自身の都合で急を要する場面であったとしても子どものことを頼むのは，「(祖父母が子どもに) 慣れてないので難しい」(Yさん) という。一方，親世帯と同居している場合，Xさんのように仕事がある日の週に2日は，義両親に子どもの幼稚園のお迎えを頼むことができている。それでもXさんは，幼稚園に預かり保育があることが，「二重に安心」なのだと語る。

X：二重に安心がありますよね。基本はおじいちゃま，おばあちゃまのどちらかがお迎えにいってくださって。祖父母の都合が悪いことが前日までにわかっていれば「＊＊＊ (幼稚園での預かり保育の呼称)」に出せば問題なく預かっていただいて，おやつもいただいて機嫌よく帰ってくるので，とても助かっています。

このように対象者である親たちは，日頃通っている幼稚園で預かり保育が実施されていることを「安心」という言葉とともに語った。さらにこうした親たちの感覚は，Xさんが「(子どもが) 機嫌よく帰ってくる」とその一端を語っているように，預かり保育で過ごすことを楽しみにしているという子どもの様子にも支えられている。

U：なんかその△▼ (=幼稚園での預かり保育の呼称) は園庭には出られなくって。△▼のお部屋っていうのがあって。遊戯室で遊ぶらしいんですね。で，△▼のときだけおもちゃがいっぱい出てくるっていう。普段はそんなにないんですけど，それがやりたいから△▼に行ってるってみんな言

ってます結構（笑）

＊：利用理由とかは？
W：聞かれないです。ほんとは使えない期間，園長先生と直談判してという時は理由をいいますけども，それ以外はいわなくても。「もっといっぱい遊ばせたいから」でも大丈夫です。
＊：そういうことも？
W：あります。遊び足りないとか。曜日をあわせて。預かりの中で月1回，クッキングをやってくれて，みんなでつくって食べるんで，すごく楽しみでさせていました。わざわざ申し込んで。(中略)縦割りではないけど，他の学年の子どもと遊ぶとか，園庭が広いので「お友だちと遊びたいから」というのもありましたね。

P：(預かり保育の利用は) 最近は，逆にないな…。うん。年明けてからないかな。1回あったかな。でも，勉強会とか。
＊：そういう機会に。じゃあ数ヶ月に1回くらいですか。
P：でも，子どもが誰々ちゃんがやるから，行きたいとかいうこともあるので。

　預かり保育の時だけの環境設定や，「クッキング」などの活動，「誰々ちゃんがやるから，行きたい」など，語られた対象はさまざまであったが，いずれの事例からも子どもたちが預かり保育の時間を楽しみにしている様子が語られた。
　また先ほどから登場しているが，XさんやUさんの子が通う幼稚園のように，「預かり保育」の各園の中での呼称があるという事例は少なくなかった[6]。ここでは研究倫理上，表記を伏せ字にしているが，預かり保育の呼称にはその園に所縁のある植物名が当てられていたり，子どもにも馴染みのあるカタカナ語であったり，いわば「愛称」が付けられているという印象だった。こうした「愛称」には，幼稚園，そして保育者の意図が垣間見える。「預かり保育」に含まれている「預かる」という言葉への抵抗感から，園内での「愛称」が付けられている可能性も考えられるだろう。

預かり保育を「たまに」しか「利用しない」背景には，「なんか用事がないと」利用しづらいということが語られたように，極力，預かり保育の利用を抑制するべきとする親たちの認識がうかがえる。しかし一方で，「たまに」であっても「利用できる」，その背景には，子どもが預かり保育を楽しみにしていることによる，親たちの「安心」感があると言えるだろう。

3　預かり保育への抵抗感―子育てへの専心と葛藤―

　ただ，預かり保育の利用を極力，抑制しようとする親たちの認識があることと関連して，預かり保育を利用しつつもそれに受け入れがたさを感じている親もいる。

> S：万が一なにかあったときに，それが絶対に必要なのかってなったときに。絶対必要だったから預けたならいいけど，絶対必要じゃなかったって言ったときに，後悔するなら預けないでって。そういう考えをしてって（Sさんの夫に）言われちゃって。
> ＊：うーん。なるほど。
> S：はい，みたいな。なので，<u>預けられなかったというか，預けなかったというか</u>。

　Sさんは，パートナーから極力子どもを「預けないで欲しい」と言われていたこともあって，幼稚園の預かり保育に限らず，区の託児サービスなども利用したことがなかったと話した。「お留守番ということもまた，させられなくて」，きょうだいの小学校の保護者会にも当時未就学児だった子どもを連れて行くなどして出席したこともあった。こうした当時の状況を，「もうほとんど…そうですね。母子…母親と（子どもが）別のことがなかったですね」と振り返る様子からは，子育てへの専心ぶりがうかがえる。

　こうした事情から，それぞれ時期は異なるものの，Sさんは3人の子どもを同じ幼稚園に通わせるなかで，第1子，第2子の時点で，預かり保育を利用することはなかった。ただし，預かり保育を利用する必要性がなかったわけではない。

S：(リフレッシュなどで預かり保育を使いたいと思うことも) いっぱいあります。1人のお子さんでも，もう子どもといたら息が詰まるからって預けてるって方も多々います，□□幼稚園のママ。でも必要じゃないでしょうかね。
＊：うんそうですね。でもSさんがそうしないのは？
S：…預けないのは，…うん…子どもにとってそれがほんとに必要かって考えたときに，やっぱ必要じゃないよなと思うので。
＊：セーブする？
S：はい。…し，子どもは子どもの時間は短いので，その時間さえまあ過ごせば，あっという間に自分の時間がくるっていう思いもあって。はい。
＊：今はいいかなっていう感じ？
S：はい…はい。
＊：いろいろな思いを抱えながら。
S：ふふ，そう（笑）…預けたいですね！

「子どもにとってそれがほんとに必要かって考えたときに，やっぱ必要じゃないよなと思う」という理由から，「預けない」という選択をこれまで取ってきた。調査者と会話を続けるなかで，Sさんの「預けたいですね！」という言葉は，そっと吐露された。

ただ，Sさんは第3子の段階になって，「預けないと生活がまわっていかない」と感じて預かり保育を利用し始めたという。その背景には，子どものきょうだいの事情があった。それは第1子が中学受験を控えたため，子どもの勉強を見てやったり，塾への送り迎えがある日に，預かり保育を利用しなければならなくなったという。

＊：3番目のお子さんの段階で預かり保育を利用するっていうのは，初めての経験だったかと思うのですが。
S：ああもう！　迷い，いっっっっぱいありました！　明らかに，私と過ごす時間がなくなるので。えっと，私と過ごす時間がなくなるっていうこ

とは，どういうことができなくなるんだろうかっていうことは考えて。「ああ，これもできない！」，「あれもできない！」，「あれもできない！」って，思ってた以上に…

「ああ，これもできない！」，「あれもできない！」，「あれもできない！」と，Sさんは焦燥感をあらわした。このように，Sさんにとって預かり保育を利用することは苦渋の選択であったことがうかがえる。Sさんは預かり保育を利用したことによって，家庭で子どもに本を読み聞かせる時間がなくなったり，生活習慣への注意が向かなくなったり，子どものひらがなの練習が遅れたりしたのではないかと心配になることがあると，「それ関係ないよ！預かり保育にって思っちゃうんですけど」としつつも話してくれた。

＊：でも週2回で4時半までだったらそんなになんかこう，プレッシャーに思わなくてもいいんじゃないかな，なんて。
S：あ，でもね，今は週3回入れてるんですね。
＊：そうですか，そうですか。

インタビューの冒頭では，Sさんから「週2回」預かり保育を利用していると聞いていた。そのため調査者は，Sさんの預かり保育を利用することへの焦りのようなものを聞き取るなかで，思わず上記のような言葉を投げた。これに対してSさんはすぐさま，「あ，でもね，今は週3回入れてるんですね」と答えた。とっさに語られた上記の言葉からは，「子どもが何かをしたいっていう時間さえも，すごい奪ってる」と感じている，Sさんの思いが伝わってきた。

S：子どもが何かをしたいっていう時間さえも，すごい奪ってる気がして。預かり保育に入れてると。預かり保育に入れてなければ，家で，2時間は時間が確実にある。それがないから…。それもどうかなと思いつつ，いやでも，預けないと生活も回っていかないので。

Sさんにとって家庭での時間が減ってしまうことは，その分，子育てする時

間が減ることを意味する。これまで子育てに専心し，「母親であること」をつねに意識してきたと話すＳさんにとって，「預かり保育に入れてなければ」という思いは強く，預かり保育を利用することへの抵抗感を持たずにはいられない。しかし同時に，この預かり保育の利用は，きょうだいの受験，すなわち子育てに専心するための利用でもある。預かり保育への抵抗感には，子育てに専心しなければならないという葛藤が表象されているといえるだろう。

　なお，補足にはなるものの，このような預かり保育に対する抵抗感が「変わってきた」ことを語った親もいる。Ｘさんは，「楽しいけど，家とは違いますよね」と預かり保育で過ごすことと「家のリラックス感」には違いがあることには言及しつつも，「預かり保育にいる子って，なんかかわいそう」と思うことはなくなったという点を，次のように話した。

Ｘ：(子どもが) 年少の時は４時すぎて預かり保育にいる子って，なんかかわいそうだという感じだった。みんな帰って子どもが一人になって。先生からしてみると「いつもこの子，預かりで一人になって，外は暗くなって」と。母親たちもそう思ったりして「あの子，かわいそうよね」と。先生もそういう気持ちがあったと聞いています。だけど時代の変化なのか，最近はそういうことも聞かなくなって，今は利用している人が多い。そういう考えではなくなったのか，ここ２年ではそういう声を聞かなくなりました。

＊：短い期間でも意識が変わってくることも（あったのですね）。

Ｘ：そうですね。(中略) ただ楽しいけど，家とは違いますよね。ずっと緊張して。お友だちとは楽しくて，アハハと笑っているけど，家のリラックス感とは違う。その時間がちょっと長いということですよね。

　先にも事例として挙げたように，Ｘさんは，仕事や家族の事情で月に１回程度，預かり保育を利用している。また，「ここ２年ではそういう声を聞かなくなりました」という語りは，こうした変化はＸさん自身の変化だけではなく，周りの親たちにも共有された変化であることを伝えている[7]。

　また下記Ｑさんが語るように，預かり保育を利用する家庭が増えてきてい

ることから影響を受け，こうした捉え方の変化が生じている可能性もある。Qさんは，6年前にも第1子を現在と同じ幼稚園に通わせていた経験から，親の就労状況と預かり保育の利用状況の変化について話してくれた。

Q：(6年前とは)<u>全然違いますね。少なくとも幼稚園に仕事を持ってるお母さんが，子どもを預けるっていうその数が少なかった昔は。</u>何年前だ，あれ。7年前とか？5年前くらい？やっぱり，フルタイムで仕事してたら保育園。途中で引っ越してきて，保育園に入れてないっていう人も何人かいましたけど，やっぱり。
＊：そっか。預かりの利用の仕方も今とは違いますか？
Q：うん。そうですね。<u>感覚的な問題かもしれないんですけど。昔はお仕事をしてる…人以外はもちろん預かりは利用しないし。(中略)年中の子でその時間で残ってるのはうちしかいなくて。さみしそうにしてました(笑)</u>
＊：今はたくさん友達もいる？
Q：<u>うん。今はすごいですね。うん。結構いますよ。小さい子も。</u>

6年前もQさんはフルタイム勤務をしながら，現在と同じ幼稚園に通っていた。「仕事を持ってるお母さん」がごく少数だったという当時の預かり保育の様子について振り返った。「残ってるのはうちしかいなかった」と笑いを交えながら話す様子，加えて「今はすごい」というQさんの語りからは，Qさんの通う幼稚園のなかでの預かり保育の状況が様変わりしたことがうかがえる。

第4節　考察—「私事としての子育て」の拠りどころ—

現状として預かり保育は，親自身にその利用に関する選択が委ねられている。もっとも，子ども自身が預かり保育で遊ぶことを希望する場合は，その限りではない可能性もあるが，多くの場合，利用に係る選択は親による。だからこそ，そこに，親自身の子育てに対する認識が映し出される。この点をふまえ本章では，親たちが預かり保育をどのように意味づけながら，それを利用したり使用

しなかったりしているのかをインタビューデータから分析した。

　まず，フルタイム勤務をしながら預かり保育を利用する親の多くは保育所からの転園を経験している事例が多かった。こうした背景には，ひとつには都内の保育所不足が，親たちに「転園」を余儀なくさせているという社会的事情があるものと考えられた。ただし，転園を経験してでも，預かり保育を利用するという親たちには，子どもを自身が「納得したところに預ける」という意識があった。保育所や幼稚園という枠組みに必ずしも限定されない園選びには，親たちの子育てへの強い関心があらわれていると言える。

　一方で，預かり保育を就労以外の理由から「たまに」利用するという親は，幼稚園という通いなれた場に預け先があることの「安心感」を語った。同時に，「たまに」しか預かり保育を利用しないという背景には，「なんか用事がない」限り，極力，家庭で過ごすべきとの親の認識があることも見え隠れしていた。さらにこうした認識に関連して，預かり保育を利用することへの抵抗感も語られた。子育てに専心しなければならないという意識，子育ては自身によって担われるべきという意識をもつほどに，限定された時間とはいえ，預かり保育を利用すること，すなわち子育てを外部に委ねることとのあいだに矛盾が生じるからである。ただ，言い換えれば預かり保育は，このように「私事としての子育て」という意識を内面化する親たちにとっても，拠りどころとなっていると見ることができる。躊躇したり，葛藤したりしながらも，頼ることのできる受け皿が存在していることの意味は大きい。この点で預かり保育は，その利用理由を問わず，親たちにとっての重要な支援になっていると言っていいだろう。

注
（1）　質問紙調査の結果と分析は，第7章に詳しく載せている。
（2）　Vさんは調査当時，育休中だった。第2子を妊娠して産休に入る前までは，フルタイムで勤務をしており，第1子の幼稚園のお迎えなどは実家の母（子どもから見て祖母）に頼んでいた。しかし，第2子（1歳半）の保育所（Vさんが希望する認可保育所）がなかなか決まらず，「今月いっぱいで」（調査当時）退職することを決めたと言う。
（3）　Pさんにはほかに，高1になる息子，中3になる娘がいる。2人は同じ私立の中高一貫校にて寮生活をしている。日常的には手紙でのやり取りをしているが，会う機会は年に数回程度であるという。世帯の子どもとしては，4人き

ょうだいではあるが，今回，表中には現状として同居している家族について記すこととした。
（4） 表中に，「時短（フルタイム）」と記載している，Qさん，Oさんは，原則時短勤務ではあるが，フルタイム職として処遇されているとのことだった。ただし職務の進捗状況によっては，時短勤務の枠を超過して，ほとんどフルタイムと同様に勤務する日もあるという。こうした点をふまえて本調査では，Qさん，Oさんを含めた4名をフルタイム勤務として扱うこととした。
（5） これに関連して，母親規範と現代の日本における母親の自己アイデンティティについて検討した井上（2013）は，ファミリー・サポートを利用する専業母を対象に，下記の点に言及する。ファミリー・サポートを母親のリフレッシュを目的として利用する場合，母親たちはそれに対する批判的なまなざしの存在を認識しているという。さらに，それを回避するために「あずかり手の使い分け」を行ったり，後ろめたさを相殺するために，「報酬を支払う」ことへの意味づけを強めたりしていると考察した。
（6） 第6章でも検討したように，各園の中での独自の「預かり保育」の呼称があるという点は，保育者の語りにもうかがえた。
（7） Xさんが語るように，預かり保育の利用に対する親の認識は様々である。言うなれば，幼稚園はこうした預かり保育の実施によって，それぞれの事情をもった多様な「他者」が集まりうる場になっていると見ることもできる。もし，多様な「他者」が集い合う場になっているとすれば，互いの子育てをめぐる価値観や考え方の衝突は避けられない。このような価値観や考え方の衝突に際しては，ウォルツァーが指摘するような，「寛容」に基づいた「共存の形式」（Walzer 1997=2003: 20）が模索されると言えるだろう。ウォルツァーは次に示すように，今日において「共存の形式」を模索することがより重要性を帯びているということに言及する。加えて，「共存の形式」が必要とされる背景には，「差異」，そして「他者性との出会い」があることに触れている。「共存の形式が今日ほど広く討議されることはいまだかつてなかった。なぜなら，差異が目前にさし迫ったものとしてじかにあること，つまり他者性との出会いが，これほどまでの広がりをもって経験されたことはいまだかつてなかったからである」（Walzer 1997=2003: 20）。関連して，広田照幸（2004）はとくに教育の場において「異質な他者の声を聴く」重要性を下記のように述べている。「『異質な他者』同士が互いに直接的に接触し影響し合う経験は，短期的には（すなわち学校内部においては），葛藤を引き起こすこともあるだろう。（中略）だが，長い目でみたときには，いろいろな人のいろいろな事情や環境を理解する手がかりになるように思われる」（広田 2004: 55）。これらの指摘をふまえると，「寛容」に基づいた「共存の形式」に関する議論は今後，親たちを捉えていくうえでの重要な論点になると言える。ただし，ウォルツァーが「寛容」議論で中心に論じようとしていたのは，文化集団としての「人種，エスニシテ

ィ，民族にかかわる集団」（Walzer 1997=2003: 196）の差異の問題であった。一方，本書の調査，分析によって得られた，預かり保育の利用とそれをめぐる親の捉え方の差異は，「文化集団」による差異として十分に説明することはできなかった。したがって，文化集団としての親たちの特性に関する考察については，今後深めていきたい。

終　章

子育てをめぐる公私再編のポリティクス
―結論と今後の課題―

　本書では，第一には，マクロレヴェルでの言説，すなわち預かり保育の制度・政策に関わる問題意識はどのようなものであったのかを明らかにし，そして第二には，ミクロレヴェルでの言説，すなわち預かり保育を実際に担う保育者，利用する親に，預かり保育がどのように経験され，その背景には預かり保育に対するどのような意味づけがあるのかという点を探っていった。

　本章では，上記の結果を小括した後，子育てをめぐる「責任」と「遂行」に関してどのようなロジックが登場していたかという視点から結果を整理しなおす。そして，各研究にて明らかになった，ロジックの布置関係について総合的に考察する。そのうえで，それぞれのロジックの変化や移動，ロジック間の揺らぎや矛盾などの背景にあるポリティクスについて論じ，本書の意義と今後の研究課題を示す。

第1節　結果の概要

　本書では，子育てをめぐるポリティクスに関わっていると思われる，政策，保育者，親をそれぞれポリティクスのアクターとして設定し，言説分析，質問紙調査，半構造化インタビューという3つの手法から検討した。以下ではそれぞれの研究によって得られた結果を小括する。

1　預かり保育をめぐる政策言説の通時的変化―第4章―

　預かり保育は戦前から，それぞれの幼稚園や地域の実情に合わせて実施されてきたと言われている（柴崎 2004）が，とりわけ1997年以降，政策的な性格

を帯びながら広く展開されていった。

　こうした背景をふまえつつ，本書では1990年代以降の預かり保育に関する政策言説の変容について追っていった。なぜこの時期に預かり保育が議論されるに至ったのか，どのような意味づけのもとに預かり保育を拡充させようとしていたのか——これらの点を，中央教育審議会答申とそれに係る審議会議事記録の分析から明らかにした。

　当初，預かり保育の実施を支える論理は，「女性の社会進出への対応」であった。しかし，2000年ごろから「子どもを産み育てることへの負担感や不安」など，少子化の要因に対応するという位置づけが登場し，さらにその後には，「幼児の生活の連続性の観点から」の「家庭の教育力の補完」としての位置づけに転換していった。このように，預かり保育は公共的に対応すべきものとして政策課題として扱われながらも，その背後では「家庭の教育力の補完」という解釈を通して，家庭のなかに「教育力」を求め，子育てをめぐる家庭の責任を強調しようとする論理も登場していた。ケア行為を外部化することを後押ししようとする議論が進むプロセスにおいて，子育てにおける家庭の責任を強調し，「私事としての子育て」というロジックが断続的に議論されてきたことが分かった。このように，預かり保育をめぐる政策言説が策定しようとしていた公的領域と私的領域の関係は，揺らぎつつ変化してきたことを明らかにした。

2　預かり保育の実施状況と保育者の意味づけ—第5章，第6章—

　中教審答申の分析から，政策としての預かり保育がどのように進められてきたのかを確認したうえで，預かり保育が現在，どのように実施されたり，その実施がどのように受け止められているのかという点を，保育者を対象とした質問紙調査および半構造化インタビューから検討した。

　まずは実施状況についてである。調査対象においては，7割程度の園で預かり保育が実施されていた。そのうち週5日，日常的に実施している園が多くを占めていた。さらに，各園で平均して2割程度の園児が預かり保育の場で過ごしているという点も明らかになった。

　実施状況を把握したうえで，それを担っている保育者にも焦点を当てた。量的な調査から明らかになったのは，保育者は預かり保育に対して両価的な認識

を持っているという点である。具体的には，一方では「預かり保育は親への支援として必要である」との認識を高く支持し，同時に他方では，「本来，定時でのお迎えが理想的である」との認識にも理解を示していた。このように，保育者の認識のなかで理想と現実が齟齬をきたしていることを示す結果からは，その背景に，預かり保育に対するどのような意味づけがあるのか，ひいてはどのような子育て支援のあり方を望ましいと考えているのかといった点を明らかにしていく必要性が示唆された。

　これをふまえたうえで，保育者による預かり保育の意味づけについて，上記の質問紙調査の対象者を含む保育者10名に半構造化インタビューをおこなった。いずれの対象者の園でも預かり保育は実施されており，親の就労による利用だけではなく，親のリフレッシュのための利用，子どもの遊び場としての利用など，いずれの理由からも預かり保育は「内容関係なく預けられる場所」として，保育者たちにその必要性が受け止められていた。そしてここでの「内容関係なく預けられる場所」は，「保育所の時間」とも異なり，「幼稚園の時間」とも異なるものと解釈されていた。「保育所」でもなく「幼稚園」でもない，預かり保育において重視されるのは，「家庭」に近づけるということだった。「幼稚園の時間」と「家庭の時間」の狭間という意味づけのもとに，「家庭」のような場を環境として整えることや，「きょうだい関係」のような異年齢児の交流が生じうることが預かり保育の特徴として語られていた。

　しかしながら，このように預かり保育の場を意味づけ，預かり保育を利用するか否かという「線引き」を親に一任しつつも，預かり保育の実施には少なからず葛藤があるということも語られた。保育者は親の必要感だけではなく子どもの必要状態も含めて両方に対応しようとするなかで，親の必要感と子どもの必要状態に対する認識が一致しなかったり，対立していると判断した場合に，預かり保育を実施することに対して迷いを感じていたのである。

3　預かり保育の利用状況と親の意味づけ—第7章，第8章—

　政策言説，そして預かり保育を実施している園および保育者の分析を経て，預かり保育におけるもうひとつのアクターである，親に焦点を当てた。対象者である親が，預かり保育をどのように利用し，またどのように意味づけながら

経験しているのか，それぞれ質問紙調査，半構造化インタビューの分析から導出した。

まず利用状況について，今回の調査対象となった親たちは，概して，園選びや幼児期の習い事などに高い関心を払っていた。そして，子育てを社会全体で取り組むべき問題と位置づけると同時に，「子どもの進路は親が責任をもって考えるべき」(62.7%) との認識や「子どもが3歳くらいまで母親は育児に専念するほうがよい」(51.5%) との認識も持ち合わせているという特徴があった。

また，預かり保育を実施している幼稚園では84.6%（472名）の親たちが，これまで預かり保育を利用した経験があると回答した。預かり保育の利用の有無，とくに利用頻度には，それぞれの対象者の基本属性，家庭状況だけではなく，親自身の子育てや家庭生活に対する意識が関わっているということも明らかになった。例えば性別役割分業意識，「子育ては母親の仕事」といった考えに違和感を持っている人たちに，預かり保育は積極的に利用されていた。翻って，子育てに対する責任は母親もしくは家庭にあるという意識を強調する親たちは，預かり保育をあまり利用していなかった。すなわち，「女性は家庭を守るべき」や「3歳までは母親が育児に専念すべき」といった，ジェンダーに関わる規範を内面化していることが，子育ての「遂行」部分を外部化することを忌避させているという点が示唆された。

上記を受けて，親が預かり保育に対してどのように意味づけをしているのかを親12名への半構造化インタビューから検討した。対象者のうち，現在フルタイム勤務をしながら預かり保育を利用する親は，幼稚園入園前まで保育所に通っていた。復職のタイミングで認可保育所に入れなかったことが，預かり保育のある幼稚園を選ぶきっかけになったと語られた事例もあり，社会的な背景が預かり保育を選択させている側面があることも分かった。ただこのような事情がある場合にも，フルタイム勤務をしている親の多くからは，「納得したところに預ける」という意識から預かり保育のある園を選択したという点が語られた。一方，預かり保育を「たまに」利用するという親は，「用事がないと使えない」と言い，利用を控えている側面があることもうかがわせた。同時に，慣れた預け先としての預かり保育への「安心感」を語った。一方，子育てに専心しなければならないという意識をもちつつも，預かり保育を利用していると

いう現状との間に矛盾を感じ，それを葛藤として語った親もいた。ケア行為を外部に委ねることを選択していることと，外部に委ねることを肯定的に意味づけることは必ずしも一致していないということがうかがえた。

第2節　子育てをめぐる再編のポリティクス

1　子育てをめぐるロジックの4類型

　以上，預かり保育に注目することを通して，子育てが誰にどのように担われているのか，また，どのような子育てと子育てへの支援のあり方が期待されたり，望まれているのかという点を探ってきた。第1章において提示したように，子育てをめぐるロジックは，子育てをめぐる選択や意思決定を行い，金銭的，時間的コストを負担する「責任」を公的領域に位置づけるのか，あるいは私的領域に位置づけるのかという軸と，子育ての具体的なケア行為の「遂行」を公的領域に位置づけるのか，あるいは私的領域に位置づけるのかという軸に沿って，仮説的ではあるものの4類型に区分されると考えられた（図終-1）。そしてとくに本書では，フレイザーの「ニーズ解釈の政治」議論を敷衍し，それぞれの類型間の移動や変化，揺らぎをポリティクスとして捉え，私的領域のものと捉えられてきた子育てが，どのように公共的なものと主張され，公的領域に移動しているか，あるいは移動していないのかという点を見ようとしてきた。

　そこで本節では，子育ての「責任」と「遂行」をどのように位置づけるかというロジックの組み合わせと，また類型間をどのように移動しているかという視点から，再び分析結果を整理し，子育ての再編のポリティクスについて総合的に考察する。

2　子育てをめぐる再編のポリティクス
　　―預かり保育に関する政策言説・保育者・親の意味づけの位相―

　子育てをめぐるロジックの4類型に基づくと，本書の第4章から第8章にて検討してきた政策言説や，保育者，親たちの経験や意味づけはそれぞれどこに位置づけられるだろうか。本節では，ロジックの位置づけを整理したうえで，マクロレヴェル，ミクロレヴェルを横断して，全体としてどのような子育ての

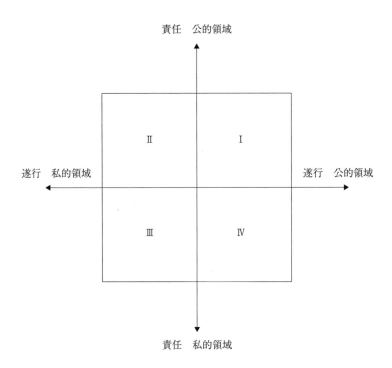

図終-1　子育てをめぐるロジックの4類型（再掲）

あり方が提起されてきたのか，どのような再編のポリティクスが展開されているのかを論じていきたい。ただ，第1章にて四象限図式の限界に言及したように，本書において子育てをめぐって語られたロジックは四象限のなかですべて把握されうるわけではない。よって，この四象限図式によって説明できることは限定的ではある。こうした限界にはそれぞれの考察のなかで適宜説明を加え，上記の「公的領域」と「私的領域」，「責任」と「遂行」という枠組みでは，具体的にどのような要素やその実態を捉えきれなかったのかという点についても併せて言及する。以上のように，図式化することの限定性に留意したうえで，本書の知見を概観し，整理するための資料として図終-1を用いることとしたい。

まず，マクロレヴェルでのポリティクスはどのように展開し，子育てをめぐる公的領域と私的領域の境界をどのように策定してきたのか。1990年代以降

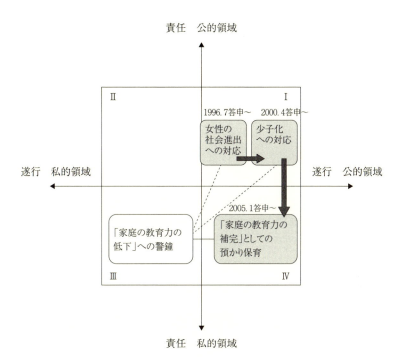

図終 - 2　預かり保育に関する政策言説の位相

の預かり保育に関する中教審答申と審議会議事記録のなかでどのようなことが議論され，どのような子育てをめぐるロジックが提示されてきたのかという点を，先ほどの4類型に沿って整理しなおすと，図終 - 2のようになるだろう(1)。

1996年7月以降の言説では，一貫して，子育てに関する公的領域の役割が示され続けていた。男女共同参画社会を実現するというアイディアと，何よりも少子社会の進行を食い止めるために，そして，子どもを産み育てることへの不安や負担感を減らすために，「責任」部分，「遂行」部分ともに私的領域に介入しなければならないというロジックから，その正当性は主張された。

ただし，「責任」部分に関しては，1996年答申，2004年答申において，答申全体のメッセージとしては，「第一義的責任を有する家庭」が強調され，「家庭の教育力の低下」への警鐘が伝えられてもいた。「改めて，子供の教育や人格形成に対し最終的な責任を負うのは家庭であり，子供の教育に対する責任を自

第2節　子育てをめぐる再編のポリティクス　　213

覚し，家庭が本来，果たすべき役割を見つめ直していく必要があることを訴えたい」(1996年答申)とあるように，かつては実現されていた，子どもの教育に対する「責任」と家庭が果たすべき「役割」を再起させねばならないというメッセージがあった。言い換えれば，第Ⅲ象限に含まれるあり方を「本来」の姿として理想視するロジックである。ここでの「教育力の低下」への警鐘は，第Ⅲ象限のあり方を理想状態であるということを伝えているだけではない。「教育力の低下」を警鐘を鳴らすべき事態として訴えることは，「教育力の低下」に社会的に対応しなければならないという言説を誘引することとつながっているからである。図終-2では，答申における「家庭の教育力の低下」言説をさしあたり第Ⅲ象限に位置づけているが，「家庭の教育力の低下」に警鐘を鳴らすというメッセージには，四象限図式では十分に示すことができない，こうした含意があることにも注意する必要があるだろう。

　上記のように答申上「教育力」に関するメッセージは伝えられ続けてはいたが，預かり保育に関しては「親の責任」が特段強調されることはなかった。したがって，2000年頃までの預かり保育に関する政策言説は，第Ⅰ象限のアイディアを伝えていたと見ることができる。ただし2005年以降の言説では預かり保育は，「幼児の生活の連続性の観点」，「教育的視点」から，「家庭の教育力の補完」との位置づけに変更した。これにより，公的領域における「責任」への言及は後景に退いた。「遂行」部分は公的領域の範囲で扱うが「責任」部分は私的領域の範疇であるという境界が明示されたのである。すなわち，第Ⅳ象限への移動である。こうしたロジックは，答申の中で言及され続けてきた「家庭の教育力の低下」言説（第Ⅲ象限）と，私的領域の「責任」を強調している点で共有する部分がある。すなわちここに，「家庭の教育力」の「低下」を「補完」するという関係性が生じたのである。

　続いて，ミクロレヴェルでの子育てをめぐる公的領域と私的領域の関係はどのように議論されてきたのだろうか。ここでは，保育者による意味づけと親による意味づけをそれぞれ整理しなおす。

　預かり保育に関する保育者の認識のなかには，どのような子育てをめぐるロジックが提示されていただろうか。預かり保育の実施状況をふまえて整理し，図終-3に示している。

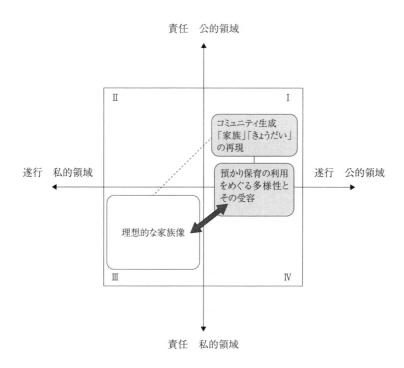

図終-3 預かり保育に関する保育者の意味づけの位相

　保育者には，預かり保育の「遂行」を担うことは，親の就労による利用だけではなく，親のリフレッシュのための利用，子どもの遊び場としての利用など，いずれの場合についても肯定的に語られていた。その際，具体的な利用理由を問わないということも併せて保育者が語った点だった。「事情（利用理由）の範囲を決めない」で，「保護者の方に任せてる」（B先生）と話し，預かり保育を利用するか否かという点を親に委ねていた。ただそれは，特段親の「責任」を強調しようとする語り口ではなかった。こうした点をふまえ，預かり保育の利用を受容する際のロジックを，第Ⅰ象限と第Ⅳ象限の間に図示した。
　そして，預かり保育の利用を受容するという保育者の認識を支えているのは，預かり保育の場を「家族」や「きょうだい関係」が再現される場として意味づけることだった。ここで語られた「家族」や「きょうだい関係」は，現在の子どもたちが経験している「家族」や「きょうだい」ではなく，「昔あって今な

いような」,「昔ならたぶん,近所であったような交流」(H先生)を意味する。預かり保育という場が共同化された育ちあうコミュニティのような場になっていることが,肯定的に,望ましいこととして意味づけられていると考えられた(第Ⅰ象限)。このように,第Ⅰ象限のロジックに下支えされながら,あるいはそれを目指すべき姿としながら,預かり保育の「遂行」部分を引き受けていると読解することができた。

　しかしながら,保育者は必ずしも預かり保育の「遂行」を肯定的に捉えているばかりではなかった。そもそも「ゆっくり過ごせる」(H先生)家庭での子育てのあり方を理想状態としつつも,保育者として預かり保育を実施したり,担わなければならないという状態には齟齬,すなわち緊張関係ともいうべき事態があった。ただ,保育者は多くの場合,預かり保育への親と子どもの双方の必要に応えるという解釈からそれを受容していた。しかし,預かり保育に対する親の必要感と子どもの必要状態が一致しなかったり,対立していたり,子どもの必要状態が見出されないと判断される場合,子育てをめぐる「遂行」を部分的でこそあれ担っているということは,保育者の葛藤を引き起こす要因にもなっていた。このように保育者の葛藤には,子どもはどのように育てられるべきかという価値的認識が関わっており,子育てをめぐる「責任」と「遂行」をどう位置づけるのかというロジックの矛盾や衝突だけでは説明することができない。そして,四象限図式はこうした認識に言及できるものにはなっていないため,図終－3では預かり保育の利用への受容と理想的な家族像の対立関係を示すに留めている。

　次に,預かり保育に関する親の認識のなかには,どのような子育てをめぐるロジックが提示されてきたのだろうか。預かり保育の利用状況もふまえて整理し,図終－4に示した。

　まず,就労を理由に高頻度で預かり保育を利用する親の認識は,第Ⅳ象限に位置づけられる。幼稚園を選ぶうえで,預かり保育の実施を重視するといったことからも考察されるように,子育ての「遂行」を私的領域の範囲に限定して捉えてはいない。一方で,「納得したところに預ける」(Oさん)という語りに端的にあらわれているように,親自身を選択,意思決定にかかる「責任主体」として捉える意識は強い。まさに「ジェネラル・マネージャーとしての親」

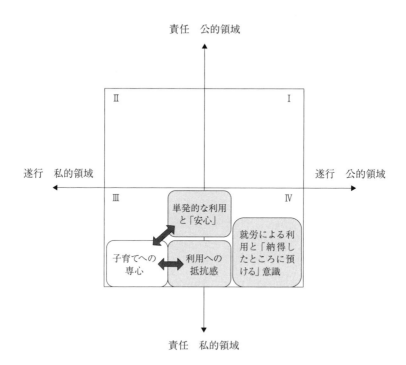

図終 - 4　預かり保育に関する親の意味づけの位相

（広田 2008）像がここには読み取れる。

　ただし，親自身のリフレッシュなどの理由から単発的に預かり保育を利用する親の子育てへの認識には，これとは異なる側面がうかがえた。「たまに」しか預かり保育を利用しない背景には，「なんか用事がないと。本人（＝子ども）には言いづらい」（Yさん）と語ったように，子育てに係る具体的なケアは，極力，「用事がない限り」，私的領域の範囲で行われるべきとの認識がある。このように，預かり保育を利用できる「安心」を語りつつも，子育ては私的領域で担われるべきとのロジックは，少なからず影響力をもっている。この点を鑑みて，図終 - 4 では第Ⅲ象限と第Ⅳ象限の間に位置づけた。

　さらに，預かり保育の利用への抵抗感も語られていた。「遂行」部分も「責任」部分も家庭，親が担い，子育てに専心するべきであるという認識をもちつつも，預かり保育を利用し，「遂行」部分を一時的であれ委ねることは，矛盾

第2節　子育てをめぐる再編のポリティクス　　217

する。そのため，親にとって葛藤の経験となっていた。このように第Ⅲ象限にあるロジックを内面化しながら，利用への抵抗感を示していた様子から，図中では第Ⅲ象限と第Ⅳ象限の間に位置づけることとした。

　以上のように，「現代の親」と普遍的に説明できない側面はあるものの，少なくとも対象者を理解するうえで，「ジェネラル・マネージャーとしての親」という捉え方は一部では適切でありつつも，迷いつつも，葛藤しつつも預かり保育を利用しているような親たちの姿を捨象してしまうことになるだろう。

　また，図終‐4が示すように，対象者の親たちには，子育ての金銭的コストに関する「責任」を公的領域に求めるという認識は語られなかった。預かり保育の利用額は各園，自治体によって異なるが，利用者負担であることが多い。すなわち現状として，「責任」のうちの金銭的コストを利用者，親が負担しているということである。こうした現状について，金銭的コストに関する「責任」を私的領域に留めておくべきではないという主張もありうるが，今回の対象者はそれを表明しなかった。金銭的コストというよりもむしろ，選択や意思決定に関する「責任」を強調し，自らを「責任主体」と位置づける傾向が見られた点も特徴と言える。

第3節　本書の結論と今後の課題
―「責任」・「遂行」と「ニーズ解釈の政治」議論の相乗から―

1　子育てをめぐる再編のポリティクスの特徴―本書の結論―

　以上の政策言説や，保育者，親たちの経験や意味づけの整理をふまえて，マクロレヴェル，ミクロレヴェルを横断して，全体としてどのような子育てのあり方が提起されてきたのか，本書の結論として述べていく。

　第一には，マクロレヴェル（政策言説）とミクロレヴェル（保育者・親）では，子育てのロジックの布置関係に異なる特徴が見られた。つまり，マクロレヴェルとミクロレヴェルでは位相の異なる再編のポリティクスが展開されていた。たとえば，マクロレヴェルにおいては，第Ⅲ象限のロジックと第Ⅳ象限のロジックが連携関係をとることによって，子育てにおける「責任」を私的領域に求めるという傾向性が強化されてきた。第Ⅰ象限から第Ⅳ象限への動きは，「再私化（re-privatization）されたニーズ」，すなわち「新たに問題化されたニーズ

が，再び送り返されたもの」(Fraser 1989: 157)の動きであったと言える。一方で，ミクロレヴェルにおいては，保育者，親ともに，第Ⅲ象限と第Ⅳ象限の対立関係が析出される傾向にあった。したがって，四象限図式という限定的な枠組みのなかではあるものの，マクロレヴェルにおける再編の政治は，子育ての「責任」を私的領域に位置づけるか，公的領域に位置づけるかという対立軸をめぐって争われ，ミクロレヴェルにおける再編の政治は，子育ての「遂行」を私的領域に位置づけるか，公的領域に位置づけるかという対立軸をめぐって展開されていたのである。

また第二に，対立軸の動きを見るなかで注目されるのは，「子ども」への言及である。たとえば，政策言説において，「家庭の教育力の補完」として預かり保育が位置づけられ，私的領域の「責任」が強調される際には，「幼児の生活の連続性の観点」や「教育的視点」が語られてきた。また，保育者において，「子どもにとって」，「必要」，「幸せ」(H先生)という解釈が預かり保育の実施を受容することへと向かわせていた。一方では，子どもにとっては「この形でいいのかは難しい」(F先生)と，預かり保育を実施することへの葛藤をあらわす際にも「子ども」が語られていた。同様に親においても，子どもに「思い切り遊んでいい」環境(Tさん)を与えることができるという解釈から，預かり保育を利用することは正当化されていたし，他方では，「子どもが何かをしたいっていう時間さえも，すごい奪っている」(Sさん)という解釈から，預かり保育への抵抗感，ひいては子育てに専心しなければならないという認識が語られていた。このように，「責任」にせよ「遂行」にせよ，私的領域から公的領域への移動についても，その反対の公的領域から私的領域への移動についても，どちらの境界をめぐっても，「子ども」が登場していた。もちろん，子育てに関わる議論において「子ども」への言及があることは否定されるものではないし，むしろ重視される必要のある論点であることには違いない。しかし，フレイザーが「ニーズ解釈の政治」を議論するうえで，「誰」が「誰の観点」を語っているかという点に注目しなければならない(Fraser 1989: 161)と主張していたことに立ち返れば，「子ども」への言及が公的領域と私的領域の再編に関わっていたという点は，重要な知見であると言えるだろう。

さらに第三として，図終-2，図終-3，図終-4を通して気づくことがもう

一点ある。それは，本書では政策言説においても，保育者や親においても，第Ⅱ象限に位置づけられるようなロジック，すなわち，子育ての「遂行」部分を私的領域の範囲として捉え，「責任」部分を公的領域の範囲で捉えるようなあり方が登場しなかったという点である。こうしたロジックが登場しなかったのは，預かり保育という研究対象によるものなのか，それとも調査を東京都3区内という限定的な範囲でおこなったため，地域性が反映されているのか，分からない。あるいはもっと広く，他国にはない日本的な特質が反映されている可能性があるのか，分析対象を1990年代以降に絞ったことが影響しているのか，本書の範囲ではそれを特定することはできない。しかしながら，本書によって導出された結果の特徴として挙げておく必要があるだろう。

2　「責任」・「遂行」と「ニーズ解釈の政治」議論の相乗—本書の意義—

　本書では，預かり保育がどのように意味づけられ，実施されてきたのかということに着目しながら，子育てをめぐってどのようなことが議論されているのかを追尾してきた。そして，私的領域を家族，公的領域を政治および市場，市民社会と位置づけ，両者の関係のなかで子育てがどのように担われようとしているのかという境界，関係の変化について，再編のポリティクスとして論じることを試みた。
　このような研究課題に取り組むうえでは，私的領域から公的領域の移動のプロセスには力学，ポリティクスが働いていると見る議論，すなわち，「何らかの問題を公共的に対応すべきものと解釈する言説」と「問題を私的な家庭内のことと解釈する言説」の抗争を追うというフレイザーの議論に学んできたところが大きい。しかし，前節にて論じたように，子育てをめぐる再編のポリティクスは，単純に「何らかの問題を公共的に対応すべきものと解釈する言説」と「問題を私的な家庭内のことと解釈する言説」間で，私的領域から公的領域に移っていくというよりもむしろ，子育ての「責任」と「遂行」の関係のなかで展開されているものと考えられた。
　そこで本書の結論では，子育てをめぐる「責任」部分を私的領域から公的領域に移動するのかしないのかという次元と，子育てをめぐる「遂行」部分を私的領域から公的領域に移動するのかしないのかという次元の組み合わせを射程

に入れた，再編のポリティクスについて整理した。フレイザーは，公私の再編を議論するにあたって，「責任」と「遂行」という次元について，少なくとも「ニーズ解釈の政治」議論（*Unruly Practices: Power, Discourse and Gender in Contemporary Social Theory*（1989））においては言及していない。もっとも，「責任」における公的領域と私的領域の再編を見るうえでも，「遂行」における公的領域と私的領域の再編を見るうえでも，フレイザーの立論は援用されうるものであり，重要な議論であることには変わりない。ただ，本書において，子育ての「責任」と「遂行」をめぐって，マクロレヴェルとミクロレヴェルでは異なる位相での再編のポリティクスが展開されていたことをふまえると，子育てをめぐる「責任」と「遂行」の議論と「ニーズ解釈の政治」議論の相乗による分析を試みたという点は，本書のひとつの意義であると言えるだろう。

　以上のように本書は，フレイザーの議論に依拠しながら，子育てをめぐるポリティクスを考察することに加え，公的領域と私的領域の再編における多元的な側面にも接近することができた。

3　金銭的・時間的コストとしての「責任」—今後の課題—

　前項にて論じたように，本書は公的領域と私的領域の再編における多元性の問題を扱ったという点で重要性がある一方で，これに関わった課題もある。

　本書では，第1章において整理したように，「子育ての社会化」のなかに含まれている行為や現象を捉える視点として，「責任」と「遂行」を設定した。そして，先行研究（広田 2006，天童 2016 等）での議論を参考としながら，ここでいう「責任」について子育てをめぐる選択や意思決定を行い，それに伴う金銭的，時間的コストを負担することと位置づけ，一方で「遂行」について子育てをめぐる具体的なケア行為を担うことと位置づけた。「遂行」部分においても，「具体的なケア行為」の中身はさまざまであるだろうし，何よりもここでの「責任」には複数の要素がある。じっさい，本書では，たとえば親に選択や意思決定に関する「責任」は語られても，金銭的コストや時間的コストをどのように捉えているかということについては語られなかった。このように，今回見ることのできなかった「責任」の他の要素に関して，検討を進めることが今後の課題となる。ひいては，この検討にもとづいて，改めて子育てをめぐる再

編のポリティクスを分析することも必要となる。

　なにより，金銭的コストとしての「責任」について，注視しなければならない理由は，現在，幼児教育をめぐるマクロレヴェルでの議論で，公費負担の問題が大きな論点となっていることからも説明される。2019年10月1日からの幼児教育の無償化の実施が決定したが（内閣府 2018b）[2]，表終-1は，2018年5月に公表された，内閣府の「幼稚園，保育所，認定こども園以外の無償化措置の対象範囲等に関する検討会報告書」の内容を引用したものである。表終-1の網掛け部分（筆者による）が示していることは，今後預かり保育は，「保育の必要性の認定」の有無，すなわち親の就労形態や利用の仕方によって，利用料の負担額が変わってくるということである。すなわち，どの範囲まで子育てに係る金銭的コストを公的領域が担っていくべきなのか，どの範囲を私的領域の「責任」と位置づけるのかという点に関する議論は活発化しているのである。言い換えれば，預かり保育に関わる再編のポリティクスは，公費負担という新たな論点をもって，今まさに動こうとしていると言っていい。なかでも，どのようなロジックから公費負担の必要性が説明されているのかという点に着目することで，現代における子育て，幼児期がどのように捉えられているのかを明らかにすることにも繋がっていくだろう[3]。以上のように，「責任」の多様な側面に目を配りながら，子育ての費用負担をめぐる公的役割と私的役割の境界がどのように策定されようとしているのかを探っていくことが求められている。

4　子育てをめぐるロジックの規定要因—今後の課題—

　前項に挙げた課題は，金銭的・時間的コストとしての「責任」についても考察を進めるという，いわば「子育てをめぐるロジックの4類型」を精緻化していくことに関連した課題であるが，「子育てをめぐるロジックの4類型」にはまた別の課題もある。

　本章では，第4章から第8章の実証研究の結果を概観する上での資料として，図終-1の「子育てをめぐるロジックの4類型」を用いたが，先にも述べたように，このうちの第Ⅱ象限に該当する言説や意味づけは登場しなかった。第Ⅱ象限に位置づくロジックとは，子育ての「遂行」部分は私的領域の範囲として

表終-1 「幼稚園,保育所,認定こども園以外の無償化措置の対象範囲等に関する検討会報告書」(内閣官房 2018: 8) による参考資料「幼児教育無償化の具体的なイメージ」からの抜粋(4)

親の就労形態等		利用先	負担額
・共働き家庭 ・シングルで働いている家庭など (3歳〜5歳児,保育の必要性の認定事由に該当する子ども)	→利用	幼稚園,保育所,認定こども園	無償(幼稚園は月2.57万円まで)
	→利用	幼稚園の預かり保育	幼稚園保育料の無償化上限額を含め月3.7万円まで無償
	→利用	認可外保育施設	月3.7万円まで無償
	→複数利用	認可外保育施設+ベビーシッター等	月3.7万円まで無償
	→複数利用	幼稚園,保育所,認定こども園+障害児通園施設	ともに無償(幼稚園は月2.57万円まで)
・専業主婦(夫)家庭など (3歳〜5歳児,保育の必要性の認定事由に該当しない子ども)	→利用	幼稚園,認定こども園	無償(幼稚園は月2.57万円まで)
	→利用	幼稚園の預かり保育,認可外保育施設	無償化の対象外
	→複数利用	幼稚園,認定こども園+障害児通園施設	ともに無償(幼稚園は月2.57万円まで)

捉え,「責任」部分を公的領域の範囲で捉えるようなあり方である。たとえば,児童手当などの金銭的給付を手厚くするという形で「責任」の役割を公的領域が担い,一方家庭内でケアを「遂行」するというあり方が一例として考えられる。ただし本書の分析では,なぜこうした第Ⅱ象限に位置づくようなロジックが登場しなかったのかという点を明らかにすることはできなかった。先にも示したように,研究の対象が預かり保育ではなかった場合,また研究対象の地域が東京都内ではなかった場合,さらには他国の場合,1990年代以前の時期区分の場合,子育てをめぐるロジックの4類型の布置関係も,本研究での結果とは異なった可能性が考えられる。

　こうした子育てをめぐるロジックについて,研究の対象,地域,あるいは国,時代によって違いはあるのかという視点から,ひいては子育てをめぐるロジックの構造を規定する要因はどこにあるのかという視点から,比較研究を展開していくこともまた,今後の課題と位置づけたい。

注
（1） 図中にある枠内は，本研究のなかで導出された特徴的な認識である。なかでも色付き四角枠の内容は，預かり保育に関する意味づけを示しており，白色四角枠の内容は，子育てに関する認識を示している。そしてそれぞれのロジック間の関係の強弱について，実線または破線にて示している。また，それぞれのロジック間の移動は矢印で，ロジック間での対立，ゆらぎは両矢印によって表現している。なお以上の点は，図終-3，図終-4においても同様に適用している。
（2）「幼児教育・高等教育無償化の制度の具体化に向けた方針」（平成30年12月28日関係閣僚合意）による。
（3） どのようなロジックから公費負担の必要性が説明されるのかということには，子育てや幼児期の捉え方が映し出される。たとえば加藤繁美（2004）が示すように，保育の公共性という視点から子どもたちの乳幼児期の育ちを保障する必要があると説明することと，ジェームズ・ヘックマン（2013=2015）のように，人的資本投資の収益率という観点から幼児期への投資が重要であると説明することでは，その背景にある幼児期の捉え方が異なっている。現在の幼児教育無償化議論は，どのようなロジックのもとに進められてきたのか，あるいは，通時的に議論される過程でそのロジックに変化はあったのかという点も併せて分析することで，公私再編のポリティクスの特徴がいっそう浮かび上がってくるものと考えられる。
（4）「幼稚園，保育所，認定こども園以外の無償化措置の対象範囲等に関する検討会報告書」（内閣官房 2018）より抜粋。ただし，表中の網掛けは筆者によるものである。

参考文献

Arendt, H., 1958, *The Human Condition*, University of Chicago Press.（=1994, 志水速雄訳『人間の条件』筑摩書房.）
秋元美世・大島巌・芝野松次郎・藤村正之・森本佳樹・山縣文治編, 2003,『現代社会福祉辞典』有斐閣.
荒牧美佐子・安藤智子・岩藤裕美・丹羽さがの・立石陽子・砂上史子・掘越紀香・無藤隆, 2006,「幼稚園における子育て支援の利用状況（第2報）」『お茶の水女子大学子ども発達教育研究センター紀要』3: 9-16.
安藤智子・荒牧美佐子・岩藤裕美・丹羽さがの・砂上史子・掘越紀香, 2008,「幼稚園児の母親の育児感情と抑うつ——子育て支援利用との関係」『保育学研究』46(2): 99-108.
ベネッセ教育総合研究所, 2008,『第3回子育て生活基本調査（幼児版）』.
Bradshaw, J., 1972, "The taxonomy of social need", McLachlan, Gordon ed., *Problems and Progress in Medical Care*, London: Oxford University Press, 71-82.
Brown, P., 1990, "The 'Third Wave': Education and the Ideology of Parentocracy", *British Journal of Sociology of Education*, 11(1): 65-85.
Denzin, N. K. and Lincoln, Y. S., 2000, *Handbook of qualitative research*, Sage Publications.（=2006, 平山満義・大谷尚・伊藤勇訳『質的研究ハンドブック3巻——質的研究資料の収集と解釈』北大路書房.）
Emerson, R. F., and Shaw, L., 1995, *Writing Ethnographic Fieldnotes*, The University of Chicago Press.（=1998, 佐藤郁哉・好井裕明・山田富秋訳『方法としてのフィールドノート——現地取材から物語作成まで』新曜社.）
Esping-Andersen, G., 2006, "Social Inheritance and Equal Opportunity Policies," Lauder, H., Brown, P., Dillabough, J. and Halsey, A. H., *Education, Globalization and Social Change 2*, Oxford University Press.（=2012, 小内透訳「社会的相続と機会均等政策」苅谷剛彦・志水宏吉・小玉重夫編訳『グローバル化・社会変動と教育2』東京大学出版会, 19-35.）
Foucault, M., 1975, *Discipline and Punish: The Birth of the Prison*,（=1977, trans. Alan Sheridan, New York: Vintage Books a Division of Random House.）
Fraser, N., 1989, *Unruly Practices: Power, Discourse and Gender in Contemporary Social Theory*, the University of Minnesota Press.
————, 1992, "Rethinking the Public Sphere: A Contribution to the Critique of Actually Existing Democracy", Craig Calhoun ed., *Habermas and the*

Public Sphere, Cambridge: the MIT Press.（=1999, 山本啓・新田滋訳「公共圏の再考——既存の民主主義の批判のために」『ハーバマスと公共圏』未來社, 117-159.）
―――, 1997, *Justice Interrupts: Critical Reflections on the "Postsocialist" Condition*, London: Routledge.（=2003, 仲正昌樹監訳『中断された正義——「ポスト社会主義的」条件をめぐる批判的省察』御茶の水書房.）
Fraser, N. and Honneth, A., 2003, *Umverteilung oder Anerkennung?*, Frankfurt, Suhrkamp Verlag.（=2012, 加藤泰史監訳『再配分か承認か？』法政大学出版局.）
Flick, U., 1992, "Triangulation Revisited: Strategy of Validation or Alternative?" *Journal for the Theory of Social Behavior*, 22(2): 175-97.
―――, 2007, *Qualitative Sozialforschung*, Reinbek bei Hamburg: Rowohlt Verlag GmbH.（=2011, 小田博志監訳, 小田博志・山本則子・春日常・宮地尚子訳『新版 質的研究入門——〈人間の科学〉のための方法論』春秋社.）
藤崎宏子, 2006,「『介護の社会化』——その問題構成」『法律時報』78(11)：37-43.
舩橋惠子, 1999c「〈子育ち〉の社会的支援と家族」『家族社会学研究』(11): 25-35.
―――, 2005,「育児戦略と家族政策のなかのジェンダー——日本・フランス・スウェーデンの比較調査から」『家族社会学研究』16(2): 23-35.
Glaser, B. G., and Strauss, A. L., 1967, *The Discovery of Grounded Theory*, Chicago: Aldine.（=1996, 後藤隆・大出春江・水野節夫訳『データ対話型理論の発見』新曜社.）
ぎょうせい, 1987,『臨教審と教育改革 第4集——「第3次答申」と開かれた学校への施策』株式会社ぎょうせい.
Habermas, J., 1973, *Legitimalionsprobleme im Spätkapitalismus*, Frankfurt, Suhrkamp Verlag.（=1979, 細谷貞雄訳『晩期資本主義における正統化の諸問題』岩波書店.）
―――, 1990, *Strukturwandel der Öffentlichkeit: Untersuchungen zu einer Kategorie der bürgerlichen Gesellschaft : mit einem Vorwort zur Neuauflage*, Frankfurt; Suhrkamp Verlag.（=1994, 細谷貞雄・山田正行訳『第2版 公共性の構造転換——市民社会の一カテゴリーについての探求』未來社.）
―――, 1992a, *Faktizität und Geltung :Beiträge zur Diskurstheorie des Rechts und des demokratischen Rechtsstaats*, Frankfurt; Suhrkamp Verlag.（=2002, 河上倫逸・耳野健二訳『事実性と妥当性（上）——法と民主的法治国家の討議理論にかんする研究』未来社.）
―――, 1992b, *Faktizität und Geltung :Beiträge zur Diskurstheorie des Rechts und des demokratischen Rechtsstaats*, Frankfurt: Suhrkamp Verlag.（=2003, 河上倫逸・耳野健二訳『事実性と妥当性（下）——法と民主的法治国家の討議理論にかんする研究』未来社.）

―――, 1996, *Einbeziehung des Anederen*, Frankfurt: Suhrkamp. (=2004, 高野昌行訳『他者の受容』法政大学出版局.)
Habermas, J., Derrida, J., and Borradori, G., 2003, *Philosophy in a Time of terror: Dialogues with Jurgen Habermas and Jacques Derrida* by Giovannna Borradori, The University of Chicago. (=2004, 藤本一勇・澤里岳史訳『テロルの時代と哲学の使命――ユルゲン・ハーバーマス，ジャック・デリダ，ジョヴァンナ・ボラッドリ』岩波書店.)
濱名陽子，2011,「幼児教育の変化と幼児教育の社会学」『教育社会学研究』88: 87-102.
Heckman, J., 2013, *Giving Kids a Fair Chance*, Cambridge: the MIT Press. (=2015, 古草秀子訳『幼児教育の経済学』東洋経済新報社.)
東野充成・山瀬範子，2006,「『少子化社会対策基本法』立法過程にみる子ども観」『保育学研究』44(2): 39-48.
東野充成，2008,『子ども観の社会学――子どもにまつわる法の立法過程分析』大学教育出版.
稗田健志，2008,「アメリカ AFDC ／ TANF 改革における世論の支持決定要因分析――自己利益仮説のマイクロデータによる検証」『社会政策学会誌』19: 176-196.
広井多鶴子・小玉亮子，2010,『現代の親子問題――なぜ親と子が「問題」なのか』日本図書センター.
広田照幸，1998,「〈子どもの現在〉をどう見るか」『教育社会学研究』(63): 5-23.
―――, 2004,『思考のフロンティア 教育』岩波書店.
―――, 2006,「子育てエージェント 解説」広田照幸編『リーディングス 日本の教育と社会 第 3 巻 子育て・しつけ』日本図書センター，87-91.
―――, 2009,「社会変動と『教育における自由』」広田照幸編『教育――せめぎあう「教える」「学ぶ」「育てる」』岩波書店，203-226.
Hobson, B., 2003, "Recognition struggles in universalistic and gender distinctive frames: Sweden and Ireland" Hobson, B. ed., *Recognition struggles and social movements: Contested Identities, Agency and Power*, Cambridge: Cambridge University Press, 64-92.
本田由紀，2004,『女性の就業と親子関係――母親たちの階層戦略』勁草書房.
―――, 2008,『家庭教育の隘路――子育てに強迫される母親たち』勁草書房.
掘越紀香・安藤智子・荒牧美佐子・丹羽さがの・岩藤裕美・無藤隆，2008,「子育て支援における幼稚園の役割――預かり保育と未就園児支援に関する園長インタビューから」『大分大学教育福祉科学部研究紀要』30(2): 143-154.
堀尾輝久，1971,『現代教育の思想と構造――国民教育権と教育の自由の確立のために』岩波書店.
―――, 1977,「国民の教育権の構造――子どもの学習権を中軸として」堀尾輝

久・兼子仁,『教育と人権』岩波書店, 71-98.
井上晶子, 2017,「子ども・子育てにかかわる各種事業——一時預かり事業」『保育白書 2017 年度版』ひとなる書房, 115-116.
井上清美, 2013,『現代日本の母親規範と自己アイデンティティ』風間書房.
井上匡子, 2006,「フェミニズムと政治理論——寄与と挑戦」川崎修・杉田敦編『現代政治理論』有斐閣, 193-216.
石黒万里子, 2010,「幼稚園における『子育て支援』の課題——預かり保育の利用者に着目して」『家庭教育研究所紀要』32: 14-22.
————, 2011,「都市部における父母の保育選択——中産階級の分化に着目して」早稲田大学大学院教育学研究科 2010 年度博士論文.
岩狭匡志, 2017,「新制度の多様な実態——保育所等の保育時間・開所時間・開所日数」『保育白書 2017 年度版』ひとなる書房, 99-101.
神田直子・山本理絵, 1999,「幼稚園における『預かり保育』・子育て支援に関する研究（その3）子育て支援の実施状況, 幼稚園側の意識を中心に」『愛知県立大学児童教育学科論集』33: 43-55.
金場智恵・今泉かおり・友松浩志, 1990,「幼稚園における預かり保育について——10 年間の実施状況と保護者の意識」『日本保育学会大会研究論文集』(43): 48-49.
苅谷剛彦・志水宏吉編, 2004,『学力の社会学——調査が示す学力の変化と学習の課題』岩波書店.
片岡栄美, 2007,『子どものしつけ・教育戦略の社会学的研究——階層性・公共性・プライヴァタイゼーション』2005 年度〜2007 年度科学研究費補助金研究成果報告書, 駒澤大学.
————, 2009,「格差社会と小・中学受験——受験を通じた社会的閉鎖, リスク回避, 異質な他者への寛容性」『家族社会学研究』21(1): 30-44.
加藤繁美, 1988,「保育社会化論の系譜と構造」『日本保育学会大会研究論文集』41: 640-641.
————, 2004,『子どもへの責任——日本社会と保育の未来』ひとなる書房.
————, 2009,「改正教育基本法と保育・幼児教育問題——保育・幼児教育制度改革と保育実践に焦点を当てながら」『日本教育学会大会研究発表要項』(68): 334-335.
加藤泰史, 2012,「承認論の未来？——監訳者あとがきに代えて」加藤泰史監訳『再配分か承認か？』法政大学出版局, 303-327.
————, 2015,「フレイザーとバトラーの『再分配／承認』論争」越智博美・河野真太郎編著『ジェンダーにおける「承認」と「再分配」——格差, 文化, イスラーム』彩流社, 41-65.
桂木隆夫, 2005,『公共哲学とはなんだろう——民主主義と市場の新しい見方』勁草書房.

川崎修・杉田敦, 2006,『現代政治理論』有斐閣.
小針誠, 2004,「階層問題としての小学校受験志向――家族の経済的・人工的・文化的背景に着目して」『教育学研究』71(4): 42-54.
小玉亮子, 1996a,「家族の現実と子育て――『家庭の教育力の低下』とは何か」『教育』46(10): 79-81.
――――, 1996b,「『子ども視点』による社会学は可能か」井上俊・上野千鶴子・大澤真幸・見田宗介・吉見俊哉編『こどもと教育の社会学 岩波講座現代社会学 第12巻』岩波書店, 191-208.
――――, 2001,「教育改革と家族」『家族社会学研究』12(2): 185-196.
小玉重夫, 2002,「公教育の構造変容――自由化のパラドクスと『政治』の復権」『教育社会学研究』70: 21-38.
――――, 2013,『難民と市民の間で――ハンナ・アレント『人間の条件』を読み直す』現代書館.
近藤幹生, 2016,「少子化対策と保育施策」日本保育学会編『保育学講座2 保育を支えるしくみ――制度と行政』東京大学出版会, 31-49.
小塩真司, 2004,『SPSSとAmosによる心理・調査データ解析 第2版』東京図書.
厚生労働省, 2011,『保育所関連状況取りまとめ』.
――――, 2017,『福祉行政報告例（平成29年度5月分概数)』, 厚生労働省ホームページ（2018年4月4日取得, http://www.mhlw.go.jp/toukei/saikin/hw/gyousei/fukushi/m17/dl/05houkoku.pdf).
――――, 2017,『平成28年社会福祉施設等調査』, 厚生労働省ホームページ（2018年7月9日取得, https://www.mhlw.go.jp/toukei/saikin/hw/fukushi/16/index.html).
厚生省, 1994,『「緊急保育対策等5か年事業」の概要』.
久冨善之, 2012,「学校・教師と親の〈教育と責任〉をめぐる関係構成」『教育社会学研究』90: 43-64.
Lauder, H., Brown, P., Dillabough, J. and Halsey, A. H., 2006, *Education, Globalization, and Social Change*, Oxford University Press.（=2012, 広田照幸・吉田文・本田由紀編訳『グローバル化・社会変動と教育――市場と労働の教育社会学』東京大学出版会.）
Lenz, I., 2013,「フェミニズムにおける『私』と『公』のダイナミクス――ドイツと日本」(古谷野郁・左海陽子 訳)落合恵美子編『親密圏と公共圏の再編成――アジア近代からの問い』京都大学学術出版会, 277-296.
Levin, H. M. and Belfield, C. R, 2003, "The Marketplace in Education", *Review of Research in Education 27*, Washington, DC: American Educational Association.（=2012, 小林雅之訳「市場における教育」苅谷剛彦・志水宏吉・小玉重夫編訳『グローバル化・社会変動と教育2――文化と不平等の教育社会学』東京大学出版会.）

松木洋人，2007,「子育てを支援することのジレンマとその回避技法――支援提供者の活動における『限定性』をめぐって」『家族社会学研究』19(1): 18-29.
――――，2009,「『保育ママ』であるとはいかなることか」『年報社会学論集』22: 162-173.
――――，2013,『子育て支援の社会学――社会化のジレンマと家族の変容』新泉社.
――――，2016,「『育児の社会化』を再構想する――実子主義と『ハイブリッドな親子関係』」野辺陽子・松木洋人・日比野由利・和泉広恵・土屋敦編著『〈ハイブリッドな親子〉の社会学――血縁・家族へのこだわりを解きほぐす』青弓社，5-41.
Merriam, S. B., 1998, *Qualitative Research and Case Study Applications in Education*, Hoboken, State of New Jersey: John Wiley and Sons.（=2004, 堀薫夫・久保真人・成島美弥訳『質的調査法入門――教育における調査法とケース・スタディ』ミネルヴァ書房.）
耳塚寛明，1998,「少子化時代の受験戦争」『教育と医学』(535)，慶應義塾大学出版会，40-46.
――――，2007,「小学校学力格差に挑む――だれが学力を獲得するのか」『教育社会学研究』80: 23-39.
耳塚寛明・金子真理子・諸田裕子・山田哲也，2002,「関東地方小学生六千二百万人学力調査 先鋭化する学力の二極分化――学力の階層差をいかに小さくするか」『論座』朝日新聞社，90: 212-227.
耳塚寛明編，2014,『教育格差の社会学』有斐閣.
三浦文夫，1985,『社会福祉政策研究――社会福祉経営論ノート』全国社会福祉協議会.
宮寺晃夫，2014,『教育の正義論――平等・公共性・統合』勁草書房.
文部科学省，2001,『幼児教育の充実に向けて――幼児教育振興プログラムの策定に向けて（報告）』，文部科学省ホームページ（2018年4月2日取得，http://www.mext.go.jp/b_menu/shingi/chousa/shotou/005/toushin/010204.htm）.
――――，2002,『『預かり保育』の参考資料』.
――――，2003a,『平成14年度学校基本調査』.
――――，2003b,『文部科学時報 5月臨時増刊号』ぎょうせい.
――――，2006,『預かり保育について』（中央教育審議会初等中等分科会教育課程部会第46回配布資料）.
――――，2007,「学校教育法等の一部を改正する法律について（通知）」，文部科学省ホームページ（2018年8月7日取得，http://www.mext.go.jp/b_menu/hakusho/nc/07081705.htm）.
――――，2008a,「重要対象分野に関する評価書――少子化社会対策に関連する子育て支援サービス」，文部科学省ホームページ（2018年4月2日取得，http://www.mext.go.jp/a_menu/hyouka/kekka/08100102.htm）.

―――――, 2008b,『幼稚園教育要領』(平成20年3月28日改訂).
―――――, 2011,『平成22年度 幼児教育実態調査』.
―――――, 2013,『平成24年度 幼児教育実態調査』.
―――――, 2015,『平成26年度幼児教育実態調査』.
―――――, 2017a,『平成28年度幼児教育実態調査』.
―――――, 2017b,『幼稚園教育要領』(平成29年3月改訂).
―――――, 2017c,『平成29年度学校基本調査』.
文部科学省・厚生労働省 幼保連携推進室, 2011,「認定こども園の平成23年4月1日現在の認定件数について」, 文部科学省・厚生労働省 幼保連携推進室ホームページ (2018年4月8日取得, http://www.youho.go.jp/press110502.html).
文部科学省教育課程課・幼児教育課編, 2014,『幼稚園教育年鑑 平成26年度版』東洋館出版.
文部省, 1988,『初等教育資料 昭和63年6月号』東洋館出版.
―――――, 1998a,『幼稚園教育要領』(平成10年12月).
―――――, 1998b,『文部時報 10月臨時増刊号』ぎょうせい.
―――――, 2000,『文部時報 6月臨時増刊号』ぎょうせい.
文部省・厚生省・労働省・建設省, 1994,「今後の子育て支援のための施策の基本的方向について」, 厚生労働省ホームページ (2018年4月4日取得, http://www.mhlw.go.jp/bunya/kodomo/angelplan.html).
森楙, 1980,「就学前教育」新堀通也編『日本の教育地図〈学校教育編〉』, ぎょうせい.
村山祐一, 2004,「育児の社会化を子育て支援の課題について」『教育学研究』71(4): 55-67.
―――――, 2016,「戦後の『一元化論』・「一元化・一体化政策」の動向と課題」日本保育学会編『保育学講座2 保育を支えるしくみ――制度と行政』東京大学出版会, 51-89.
無藤隆, 2006,『乳幼児および学童における子育て支援の実態と有効性に関する研究』2003年～2006年度 科学研究費補助金研究成果報告書, 白梅学園大学.
無藤隆・神長美津子, 2003,『幼稚園教育の新たな展開――園づくり・保育の疑問に応える』ぎょうせい.
中河伸俊・永井良和, 1993,『子どもというレトリック――無垢の誘惑』青弓社.
中西さやか, 2017,「『子育て・保育の社会化』に関する研究動向と課題」『社会保育実践研究』名寄市立大学, 創刊号: 51-54.
中西正司・上野千鶴子, 2003,『当事者主権』岩波書店.
中岡成文, 2003,『ハーバーマス――コミュニケーション行為』講談社.
内閣府, 2003,『少子化社会対策基本法 (平成十五年七月三十日法律第百三十三号)』.
―――――, 2007,『「子どもと家族を応援する日本」重点戦略』, 内閣府ホームページ

　　　　（2018 年 4 月 4 日取得，http://www8.cao.go.jp/shoushi/shoushika/meeting/measures/decision.html）．
内閣府子ども・子育て新制度執行準備室，2014，『子ども・子育て支援新制度について』．
内閣府，2017，「平成 29 年度予算案における一時預かり事業（幼稚園型）の新規・拡充事項」，内閣府ホームページ（2018 年 7 月 9 日取得，http://www8.cao.go.jp/shoushi/shinseido/administer/setsumeikai/h290314/pdf/s3-3.pdf）．
─────，2018a，「平成 30 年度における子ども・子育て支援新制度に関する予算案の状況について」，内閣府ホームページ（2018 年 7 月 9 日取得，http://www8.cao.go.jp/shoushi/shinseido/meeting/jigyounushi/h29/0118/pdf/s2.pdf）．
─────，2018b，「幼児教育幼児教育・高等教育無償化の制度の具体化に向けた方針」（平成 30 年 12 月 28 日関係閣僚合意），内閣府ホームページ（2019 年 1 月 26 日取得，https://www8.cao.go.jp/shoushi/shinseido/outline/pdf/free_ed/houshin.pdf）．
内閣官房，2018，「幼稚園，保育所，認定こども園以外の無償化措置の対象範囲等に関する検討会報告書」，内閣官房ホームページ（2018 年 7 月 9 日取得，https://www.cas.go.jp/jp/seisaku/kodomo_mushouka/pdf/h300531_houkoku.pdf）．
野平慎二，2000，「教育の公共性と政治的公共圏」『教育学研究』67(3)：13-22．
OECD, 2006, *Starting Strong* Ⅱ：*Early Childhood Education and Care*, OECD Publishing.（=2011, 星三和子・首藤美香子・大和洋子・一見真理子訳『OECD 保育白書──人生の始まりこそ力強く 乳幼児期の教育とケア（ECEC）の国際比較』明石書店．）
大日方真史，2008，「教師・保護者間対話の成立と公共性の再構築──学級通信の事例研究を通じて」，『教育学研究』(75) 4：381-392．
小田豊，2014，『幼保一体化の変遷』北大路書房．
荻野亮吾，2008，「社会活動の公共性に関する考察──『関係論アプローチ』の観点から」『東京大学生涯学習・社会教育学研究』33：35-44．
小熊英二，2000，「『日本型』近代国家における公共性」『社会学評論』50(4)：524-540．
岡田正章，1970，『保育学講座 3 日本の保育制度』フレーベル館．
岡野八代，2007，「フェミニズムにおける公共性『問題』」『立命館法学』2007 年(6)：38-61．
Okin, S., 1989, *Justice, Gender, and the Family*, New York: Basic Books.（=2013, 山根純香・内藤準・久保田裕之訳『正義・ジェンダー・家族』岩波書店．）
大日向雅美，1988，『母性の研究』川島書店．
─────，2000，『母性愛神話の罠』日本評論社．

大澤麦, 2003,「マイケル・ウォルツァーの寛容論」『法学研究』慶應義塾大学法学研究会 76(12): 299-320.
齋藤純一, 2000,『公共性』岩波書店.
逆井直紀, 2016,「保育所最低基準と規制緩和政策」日本保育学会編『保育学講座2 保育を支えるしくみ——制度と行政』東京大学出版会, 147-176.
————, 2017,「新制度の多様な実態——幼稚園の状況と新制度」『保育白書 2017年度版』ひとなる書房, 85-88.
桜井厚, 2002,『インタビューの社会学——ライフストーリーの聞き方』せりか書房.
佐貫浩, 2007,「政治世界の公共性と教育世界の公共性——その関係性についての考察」『教育学研究』74(4): 493-504.
佐藤郁哉, 2006,『フィールドワーク 増訂版——書を持って街へ出よう』新曜社.
柴崎正行, 2004,「『預かり』から『サポート』へ——『預かり保育』を見直す」『初等教育資料』文部科学省教育課程課・幼児教育課編, 786: 78-84.
志水宏吉, 2004,「低学力克服への戦略——『効果のある学校』論の視点から」苅谷剛彦・志水宏吉編『学力の社会学——調査が示す学力の変化と学習の課題』岩波書店, 217-236.
下夷美幸, 2000,「『子育て支援』の現状と論理」藤崎宏子編『親と子——交錯するライフコース』ミネルヴァ書房, 271-295.
新川敏光, 2009,「福祉レジーム変容の比較と日本の軌跡」宮島洋・西村周三・京極高宣編『社会保障と経済 第1巻 企業と労働』東京大学出版会, 29-51.
汐見稔幸, 1998,「現代の家族問題と『心の教育』——中教審『中間報告』と『父性の復権』論をめぐって」『教育』48(7): 6-15.
————, 2007,「わが国における公共性の実現と男性の育児参加問題」高石恭子編『育てることの困難』人文書院, 39-56.
園田菜摘・無藤隆, 2001,「幼稚園『預かり保育』に関する研究——保育の質と子どもの様子」『乳幼児教育学研究』(10): 33-40.
園田菜摘・無藤隆, 2005,「養育者の子育て状況と預かり保育への意識」『山形大学紀要(人文科学)』15(4): 203-212.
相馬直子, 2004,「『子育ての社会化』のゆくえ——『保育ママ制度』をめぐる政策・保育者の認識に着目して」『社会福祉学』45(2): 35-45.
————, 2011,「『子育ての社会化』論の系譜と本研究プロジェクトの目的」『生協総研レポート』66: 1-16.
————, 2013,「子育て支援と家族政策——家族主義的福祉レジームのゆくえ」庄司洋子編『親密性の福祉社会学』東京大学出版会, 43-67.
総務省, 2005,『国民生活白書』.
————, 2011,『幼稚園設置基準(平成二三年一〇月一九日文部科学省令第三五号)』.
Spector, M. and Kitsuse, J.I., 1977, *Constructing Social Problems*, San Francisco:

Benjamin-Cummings Publishing Company.（=1990, 村上直之・中河伸俊・鮎川潤・森俊太訳『社会問題の構築――ラベリング理論をこえて』マルジュ社.）

杉田敦, 2015,『境界線の政治学 増補版』岩波書店.

鈴木勤, 1997,『そこが知りたい！ 預かり保育――全国縦断アンケート調査』世界文化社.

高石恭子編, 2007,『育てることの困難』人文書院.

髙橋哲, 2005,「教育の公共性と国家関与をめぐる争点と課題」『教育学研究』72(2): 245-256.

高嶋景子, 2007,「幼稚園での預かり保育――保育の場での子どもの生活と発達①」『発達』28(111): 70-76.

田中智志, 2002,『他者の喪失から感受へ――近代の教育装置を超えて』勁草書房.

武川正吾, 2000,『福祉と生活に関する意識調査（SPSC 調査）』.

―――, 2011,『福祉社会――包摂の社会政策 新版』有斐閣.

丹治恭子, 2011,「子育ての社会化をめぐる葛藤」岡本智周・田中統治編『共生と希望の教育学』筑波大学出版会, 90-97.

―――, 2012,「ケア行為に関する意識とジェンダー――担い手・責任主体の視点から」『社会学年誌』早稲田大学社会学会(53): 33-44.

―――, 2015,「『教育』と『ケア』をめぐる相克――『幼保一元化』の検討から」金井淑子・竹内聖一編『ケアの始まる場所――哲学・倫理学・社会学・教育学からの 11 章』ナカニシヤ出版, 106-122.

天童睦子, 2007,「家族格差と子育て支援――育児戦略とジェンダーの視点から」『教育社会学研究』80: 61-83.

天童睦子編, 2016,『育児言説の社会学――家族・ジェンダー・再生産』世界思想社.

東京都教育委員会, 2011,「平成 23 年度東京都公立学校一覧」, 東京都教育委員会ホームページ（2018 年 4 月 2 日取得, http://www.kyoiku.metro.tokyo.jp/toukei/23kouritsu/23mokuji.htm）.

東京都教育委員会, 2012,「市町村立幼稚園・小学校・中学校の設置・廃止等について（平成 24 年 4 月 1 日現在）」, 東京都教育委員会ホームページ（2018 年 4 月 2 日取得, http://www.kyoiku.metro.tokyo.jp/pickup/p_gakko/gimu_tohaigo.htm）.

東京都生活文化局, 2010,「東京都内の私立幼稚園一覧」, 東京都生活文化局ホームページ（2018 年 4 月 2 日取得, http://www.seikatubunka.metro.tokyo.jp/shigaku/youcien/meibo/24youcien_all.pdf）.

東京都総務局, 2011,「平成 22 年度学校基本調査報告」, 東京都総務局ホームページ（2018 年 4 月 2 日取得, http://www.toukei.metro.tokyo.jp/gakkou/2010/gk10qg10000.htm）.

辻由希, 2012,『家族主義福祉レジームの再編とジェンダー政治』ミネルヴァ書房.

上野千鶴子，2011,『ケアの社会学——当事者主権の福祉社会へ』太田出版.
卯月由佳，2009,「教育の公共性と準市場——多様な個人のために機会を創造すること」広田照幸編『自由への問い5 教育——せめぎあう「教える」「学ぶ」「育てる」』岩波書店，21-51.
山縣文治，1999,「児童福祉法改正に関わる研究・実践動向」『子ども社会研究』5: 125-130.
山本理絵・神田直子，1999,「幼稚園における『預かり保育』・子育て支援に関する研究（その2）——『預かり保育』の内容・方法を中心に」『愛知県立大学児童教育学科論集』33: 31-42.
山本達人，2015,「学校教育に対する保護者の『教育意識』に関する実証研究の動向」『東京大学大学院教育学研究科紀要』55: 139-148.
山根真理，2000,「育児不安と家族の危機」清水新二編『家族問題——危機と存続』ミネルヴァ書房，21-40.（再録：広田照幸編『リーディングス 日本の教育と社会 第3巻 子育て・しつけ』日本図書センター，53-68.）
Walzer, M., 1997, *On toleration*, New Haven, Connecticut: Yale University Press. (=2003, 大川正彦訳『寛容について』みすず書房.)
―――, 2007, *Thinking Politically: Essays in Political Theory*, New Haven, Connecticut: Yale University Press. (=2012, 萩原能久・齋藤純一監訳『政治的に考える——マイケル・ウォルツァー論集』風行社.)
Williams, F., 2009, *Claiming and Framing in the Making of Care Policies: The Recognition and Redistribution of Care*, Geneva: United Nations Research Institute for Social Development.
安田三郎・原純輔，1982,『社会調査ハンドブック 第3版』，有斐閣.
谷澤正嗣，2006,「公共性——公共圏とデモクラシー」川崎修・杉田敦編著『現代政治理論』有斐閣，217-241.
矢澤澄子・国広陽子・天童睦子，2003,『都市環境と子育て——少子化・ジェンダー・シティズンシップ』勁草書房.
横山文野，2004,「育児支援政策の展開——子育ての社会化に向けて」杉本貴代栄編『フェミニスト福祉政策原論』ミネルヴァ書房，67-86.
吉長真子，2008,「日本における〈育児の社会化〉の問題構造——教育と福祉をつらぬく視点から」『東京大学大学院教育学研究科 教育学研究室 研究室紀要』34: 1-13.
全国保育団体連絡会・保育研究所編，2017,『保育白書2017年度版』ひとなる書房.

参考資料

○○幼稚園　△△園長先生

お茶の水女子大学大学院人間文化創成科学研究科
博士前期課程　2年　清水美紀

修士論文における調査実施のお願い

拝啓　ますますご発展のこととお慶び申し上げます。
　現在，「幼稚園における預かり保育に関する幼稚園教職員の意識」というテーマに取り組んでおります。
　つきましては，下記の内容で調査に御協力いただきたく存じます。よろしく御協力のほどお願い申し上げます。

敬具

記

調査希望期間：2012年7月～9月下旬
対象：幼稚園教職員のみなさま（勤務形態，職位，職種等を問わず，ご協力をお願いします。）
調査目的：幼稚園での子育て支援活動，とくに預かり保育に関するアンケート調査をおこない，幼稚園教職員の意識を調査する。
調査方法：①調査へのご協力の可否をうかがう。
　　　　　②協力者に幼稚園での子育て支援活動や預かり保育について，質問紙を用いてアンケート調査をおこなう（所要時間の目安は20分程度）。
　　　　　③質問紙の配布および回収方法は，調査者による訪問または郵送とする。
　　　　　④質問紙の配布から回収までの期間は1週間～2週間を予定している。
　　　　　⑤アンケート回答者の中から許可をいただいた方を対象に，追加調査としてインタビューの実施を予定している（一人につき30分～1時間程度）。
　　　　　⑥対象者へのインタビュー内容はICレコーダーを用いて録音を行う。

質問紙について：
1）　黄緑色の封筒の質問紙　…各園から1部，ご回答いただきますようよろしくお願い申し上げます。とくに園長先生，または副園長先生，教頭先生にご協力いただけますと幸いでございます。
2）　茶色の封筒の質問紙　…黄緑色の封筒の質問紙にご回答いただいていない教職員のみなさまにご回答をお願い申し上げます。

研究データの取り扱いについて：
　本調査のデータを下に，修士論文を作成します。また，修士論文は，お茶の水女子大学　保育・児童学コース内での修士論文発表を行う予定でおります。その際，公表に関しては園名や個人名が特定されることはございません。また，その他，学会誌，研究紀要に公表する場合には改めて研究協力園にご相談した上で行います。また，調査結果データはすべて研究協力園に提供することができます。

以上

連絡先
e-mail：　　　　　　@edu.cc.ocha.ac.jp
tel：　　-　　-　　（留守録付）
お茶の水女子大学大学院　人間文化創成科学研究科
博士前期課程　2年　清水美紀

「幼稚園の預かり保育および子育て支援に関するアンケート」
へのご協力のお願い

拝啓
　時下ますますご清栄のこととお慶び申し上げます。
　この度は『幼稚園の預かり保育および子育て支援に関するアンケート』にご協力いただきありがとうございます。
　本調査では，幼稚園教職員のみなさまを対象に，現在お勤めされている幼稚園での預かり保育や子育て支援活動の実施の有無や実施状況，預かり保育への考え，子育て支援への考え等についておうかがいし，教職員の方々が幼稚園の役割の拡大をどのように捉えているかを明らかにすることを目的としております。今後の子育て支援，就学前教育，保育の動向を検討するにあたり，幼稚園教職員のみなさまの意識やお考えをおうかがいすることは重要であるという思いから，今回調査を実施させていただきたいと思っております。調査の主旨を十分にご理解いただき，ご協力くださいますようお願い申し上げます。
　　　　　　　　　　　　　　　　　　　　　　　　　　　　　　　　敬具

1) 本調査のデータを下に，修士論文を作成します。また修士論文は，お茶の水女子大学　保育・児童学コース内での修士論文発表を行う予定でおります。公表に際しては園名や個人名が特定されることはございません。ご回答は慎重に管理し，データはすべて匿名で統計的に処理いたします。
2) どうしても答えたくない質問，分からない質問は，無理にご回答いただかなくてかまいません。
3) 回答がお済みになった調査票は，<u>個別の封筒に入れ，必ず封をしてくださいますようお願い申し上げます。</u>
4) 調査結果については，平成25年3月以降にご所属の幼稚園に送付予定です。

　　　　　　　　　　　　　　　　　　　　　　　　　　　　　　　平成 24 年 7 月
　　　　　　　　お茶の水女子大学大学院　人間文化創成科学研究科　人間発達科学専攻
　　　　　　　　　　　　　　保育・児童学コース　博士前期課程 2 年　清水美紀

　　　　　　　　　　　　　　調査に関するお問い合わせは下記にお願いします。
　　　　　　　　　　　　　　　　　〒 112-8610
　　　　　　　　　　　　　　　　　東京都文京区大塚 2-1-1
　　　　　　　　　　　　　　　　　　お茶の水女子大学
　　　　　　　　　　　　　　　　　小玉亮子研究室内　清水美紀
　　　　　　　　　　　　　　　　　e-mail：■■■■@edu.cc.ocha.ac.jp
　　　　　　　　　　　　　　　　　tel：■■-■■-■■■（留守録付）

◆はじめに，貴園についておうかがいします。

【Q1】貴園の設置形態について，あてはまる番号に○をつけてください。
　　1．公立幼稚園　　　　　　　　2．私立幼稚園

【Q2】貴園が開園してから現在に至るまでの年数について，【　　】内にご記入ください。
　　創立【　　】年

【Q3】平成24年7月1日現在の園児数と学級数について，【　　】内に数字をご記入ください。該当する園児や学級がない場合は「0」人・「0」学級と記入してください。

年齢	園児数	学級数
3歳児（満3歳児を含む）	【　　】人	【　　】学級
4歳児	【　　】人	【　　】学級
5歳児	【　　】人	【　　】学級

【Q4】貴園では異年齢による学級を編成していますか。あてはまる番号に○をつけてください。
　　1．している　　　　　　　　2．していない

【Q5】平成24年7月1日現在の教師・職員数などについて，【　　】内にご記入ください。該当する教師・職員の方がいない場合は「0」人と記入してください。

教師数	合計【　　】人　※園長，副園長（教頭），主任を含む	
雇用形態別人数	1．フルタイムで正規雇用（契約期間の定めがない）の**教師数**	【　　】人
	2．フルタイムで非正規雇用（契約期間を設けている）の**教師数**	【　　】人
	3．パートタイム雇用の**教師数**	【　　】人
職員数	1．事務職員	【　　】人
	2．養護教員（看護師など）	【　　】人
	3．用務員・警備員・その他	【　　】人

【Q6】教師向けの研修についておうかがいします。
（1）園内研修（自園で主催する研修）の実施頻度について，もっとも近い番号1つに○をつけてください。
　　1．週に1回　　　2．月に1,2回　　　3．年に数回
　　4．その他【　　　　　　　　　】　5．実施していない

（2）園内研修で外部の専門家を講師として招く回数（年間）を教えてください。
　　平均【　　】回程度
　　※とくに招くことがなければ，「0」回と記入

(3) 貴園が許可して教師が受講する<u>園外研修（外部の講習会など）</u>への参加頻度について，<u>もっとも近い番号1つ</u>に○をつけてください。なお，1人でも参加していれば，1回とカウントしてください。
 1. 週に1回　　　　2. 月に1, 2回　　　　3. 年に数回
 4. その他【　　　　　　　　　】　　5. 参加していない

【Q7】貴園で決めている<u>通常の保育時間</u>（※預かり保育の時間は含みません）は，何時から何時までですか。
 【　　】時【　　】分 ～ 【　　】時【　　】分まで

【Q8】貴園の登降園の方法について，<u>あてはまる番号すべて</u>に○をつけてください。
 1. 保護者が送迎　　　　2. スクールバスで送迎
 3. その他【　　　　　　　　　　　　　　】

【Q9】貴園では給食を実施していますか。あてはまる番号に○をつけてください。
 1. 実施している　　　　2. 実施していない

【Q10】貴園の保育にもっとも近い番号1つに○をつけてください。
 1. 園児の主体的な活動を中心に行う保育
 2. 教師の設定した活動を中心に行う保育
 3. 「1」と「2」が半々くらい
 4. その他　【具体的に：　　　　　　　　　　　　　　　】

◆次に，貴園での子育て支援の実施状況についておうかがいします。
なお，本調査では「子育て支援」とは，文部科学省　幼児教育振興アクションプログラムを参照して，「『親と子が共に育つ』観点からの幼稚園等施設を利用している幼児の家庭に対する支援」とします。

【Q11】現在，貴園で実施している子育て支援について，<u>あてはまるものすべて</u>に○をつけてください。
 1. 子育て相談（幼稚園教職員による）
 2. 子育て相談（カウンセラー等外部の人材による）
 3. 未就園児の保育
 4. 園庭，園舎の開放
 5. 父親に重点をおいた保育参加
 6. 子育て情報の提供（情報誌・紙）
 7. 子育て情報の提供（インターネット）
 8. 子育て公開講座・講演会（幼稚園教職員による）
 9. 子育て公開講座・講演会（外部の人材による）
 10. その他【　　　　　　　　　　　　　　　　　　　】

◆続いて，貴園の預かり保育の実施状況についておうかがいします。
なお，本調査では「預かり保育」とは，幼稚園教育要領を参照して，「地域の実態や保護者の要請により教育課程に係る教育時間の終了後等に希望する者を対象に行う教育活動」とします。

【Q12】貴園での「預かり保育」を実施の有無と開始年度について，あてはまる番号に○をつけ，【　　　】内に開始年度をご記入ください。
　　1. 実施している　【　　　】年度より開始→**【SQ12-1】**へお進みください。
　　2. 実施していない　　　　　　　　→**【Q13】**へお進みください。

【SQ12-1】週当たりの預かり保育の実施日数について（<u>長期休業中の実施は除きます</u>），あてはまる番号1つに○をつけてください。
　　1. 週1日　　2. 週2日　　3. 週3日　　4. 週4日　　5. 週5日
　　6. 週6日　　7. 週7日　　8. その他【　　　　　　　　】

【SQ12-2】正規の登園時間前の預かり保育の実施について，あてはまる番号に○をつけてください。なお実施されている場合には，開始時刻を【　　　】内にご記入ください。
　　1. 実施あり　【　　時～正規の登園時間まで】　　2. 実施なし

【SQ12-3】預かり保育の終了時間帯について，あてはまる番号1つに○をつけてください。
　　1. 午後3時以前　　2. 午後3時～4時　　3. 午後4時～5時
　　4. 午後5時～6時　　5. 午後6時～7時
　　6. 午後7時以降【　　時まで】

【SQ12-4】長期休業中に預かり保育の実施はありますか。あてはまる番号に○をつけてください。
　　1. 長期休業中の実施あり――▶**【SQ12-4-1】**へお進みください。
　　2. 長期休業中の実施なし――▶**【SQ12-5】**へお進みください。

【SQ12-4-1】長期休業中の預かり保育の実施期間について，<u>あてはまる番号すべてに</u>○をつけ，実施日数（今年度予定）を【　　　】内にご記入ください。
　　1. 夏季休業中【　　】日　　2. 冬季休業中【　　】日
　　3. 春季休業中【　　】日　　4. その他【　　　　　】

【SQ12-5】通常，預かり保育を実施している場所はどこですか。<u>あてはまる番号すべてに</u>○をつけてください。
　　1. 園庭　　2. 通常保育と同じ保育室　　3. 預かり保育専用の部屋
　　4. 応接室　　5. ホール　　6. 体育室
　　7. その他【　　　　　　　】　　8. わからない

【SQ12-6】預かり保育を担当されている教職員についておうかがいします。**預かり保育を担当される教職員すべてに○をつけ，【　】内に人数をご記入ください。**
1. 園長　　2. 副園長　　3. 教頭　　4. 主任【　　】名
5. クラス担任（常勤）【　　】名
6. クラス担任（非常勤）【　　】名
7. クラス補助員（常勤）【　　】名
8. クラス補助員（非常勤）【　　】名
9. 預かり保育専任職員（常勤）【　　】名
10. 預かり保育専任職員（非常勤）【　　】名

【SQ12-7】預かり保育を利用する園児数は，園全体で1日平均何名くらいですか。【　　】内にご記入ください。
1日平均【　　】名くらい

【SQ12-8】預かり保育の受付時に保護者にその利用理由を聞いていますか。あてはまる番号に○をつけてください。
1. 利用理由を聞いている　　2. 利用理由は聞いていない

【SQ12-9】預かり保育を利用している保護者の利用理由について，下記から多いと見受けられる理由を<u>3つまで選んで，○をつけください</u>。
1. 仕事　　2. きょうだいの保護者会への参加　　3. 家事
4. 介護　　5. 友人との交流や趣味
6. 保護者自身のリフレッシュ
7. 近所に遊ぶ友達がいないから
8. その他【　　　　　　　　　】

【SQ12-10】預かり保育での園児の様子を保育記録に残していますか。あてはまる番号に○をつけてください。
1. 残している　　2. 残していない　　3. わからない

【SQ12-11】預かり保育の内容について，下記の活動を預かり保育時間内にどのくらいの頻度で実施していますか。あてはまる番号に1つずつ○をつけてください。

	まったく実施していない	ほとんど実施していない	たまに実施している	必ず実施している	わからない
1. 午睡	1	2	3	4	5
2. おやつ	1	2	3	4	5
3. 外遊び	1	2	3	4	5
4. ビデオ・DVD鑑賞	1	2	3	4	5
5. 室内遊び	1	2	3	4	5
6. 読み聞かせ	1	2	3	4	5

【SQ12-12】SQ12-11にあげた内容以外で，預かり保育時間内に実施していることがありましたら，具体的に教えてください。**【例】絵画教室，体操教室，音楽教室など**

[　　　　　　　　　　　　　　　　　　　　　　　　]

【SQ12-13】預かり保育での園児の様子をどのように保護者に伝えていますか。**あてはまるもののすべてに○をつけてください。**
　　1. 園内の掲示物　　　2. 園だより　　　3. 個別の連絡帳
　　4. 送迎時のやりとり　5. 個人面談　　　6. 保護者会
　　7. その他【　　　　　　　　　　　　】

◆ここからは再び，全員にご回答をお願いします。子育て支援と幼児教育・保育政策の現状に関しておうかがいします。

【Q13】あなたは，日常，保護者とよくコミュニケーションがとれていると思いますか。あてはまる番号1つに○をつけてください。

1. とてもそう思う　2. まあそう思う　3. どちらともいえない　4. あまりそう思わない　5. まったくそう思わない

【Q14】幼稚園における子育て支援として現在，保護者からどのようなことを求められていると感じていますか。次にあげる1〜5について，あてはまる番号にそれぞれ1つずつ○をつけてください。

	まったく求められていない	あまり求められていない	どちらともいえない	まあ求められている	非常に求められている
1. 子育てに関する不安や悩みなどの相談にのること	1	2	3	4	5
2. 園庭・園舎を開放して，園児が遊べるようにすること	1	2	3	4	5
3. 保護者が必要な時に園児を預かること	1	2	3	4	5
4. 子育てに関する情報を提供すること	1	2	3	4	5
5. 教育的な活動を多く取り入れること	1	2	3	4	5

【Q15】子育て家庭を支援するために，どのような取り組みが必要だと思いますか。次にあげる1～9について，あてはまる番号にそれぞれ1つずつ○をつけてください。

	まったく必要ない	あまり必要ない	どちらともいえない	まあ必要	とても必要
1. 子育てに関する相談にのる場を提供すること	1	2	3	4	5
2. 地域の子育て中の親子が利用できる「子育てひろば」を増やすこと	1	2	3	4	5
3. 幼稚園と保育所の連携を推進すること	1	2	3	4	5
4. 認定こども園など幼保一体型の施設を拡充すること	1	2	3	4	5
5. 幼稚園で教育的な活動を多く取り入れること	1	2	3	4	5
6. 幼稚園での預かり保育を拡充すること	1	2	3	4	5
7. 幼稚園での未就園児保育を拡充すること	1	2	3	4	5
8. 保育所施設数を増やすこと	1	2	3	4	5
9. 保育所での延長保育，休日保育，病児・病後児保育を充実させること	1	2	3	4	5

【SQ15-1】Q15にあげた内容以外で，子育て家庭を支援するために，**とくに幼稚園が担う必要があるとお考えの取組み等**がございましたら，自由にご記述ください。

[　　　　　　　　　　　　　　　　　　　　　　　　　　　　]

【Q16】**あなたは，**幼稚園での子育て支援活動をどのように進めていくのが良いと思いますか。あてはまる番号1つに○をつけてください。
1. さらに積極的に実施するのが良い
2. 現状のままでよい
3. 規模を縮小するのが良い

◆続いて，預かり保育に関するあなたのお考えを教えてください。

【Q17】あなたは預かり保育についてどのようにお考えですか。**貴園で預かり保育を実施されていない場合には**，預かり保育にどのような印象をお持ちか教えてください。次にあげる1～15について，あてはまる番号にそれぞれ1つずつ○をつけてください。

	まったくそう思わない	あまりそう思わない	どちらともいえない	まあそう思う	とてもそう思う
1. 預かり保育の実施に必要な人員の確保が困難である	1	2	3	4	5
2. 子どもの成長や発達によい影響がみられる	1	2	3	4	5
3. 預かり保育は親への支援として必要だと思う	1	2	3	4	5
4. 預かり保育の実施によって，保護者同士の預かり合いのネットワークが縮小するのではないかと危惧される	1	2	3	4	5
5. 本来，定時でのお迎えが理想的である	1	2	3	4	5
6. 子どもが新たな仲間関係を築くきっかけになる	1	2	3	4	5
7. 預かり保育を通して，教職員の子どもへの理解が深まる	1	2	3	4	5
8. 預かり保育実施に係る業務のため，教職員の負担が過大になる	1	2	3	4	5
9. 保護者の都合を優先して子どもがかわいそう	1	2	3	4	5
10. 保護者が仕事，家事や自分のことなどに取り組む時間に余裕ができる	1	2	3	4	5
11. 預かり保育は親の甘えを助長することになる	1	2	3	4	5
12. 預かり保育によって幼稚園の教育力が向上する	1	2	3	4	5
13. 保護者の不安やいらいら，悩みが減る	1	2	3	4	5
14. 子どもが預かり保育の活動を楽しむことができる	1	2	3	4	5
15. 預かり保育の中で質の高い保育が実践されている	1	2	3	4	5

【SQ17-1】Q17にあげた内容以外で，預かり保育についてご意見がございましたら，自由にご記述ください。

[   ]

【Q18】「教育課程に係る教育時間」（以下，「通常保育」とします。）と「預かり保育」の関係についてどのようにお考えですか。次にあげる1～6について，あてはまる番号にそれぞれ1つずつ○をつけてください。

	まったくそう思わない	あまりそう思わない	どちらともいえない	まあそう思う	とてもそう思う
1. 通常保育と同様に，預かり保育について保育記録を残す必要がある	1	2	3	4	5
2. 通常保育と預かり保育との連続性は意識されるべきである	1	2	3	4	5
3. 通常保育と預かり保育は互いに独立したものである	1	2	3	4	5
4. 通常保育と預かり保育の担当教師はできれば同じが良い	1	2	3	4	5
5. 預かり保育特有のカリキュラムが必要である	1	2	3	4	5
6. 預かり保育では，通常保育よりも「家庭的な雰囲気」が意識されるほうが良い	1	2	3	4	5

【SQ18-1】Q18にあげた内容以外で，「通常保育」と「預かり保育」の関係についてご意見がございましたら，自由にご記述ください。

【Q19】貴園での預かり保育の実施の有無に関わらず，**あなたは**，預かり保育をどのように進めていくのが良いと思いますか。あてはまる番号1つに○をつけてください。
1. 現在実施しているが，さらに積極的に実施するのが良い
2. 現在実施しているが，現状のままでよい
3. 現在実施しているが，規模を縮小するのが良い
4. 現在<u>実施していないが</u>，今後積極的に実施するのが良い
5. 現在<u>実施していないが</u>，現状のまま実施しなくてよい

◆続いて，あなたの考え・ご意見をおうかがいします。

【Q20】次にあげる1～8のA群，B群のそれぞれについて，あなたのお考えに近いものはどちらですか。あてはまる番号にそれぞれ1つずつ○をつけてください。

【A群】	Aと同じ	Aにかなり近い	Aに少し近い	Bに少し近い	Bにかなり近い	Bと同じ	【B群】
1. 時と場合によって，柔軟に指導の計画をかえる	1	2	3	4	5	6	いったん決めたら一貫して指導の計画を実行する
2. 子どもの協調性を育てる	1	2	3	4	5	6	子どもの自立性，独立性を育てる
3. 鉄棒，マットなどの運動では，その活動に興味を持つよう指導する	1	2	3	4	5	6	鉄棒，マットなどの運動がうまくできるように指導する
4. 言葉や数よりも，音感や情感が育つように育てる	1	2	3	4	5	6	音感や情感よりも，言葉や数がわかるように指導する
5. まず子どもが基本的な生活習慣をしっかり身につけるように指導する	1	2	3	4	5	6	基本的生活習慣のしつけよりも，まずは子どもがのびのびと活動するように指導する
6. ケンカが起きた時は先生が直ちに入って解決する	1	2	3	4	5	6	ケンカが起きた時は子どもに解決を任せる
7. 子どもの短所よりも，長所をより伸ばすように指導する	1	2	3	4	5	6	子どもの長所よりも，まず短所を克服するように指導する
8. 造形などでは，初めに教師がきめこまかく計画し，それにそって指導する	1	2	3	4	5	6	造形などでは課題の大枠だけを決め，後は子どもの自発的活動に任せる

【Q21】次にあげる1～7の意見について，あなたはどのように思いますか。あてはまる番号にそれぞれ1つずつ○をつけてください。

	非常に反対	やや反対	どちらともいえない	やや賛成	非常に賛成
1. 男性は外で働き，女性は家庭を守るべきである	1	2	3	4	5
2. 子どものためなら親は自分のことを犠牲にしてもよい	1	2	3	4	5
3. 男の子は男の子らしく，女の子は女の子らしくあるべきである	1	2	3	4	5

	非常に反対	やや反対	どちらともいえない	やや賛成	非常に賛成
4. 母親にとって子育ても大事だが，自分の生き方も大切にすべきである	1	2	3	4	5
5. 子どもが3歳くらいまでは母親は育児に専念するほうがよい	1	2	3	4	5
6. 長時間保育に乳幼児のうちから通わせるのは，子どもがかわいそうである	1	2	3	4	5
7. 親であればわが子を「いとおしい」と感じるのは当然なことである	1	2	3	4	5

◆最後に，あなたご自身についておうかがいします。

※特にことわりのない場合は，単一回答でお願いします※

【1】	性別	1. 男性　　　　　　2. 女性
【2】	年齢	満【　　】歳
【3】	保育歴	【　　】年目　（現在【　　】園目）
【4】	免許／資格保有状況	1. 幼稚園教諭免許のみ　　　　2. 保育士資格のみ 3. 幼稚園教諭免許と保育士資格を併有 4. 上記以外の幼稚園教諭免許状（臨時免許状など） 5. 幼稚園教諭の免許状はないが，それ以外の教員免許有 【具体的に：　　　　　　　　　　　　　　　】 6. 教員免許がなく，保育士資格もない 7. その他【具体的に：　　　　　　　　　　　】
【5】	現在の職位	1. 園長　　　2. 副園長　　　3. 教頭 4. 主任　　　5. 教員（常勤）　6. 教員（非常勤／補助） 7. 事務職員　　8. その他【　　　　　　　】
【6】	現在の勤務状況	●あなたの現在の勤務状況について教えてください。 1日：【　　】時間勤務　週：【　　】日勤務
【7】	預かり保育のご担当者か	●あなたは預かり保育をご担当していらっしゃいますか。 1. 預かり保育を担当している 2. 預かり保育を担当していない，または，預かり保育を実施していない
【8】	最終学歴	1. 中学校　2. 高等学校　3. 専門学校　4. 短期大学 5. 大学　　6. 大学院　　7. その他【　　　　　】
【9】	配偶者の有無	1. 有　　　　　　　　　　2. 無
【10】	ご自身のお子さんについて	●お子さんはいらっしゃいますか。いらっしゃる方は，お子さんの人数と年齢をご記入ください。 1. 有　　　　　　　　2. 無 ※「1. 有」と答えられた方 　お子さんの人数　　　　　　【　　】名 　お子さん（末子）の年齢　満【　　】歳

なお，本調査のテーマをさらに詳しく調べるために，今回のご回答者の中から 10 名程度の方を対象に 9 月～10 月にインタビュー調査（30 分～1 時間程度）を予定しております。ご協力いただけますでしょうか。
1. ぜひ協力したい　　　2. 時間があれば協力してもよい　　　3. 協力できない

ご協力いただける方は，以下にお名前とご連絡先のご記入いただけますと幸いでございます。なお，インタビュー調査をお願いする場合には，再度ご依頼状をご本人様宛に送らせていただきます。
何卒よろしくお願い申し上げます。

◇ご連絡先【必須】 　（メールアドレスまたは電話番号）	
◇お名前	様
◇調査可能時期，曜日，時間帯，調査実施場所のご希望等	

■本調査に関してのご意見・ご感想等ございましたら，お願いいたします。

[　　　　　　　　　　　　　　　　　　　　　　　　　　　　　　]

　　　　　　質問は以上です。お忙しい中，長時間ご協力をいただきまして
　　　　　　　　　　　誠にありがとうございました。

○もう一度，回答もれがないかどうかお確かめいただけますでしょうか。
○ご回答いただいたアンケート票は必ず封をしてくださいますようにお願いいたします。

後日，調査員が回収に参ります。郵送による調査にご協力いただいた方は，別紙プリントにて回答期限をご確認いただきますようお願い申し上げます。

2013 年 8 月　日

インタビュー調査のお願い

拝啓　ますますご発展のこととお慶び申し上げます。
　現在,「預かり保育および就学前教育・保育に関する幼稚園教職員の意識」というテーマに取り組んでおります。今後の子育て支援,就学前教育,保育の動向を検討するにあたり,幼稚園教職員のみなさまのお考えをおうかがいすることは重要であると考え,今回インタビュー調査を実施させていただきたいと思っております。つきましては,下記の内容で調査に御協力いただきたく存じます。よろしく御協力のほどお願い申し上げます。

敬具

記

調査希望期間：2013 年 7 月～ 2014 年 3 月下旬
対象：幼稚園教職員のみなさま（勤務形態,職位,職種等を問わず,ご協力をお願いします。）
調査目的：幼稚園での預かり保育や幼稚園と家庭との関係等に関してインタビュー調査をおこない,今後の子育て支援や就学前教育・保育の動向を検討すること。
調査方法：① 調査への協力の可否を確認させていただきます。
　②調査協力者と調査を実施する日時,場所を相談させていただきます。
　③調査予定日当日,調査についてご説明させていただいた後,本調査にご協力いただける場合には,調査協力承諾書にご署名をいただきます。
　④調査協力者に幼稚園での預かり保育に関する内容を中心に,インタビュー調査をおこないます（質問項目は 6 つ程度。所要時間の目安は 1 人につき 1 時間程度）。
　⑤調査場所は,基本的にお茶の水女子大学内で実施予定ですが,調査協力者のご要望に沿って,喫茶店,公民館,調査協力者の職場等で行うこともあります。
　⑥インタビューの内容は IC レコーダーを用いて録音させていただきます。
　⑦答えにくい質問,分からない質問には,無理にご回答いただかなくてかまいません。また,インタビューの最中やインタビュー終了後も,研究協力を辞退することができます。
　⑧謝礼をお渡しします。

研究データの取り扱いについて：
　データ分析および論文作成に際しては,お名前については匿名として A・B などの事例記号で表示し,ご勤務先,地域,その他個人の特定につながるような情報は表示いたしません。そして,インタビューの音声データやそれを文字化したものについては,データ分析に先立って調査にご協力くださったご本人に提供し,確認していただくことができます。
　なお,本調査のデータをもとに学会での研究成果の発表および学術論文の執筆を予定しております。本調査でいただいたデータの利用をご承諾いただいた方には,研究の成果をとりまとめた内容をお渡しし,可能な限り協力者に還元できるように配慮いたします。

以上

連絡先
e-mail：████████@edu.cc.ocha.ac.jp
tel：██-██-██（留守録付）
お茶の水女子大学大学院　人間文化創成科学研究科
博士後期課程　1 年　清水美紀

インタビュー調査協力承諾書

　この度は『預かり保育および就学前教育・保育に関する幼稚園教職員へのインタビュー調査』にご協力いただきありがとうございます。下記をご一読いただき，調査の趣旨を十分にご理解いただき，ご協力くださいますようお願い申し上げます。

1) インタビュー内容は IC レコーダーを用いて録音させていただきます。録音したデータは，文字データに変換します。また，調査協力の承諾書（本書類），録音データと録音内容を文字化した書類は調査者の責任の下で，適切に保管・管理いたします。

2) データ分析および論文作成に際しては，お名前については匿名として A・B などの事例記号で表示し，ご勤務先，地域，その他個人の特定につながるような情報は表示いたしません。そして，インタビューの音声データやそれを文字化したものについては，データ分析に先立って調査にご協力くださったご本人に提供し，確認していただくことができます。

3) 本調査のデータをもとに学会での研究成果の発表および学術論文の執筆を予定しております。なお，本調査でいただいたデータの利用をご承諾いただいた方には，研究の成果をとりまとめた内容をお渡しし，可能な限り還元できるように配慮いたします。

4) 答えにくい質問，分からない質問は，無理にご回答いただかなくてかまいません。また，インタビューの最中やインタビュー終了後も，研究協力を辞退することができます。

5) 謝礼をお渡しします。

　　上記の内容をご承諾いただける場合，下記にご署名をお願いいたします。
　　また，データ分析に先立って，インタビュー内容を録音したデータおよび文字化したものの確認を希望される場合，本研究の成果を取りまとめた内容の送付を希望される場合には，下記の□にチェック（✓）をお願いいたします。

　　　□データ分析に先立ち，録音データを文字化した文書の確認を希望します。
　　　□本研究の成果を取りまとめた内容の送付を希望します。
　　　　※希望する送付先（メールアドレス又は自宅住所等）

$$\Bigl[\qquad\qquad\qquad\qquad\qquad\qquad\qquad\Bigr]$$

　私は本調査の趣旨および内容を理解し，この調査に協力することに同意いたします。

　　　　　　　　　　　　　　　　　　　　　　　　　　年　　　月　　　日
　　　　　　　　　　　　　　　　　　ご署名＿＿＿＿＿＿＿＿＿＿＿＿＿＿＿

2016 年　　月　　日

○○幼稚園　△△園長先生

お茶の水女子大学大学院人間文化創成科学研究科
博士後期課程　3 年　清水美紀

アンケート調査実施のお願い

拝啓

　時下ますますご清栄のこととお慶び申し上げます。

　前回調査（2012 年度）の際には，多くの保育者のみなさまにご協力を賜りました。ここに改めて感謝申し上げます。ありがとうございました。

　引き続きわたくしは現在，子育てにかかわる社会状況の変化や，幼稚園における子育て支援，とくに預かり保育に関する調査に取り組んでおります。子育てへの社会的支援の重要性がさけばれるようになって久しくなりますが，いま改めてその現状や課題について考究を深めていく必要があると考えている次第です。

　つきましては，継続調査として，下記の内容で調査にご協力いただければ幸甚に存じます。ご返送いただいたご回答は大切に使わせていただきます。お忙しいところ誠に恐れ入りますが，調査協力についてご検討くださいますよう，何卒よろしくお願い申し上げます。

敬具

記

調査期間：2016 年 7 月～9 月下旬
対象　　：幼稚園の保護者のみなさま
調査目的：日常の子育てや幼稚園での子育て支援，預かり保育の利用に関するアンケート調査をおこない，保護者の意識を調査する。
調査方法：
①各園の園長先生にアンケート用紙（サンプル）を送付させていただきます。園長および副園長，各クラス担任のみなさまで調査の内容をご確認いただき，ご検討をお願いいたします。
②アンケート用紙（サンプル）送付の 1 週間程度後に，本調査にご協力いただけるか，園長先生宛てに検討結果のおうかがいの電話をさせていただきます。その際，調査にご協力いただけるクラスはあるか，各クラス担任からのご了承はいただけるか，という点についてもおうかがいします。
③3 歳児，4 歳児，5 歳児クラスそれぞれの保護者のみなさまへのご協力をお願いできれば，と考えておりますが，協力していただけるクラスや人数につきましては，②のお電話の際などにご相談させてください。
④ご協力いただける場合には，後日お渡しする承諾書に園長先生のご署名をお願いいたします。その際，同封いたします返信用封筒にてご返送ください。
⑤原則，調査者が訪問にて，承諾書およびアンケート用紙をお渡しにうかがいます。ただし，ご相談の上，郵送にてアンケート用紙をお届けする場合があります。
⑥アンケート用紙の配布は，お手数をおかけしますが，クラス単位で，担当の先生にお願いいたします。なお，アンケート用紙の配布は任意であり，先生が配布したくないとご判断された場合には，配らなくて結構です。配布しないことによる不利益は生じません。

⑦保護者のみなさまに，各ご家庭にてアンケートへのご回答をお願いいたします（所要時間：10〜15分程度）。質問紙の回答における注意事項などは，すべて質問紙に記載いたします。記載内容に承諾いただけた保護者にのみ回答していただきます。
⑧回収に際しては，回答いただいたアンケート用紙の回収箱（または袋）を設置させていただき，調査者がご指定の日時に回収におうかがいします。ただし，郵送による回収をお願いする場合には，個別の返信用封筒（返送先を記載済み，切手貼り付け済み）に回答した質問紙を入れて厳封し，各自ポストへとご投函いただきます。
⑨アンケート用紙の配布から回収までの期間は1週間〜3週間くらいを予定しております。

調査における倫理的配慮について：
　本調査で予想されるリスクは，①調査対象者のプライバシー情報の漏えいと，②個人の意識に関する質問項目が含まれているため，匿名であってもそれを公表することによって調査対象者が不快になることも生じうることです。したがって，予想されるリスクを最小限にするために以下の対策を講じます。

①調査対象者のプライバシー情報に関して
　アンケート用紙は無記名であり，データ分析の際にすべての個人情報について匿名化を行い統計的に処理するため，個人や園名を特定することはできません。また，アンケートにより得られたデータを記録する媒体にはパスワードを設定し，記録媒体と承諾書，アンケート用紙は調査者の鍵のかかる研究室内のロッカーに保管し，厳重に管理いたします。なお，記録媒体，承諾書，アンケート用紙は，確認を終えた後5年を限度として，記録媒体は破壊処理，承諾書，アンケート用紙はシュレッダー処理を行い，破棄いたします。
②調査対象者が不快におもう可能性に関して
　調査対象者が不快におもう可能性を回避するために，次の説明をアンケート用紙表紙に記載し，予想される問題を最小限にしていきます。
　・「回答は任意であり，答えたくない質問にはご回答いただかなくて構いません。回答しないことによる不利益は生じません。」
　・「以上の点について了解をいただける方は回答をお願いします。また，回答をもって，調査への同意を得られたこととさせていただきます。」

調査結果の公表について：
　本調査のデータをもとに，研究論文を作成します。その成果は，国内外の学会で発表予定であるとともに，調査者の博士論文の一部としてお茶の水女子大学大学院　保育・児童学領域内での発表を予定しています。またご協力くださった園には，本調査の子育てや預かり保育に関する主要な結果，分析をまとめた資料を，平成29年3月（年度内）に送付いたします。

【調査に関するお問い合わせ先】
〒112-8610　東京都文京区大塚2-1-1　お茶の水女子大学
小玉亮子研究室気付　清水美紀　e-mail：■■■■@edu.cc.ocha.ac.jp
Tel：■■-■■-■■（留守録付）

お茶の水女子大学大学院　人間文化創成科学研究科
人間発達科学専攻　保育・児童学領域　博士後期課程
清水　美紀　宛

アンケート調査協力承諾書

「幼稚園における預かり保育および子育てに関するアンケート」について，調査者 清水美紀より研究内容に関して書面および口頭により説明を受け，調査に協力することを承諾しました。

平成　年　月　日

園名 _____

ご署名 _____

2016 年　　月　　日

○○幼稚園の先生のみなさま

お茶の水女子大学大学院人間文化創成科学研究科
博士後期課程　3 年　清水美紀

アンケート用紙配付のお願い

拝啓
　時下ますますご清栄のこととお慶び申し上げます。
　わたくしは現在，子育てにかかわる社会状況の変化や，幼稚園における子育て支援，とくに預かり保育に関する調査に取り組んでおります。子育てへの社会的支援の重要性がさけばれるようになって久しくなりますが，いま改めてその現状や課題について考究を深めていく必要があると考えている次第です。そこで，上記について検討するための手がかりを得るために，幼稚園の保護者のみなさまを対象とした，アンケート調査を実施させていただきたいとおもいます。つきましては，アンケート用紙の配布にご協力をいただければ幸甚に存じます。ご返送いただいたご回答は大切に使わせていただきます。お忙しいところ誠に恐れ入りますが，調査協力についてご検討くださいますよう，何卒よろしくお願い申し上げます。

敬具

記

調査期間：2016 年 9 月下旬ごろまで（予定）
対　　象：幼稚園の保護者のみなさま
調査目的：日常の子育てや幼稚園での預かり保育の利用に関するアンケート調査をおこない，保護者の意識を調査する。

　アンケート調査の実施については，園長先生よりご承諾をいただいております。
　お子さまの降園の際などに，アンケート用紙の各ご家庭への配布をお願いいたします。
　ただし，このアンケートの配布は任意であり，先生が配布したくないとご判断された場合には，配っていただかなくて構いません。配布しないことによる不利益は生じません。
　アンケート用紙は，郵送での回収となります。お手数をおかけしますが，同封の伝票にて返送をお願いいたします。
　ご協力くださった園には，本調査の子育てや預かり保育に関する主要な結果，分析をまとめた資料を，平成 29 年 3 月（年度内）に送付いたします。
　以上の点についてご了解をいただける場合には，お手数をおかけしますが，アンケート用紙の配布をお願いします。また，配布をもって，調査への同意を得られたこととさせていただきます。

【調査に関するお問い合わせ先】〒 112-8610　東京都文京区大塚 2-1-1　お茶の水女子大学
小玉亮子研究室気付　清水美紀　e-mail：■■■■＠edu.cc.ocha.ac.jp
Tel：■■-■■-■■（留守録付）

「幼稚園における預かり保育および子育てに関するアンケート」へのご協力のお願い

拝啓
　時下ますますご清栄のこととお慶び申し上げます。
　この度は『幼稚園における預かり保育および子育てに関するアンケート』にご協力いただきありがとうございます。本調査では，保護者のみなさまを対象に，現在通われている幼稚園での預かり保育の利用状況や，ご家庭での子育ての状況やお考え等をおうかがいします。今後の子育て支援，就学前教育，保育の動向や課題を検討するにあたり，保護者のみなさまの意識やお考えをおうかがいすることは重要であるという思いから，今回調査を実施させていただきたいと考えている次第です。調査の主旨をご理解いただき，ご協力くださいますようお願い申し上げます。

敬具

1) このアンケートは無記名ですので，園名や個人名が特定されることはございません。ご回答は慎重に管理し，データはすべて匿名で統計的に処理いたします。
2) 回答は任意であり，答えたくない質問にはご回答いただかなくて構いません。回答しないことによる不利益は生じません。
3) このアンケートは，アンケート用紙を持ち帰られたお子様に関してだけお答えください。なお，このアンケートをごきょうだいでお持ち帰りになった場合は，いちばん年齢の低いお子様について，1部のみ，ご回答をお願いいたします。
4) それぞれの質問内容について，あてはまる番号に○をつけるか，回答欄の【　　】や［　　］に，該当する数字や文字等をご記入ください。
5) 回答がお済みになったアンケート用紙は，個別の封筒に入れ，必ず封をしてください。
6) 調査結果については，平成29年3月以降にご所属の幼稚園に送付予定です。

★ 以上の点についてご了解をいただける場合には，ご回答をお願いいたします。
　また，回答をもって，調査への同意を得られたこととさせていただきます。

調査に関するお問い合わせは下記にお願いします。
〒112-8610
東京都文京区大塚2-1-1　お茶の水女子大学
小玉亮子研究室内　清水美紀
e-mail：■■■■@edu.cc.ocha.ac.jp
tel：■■-■■-■■（留守録付）

1. あなたとお子様のご関係を教えてください。
   1. お母様　　2. お父様　　3. その他（具体的に：　　　　　）

2. お子様について教えてください。
   1) 性別　　1. 男　　2. 女　　2) 年齢　【　】歳【　】ヶ月
   3) 出生順位　第【　】子
   4) きょうだい数（＝ご家庭の子ども数）【　】人
      <u>（アンケート用紙を持ち帰られたお子様を含めて）</u>

3. 幼稚園のことについておうかがいします。
   1) お子様の通う園選びの際，どの程度お考えになりましたか。あてはまる番号に○をつけてください。

よく考えた	まあ考えた	あまり考えなかった	まったく考えなかった
1	2	3	4

   2) お子様の園について選ぶ際の当初の希望について，一番近い番号に○をつけてください。
      1. 保育所を希望していたが，現在幼稚園に通っている
      2. 幼稚園を希望していて，現在幼稚園に通っている
      3. その他【具体的に：　　　　　　　　　　　】

   3) お子様の通う幼稚園を選ぶときにどのようなことを重視しましたか。
      次にあげる1～12のうち，あてはまる番号に○をつけてください。

	とても重視した	多少重視した	どちらともいえない	あまり重視しなかった	まったく重視しなかった
1. 家から幼稚園までの距離が近いこと	1	2	3	4	5
2. ご家庭の教育方針にあうこと	1	2	3	4	5
3. 通園バスがあること	1	2	3	4	5
4. 費用が安いこと	1	2	3	4	5
5. 給食があること	1	2	3	4	5
6. 子どもをたくさん遊ばせてくれること	1	2	3	4	5
7. 園長先生や先生方が信頼できること	1	2	3	4	5
8. きょうだいが通っている（通っていた）こと	1	2	3	4	5
9. 長時間あずかってくれること	1	2	3	4	5
10. 園の雰囲気がよいこと	1	2	3	4	5

	とても重視した	多少重視した	どちらともいえない	あまり重視しなかった	まったく重視しなかった
11. 園で習い事ができること	1	2	3	4	5
12. 子どもが園を気に入っていたこと	1	2	3	4	5

4) 前問3) で挙げたこと以外で，お子様の通う幼稚園を選ぶ際，とくに重視したことがございましたら，教えてください。

[　　　　　　　　　　　　　　　　　　　　　　　　]

5) お子様は1日のうち，どれくらいの時間を幼稚園で過ごしますか（延長，預かり保育の時間も含む）。<u>平日の平均時間</u>にして，もっとも近い番号に○をつけてください。

```
4時間    4時間   5時間   6時間   7時間   8時間   9時間   10時間   11時間
未満     くらい  くらい  くらい  くらい  くらい  くらい  くらい   以上
 1 ──── 2 ──── 3 ──── 4 ──── 5 ──── 6 ──── 7 ──── 8 ──── 9
```

6) 幼稚園や先生，あるいは保護者どうしのコミュニケーションについておうかがいします。
次にあげる1～6について，あてはまる番号に○をつけてください。

	とてもあてはまる	ややあてはまる	どちらともいえない	あまりあてはまらない	まったくあてはまらない
1. 担任の先生とよくコミュニケーションがとれていると思う	1	2	3	4	5
2. 担任の先生と子どものことを直接話すことができている	1	2	3	4	5
3. 担任の先生は，子どものことをよく理解してくれている	1	2	3	4	5
4. 担任の先生は，家庭の状況をよく理解してくれている	1	2	3	4	5
5. 保護者どうしで気軽に意見を言い合うことができている	1	2	3	4	5
6. 幼稚園からのお知らせや掲示には，よく目を通している	1	2	3	4	5

4. 習い事・おけいこ事についておたずねします。

1) お子様は現在，習い事・おけいこ事をしていますか。
   1. している ──▶ 4 2) へお進みください。
   2. していない ──▶ 4 3) へお進みください。

2) どのような習い事をしていますか。あてはまるものすべてに○をつけてください。
   1. スポーツ（スイミング・体操・バレエなど）
   2. 芸術（音楽・絵画・造形・習字など）
   3. 英会話などの語学の教室
   4. 小学校受験のための塾
   5. 受験目的ではない学習塾や計算・書き取りなどの塾
   6. その他【具体的に：　　　　　　　　　】

3) 現在，お子様をどの程度まで進学させたいとお考えですか。あてはまる番号に○をつけてください。

中学校卒業まで	高校卒業まで	専門学校卒業まで	短大・高等専門学校卒業まで	4年生大学卒業まで	大学院卒業まで（6年制大学を含む）
1	2	3	4	5	6

5. いざという時のお子様のあずけ先についておたずねします。

1) あなたがご自宅を空けるとき，お子様の面倒を見てくれる人（場所）がいます（あります）か。
   1. いる（ある） ──▶ 5 2) へお進みください。
   2. いない（ない） ──▶ 6 へお進みください。

2) 面倒を見てくれる人（場所）を教えてください。あてはまる番号，すべてに○をつけてください。
   1. あなたの配偶者
   2. あなたの親
   3. あなたのきょうだい
   4. あなたの親，きょうだい以外の親戚
   5. 配偶者の親
   6. 配偶者のきょうだい
   7. 配偶者の親，きょうだい以外の親戚
   8. あなたの友人・知人
   9. 配偶者の友人・知人
   10. 家庭的保育（保育ママ，ベビーシッター）
   11. 幼稚園の預かり保育（一時預かり）
   12. 民間の託児サービス
   13. 自治体の育児支援サービス
   14. その他【具体的に：　　　　　　】

3) 2) で○をつけた中で，お子様のあずけ先としてとくにお願いする人（場所）を3つまで選び，お願いする機会が多い順に，回答欄に番号をお書きください。

(お願いする機会が多い順に) ☐ ☐ ☐

6 幼稚園での預かり保育（一時預かり）についてお聞きします。

1) お子様が通われている幼稚園では，預かり保育（一時預かり）を実施していますか。
　　1. 実施している　　　──→ 6 2)へお進みください。
　　2. 実施していない　　──→ 7 へお進みください。
　　3. わからない　　　　──→ 7 へお進みください。

2) これまで，預かり保育を利用したことはありますか。
　　1. 利用したことがある　──→ 6 3)へお進みください。
　　2. 利用しようと思ったことはあるが，まだ利用していない
　　　　　　　　　　　　　　　　　　　──→ 6 8)へお進みください。
　　3. 利用しようと思ったことがない ──→ 6 8)へお進みください。

3) 預かり保育を利用した理由について，あてはまる番号，すべてに○をつけてください。
　　1. 仕事　　　　　　　　　　　　　　6. 家事
　　2. 子どものきょうだいの保護者会　　7. 介護
　　3. 自分の友人との交流・趣味　　　　8. 通院
　　4. 自分のリフレッシュ　　　　　　　9. 出産
　　5. 子ども同士の交流，遊び場確保　　10. その他【具体的に：　　　　】

4) 預かり保育の利用頻度について教えてください。
　　1. 週4～5回程度　　4. 2週間に1回程度　　7. 年に1回程度
　　2. 週2～3回程度　　5. 月1回程度　　　　　8. その他【　　　】
　　3. 週1回程度　　　　6. 数か月に1回程度

5) 預かり保育を利用する際，何時ごろまでの利用が多いですか。
　　　　　　　　　　　　　　　　　　　　　□□□時ごろまで

6) 預かり保育の利用の状況や，利用しての感想等について教えてください。
　　次にあげる1～13について，あてはまる番号に○をつけてください。

	とてもあてはまる	ややあてはまる	どちらともいえない	あまりあてはまらない	まったくあてはまらない
1. 預かり保育の時間を子どもは楽しんでいる	1	2	3	4	5
2. 預かり保育の実施時間帯に満足している	1	2	3	4	5
3. 子どもの希望により，預かり保育を利用することが多い	1	2	3	4	5
4. 預かり保育を利用して，自分自身がリフレッシュできた	1	2	3	4	5
5. 預かり保育の利用料金は高いと感じる	1	2	3	4	5

6. 預かり保育の利用に，抵抗を感じることがある	1	2	3	4	5
7. 預かり保育で子どもがどのように過ごしているか知っている	1	2	3	4	5
8. 預かり保育の利用を，極力控えるようにしている	1	2	3	4	5
9. 親の都合を優先して子どもがかわいそうな気がする	1	2	3	4	5
10. 預かり保育は気軽に利用することができる	1	2	3	4	5
11. 預かり保育の担当の先生とよくコミュニケーションがとれていると思う	1	2	3	4	5
12. 預かり保育の担当の先生と子どものことを直接話すことができている	1	2	3	4	5
13. 預かり保育の担当の先生は，家庭の状況をよく理解してくれている	1	2	3	4	5

7) 上記以外に，預かり保育を利用しての感想等ありましたら，教えてください。

[   ]

　　　　　　　　　　　　　　　　　　　　　　──────▶ 7 へお進みください。

8），9）は，預かり保育を利用したことがない方（6 2）で，「2」または「3」と回答された方）にお聞きします。

6　8) 預かり保育を利用しなかった（しない）理由について教えてください。
　　　次にあげる1～9について，あてはまる番号に○をつけてください。

	とてもあてはまる	ややあてはまる	どちらともいえない	あまりあてはまらない	まったくあてはまらない
1. 預かり保育の利用料金が高いため	1	2	3	4	5
2. 預かり保育の実施時間帯に不足があるため	1	2	3	4	5
3. 預かり保育を利用する必要がないため	1	2	3	4	5
4. 園での預かり保育の利用条件（例：子どもの年齢，利用理由等）を満たしていないため	1	2	3	4	5
5. 預かり保育の利用に抵抗があるため	1	2	3	4	5
6. 家庭で子どもと過ごす時間を大事にしたいため	1	2	3	4	5

	とてもあてはまる	ややあてはまる	どちらともいえない	あまりあてはまらない	まったくあてはまらない
7. 子どもが預かり保育の利用を嫌がるため	1	2	3	4	5
8. 他の子育て支援サービス等を利用しているため	1	2	3	4	5
9. 他の預け先のほうがお願いしやすいため	1	2	3	4	5

9) 上記以外に，預かり保育を利用しなかった（しない）理由がありましたら，教えてください。

[　　　　　　　　　　　　　　　　　　　　　　　　　　　　]

ここからは，再び全員に回答をお願いします。

7 子育てや教育にかかわる意識についてお聞きします。
次にあげる1〜9の意見を，あなたはどのように思いますか。あてはまる番号に○をつけてください。

	非常に賛成	やや賛成	どちらともいえない	やや反対	非常に反対
1. 男性は外で働き，女性は家庭を守るべきである	1	2	3	4	5
2. 子育ては社会全体で取り組むべき問題である	1	2	3	4	5
3. 母親にとって子育ても大事だが，自分の生き方も大切にすべきだ	1	2	3	4	5
4. 子どもが3歳くらいまでは母親は育児に専念するほうがよい	1	2	3	4	5
5. 子育て支援は，預かり手の確保などの人的支援よりも，児童手当など親への金銭給付を拡大するほうがよい	1	2	3	4	5
6. 将来，他のお子様を預かるなどの育児支援に参加したいとおもう	1	2	3	4	5
7. 子育ての責任はすべて家庭にある	1	2	3	4	5
8. 子育て支援や就学前の保育，教育政策のために，新たに税負担が増えてもかまわない	1	2	3	4	5
9. 子どもの進路は，親が責任をもって考えるべきである	1	2	3	4	5

8 最後に,あなたやご家族についておうかがいします。

1) あなたが住んでいるところを教えてください。
   【　　　】市・区・町・村

2) 現在,ご自身のお父様,お母様,あるいは配偶者(夫または妻)のお父様,お母様と同居,もしくは近居(※)していますか。(※近居:車や電車を用いて30分以内に移動できる距離に住んでいること)
   1. 同居している　　2. 近居している　　3. 同居も近居もしていない

3) 次のことについて,お子様のご祖父母様に協力してもらうことはどれくらいありますか。
   ご祖父母様がいらっしゃらない方は,8 4)にお進みください。

	よくある	ときどきある	あまりない	まったくない
1. 家事の手伝い	1	2	3	4
2. 幼稚園の送り迎え	1	2	3	4
3. 子どもを預かってもらうこと	1	2	3	4
4. 子どものことに関する相談	1	2	3	4
5. 子どもにかかる費用の援助	1	2	3	4

4) お子様のお父様,お母様のことをもう少し教えてください。下の回答欄【　　】内に,あてはまる数字や,該当する番号を記してください。
   お子様に,お父様,お母様がいらっしゃらない方は,5)にお進みください。

	お父様	お母様
①ご年齢を教えてください。	【　　】歳	【　　】歳
②現在のご職業の状況について,教えてください。 1. 常勤(フルタイム)　　4. 産休中,育休中 2. パートタイム　　　　5. 休職中 3. フリー(在宅ワーク含む)　6. 働いていない 　　　　　　　　　　　　7. その他 　　　　　　　　(具体的に:　　　　　　)	【　　】	【　　】
③最後に卒業された学校を教えてください。 1. 中学校　2. 高等学校　3. 専門学校　4. 短期大学 5. 大学　6. 大学院　7. その他【　　　　】	【　　】	【　　】

5) 現在，生活には経済的にどの程度ゆとりがありますか。差支えのない範囲で教えてください。

```
                多少は        あまり
 ゆとりがある  ゆとりがある   ゆとりがない   ゆとりがない
    1 ──────── 2 ──────── 3 ──────── 4
```

質問は以上で終わりです。ご協力くださいまして，ありがとうございました。

○もう一度，回答に漏れがないかどうかお確かめいただけますでしょうか。
○ご回答いただいたアンケート票は必ず封をしてから，ご提出くださいますようにお願いいたします。

なお，本調査のテーマをさらに詳しく調べるために，今回のご回答者の中から10名程度の方を対象に9月以降にインタビュー調査（30分〜1時間程度）を予定しております。ご協力いただけますでしょうか。
    1．ぜひ協力したい　　3．時間があれば協力してもよい
    2．協力できない

ご協力いただける場合には，以下にご連絡先等のご記入いただけますと幸いでございます。
なお，インタビュー調査をお願いする場合には，改めてご依頼状をご本人様宛に送らせていただきます。
何卒よろしくお願い申し上げます。

◇ご連絡先【必須】 　（メールアドレスまたは電話番号）	
◇お名前	様
◇調査可能時期，曜日，時間帯，調査 　実施場所のご希望等	

■本調査に関してのご意見・ご感想等ございましたら，お願いいたします。

〔　　　　　　　　　　　　　　　　　　　　　　　　〕

2017 年 1 月
お茶の水女子大学大学院人間文化創成科学研究科
博士後期課程　3 年　清水美紀

インタビュー調査へのご協力のお願い

拝啓
時下ますますご清栄のこととお慶び申し上げます。
　先般はご多忙のなか，アンケート調査へのご協力を賜りありがとうございました。ここに改めて感謝申し上げます。現在，皆さまからいただいた貴重な資料をもとに分析を進めております。今年度中に本調査に関する主要な結果，分析をまとめた資料をご所属の幼稚園宛てにお送りする予定です。今しばらくお時間をいただけますようお願いいたします。
　さて，上記アンケート調査にもありましたように，わたくしは現在，子育てにかかわる社会状況の変化や，幼稚園における子育て支援，とくに預かり保育に関する調査に取り組んでおります。子育てへの社会的支援の重要性がさけばれるようになって久しくなりますが，いま改めてその現状や課題について考究を深めていく必要があると考えている次第です。
　つきましては，下記の内容で引き続き，調査にご協力いただければ幸甚に存じます。お忙しいところ誠に恐れ入りますが，調査協力についてご検討くださいますよう，何卒よろしくお願い申し上げます。

敬具

記

調査期間：2017 年 1 月中旬〜3 月中旬ごろ
対象　　：幼稚園の保護者のみなさま
調査内容：日常の子育ての状況や子育てに関連した気づきや困りごとのほか，幼稚園生活のこと，預かり保育のこと，先生やほかのお子さま，親御さん，家族，地域との関わり等について

調査方法：
　以下の手続きをご確認いただき，ご協力について改めてご検討をお願いいたします。
- 調査では，上記【調査内容】にありますように，日常の子育てや幼稚園生活に関する内容を中心にお話を聞かせていただきます。
- 所要時間の目安は 1 人につき 1 時間程度を予定しております。
- 今回の調査では，そのインタビュー内容を IC レコーダーによって録音することを予定しております。調査協力に際しまして，この点についてご了承をいただけますようお願いいたします。
- インタビューでおうかがいした内容は，データ分析の際にすべての個人情報について匿名化を行い，処理いたします。
- ご協力くださった方には，インタビュー調査の主要な結果，分析をまとめた資料をメール添付にてお渡しします。メールでの資料送付をご希望されない場合には，別途ご相談ください。ご指定のご住所への郵送，もしくは対面にてお渡しします。

調査における倫理的配慮について：

　本調査で予想されるリスクは，①調査協力者のプライバシー情報の漏えいと，②個人の意識に関する質問項目が含まれているため，匿名であってもそれを公表することによって調査協力者が不快になることも生じうることです。したがって，予想されるリスクを最小限にするために以下の対策を講じます。

①調査協力者のプライバシー情報に関して
　インタビュー調査を通して聞き得た個人情報は，データ分析の際に匿名化を行い処理します。協力者およびその周辺の人々を特定できるような情報がふくまれていた場合，記述に修正を加え，個人が特定されないよう配慮いたします。また，インタビューにより得られたデータを記録する媒体にはパスワードを設定し，記録媒体と承諾書，調査協力の手続き上教えていただいた，メールアドレス，電話番号，資料送付先の住所の記載された書類は調査者の鍵のかかる研究室内のロッカーに保管し，厳重に管理します。なお，確認を終えた後5年を限度として，記録媒体は破壊処理，承諾書，メールアドレス，電話番号，資料送付先の住所の記載された書類はシュレッダー処理を行い破棄いたします。

②調査協力者が不快におもう可能性に関して
　本調査への回答は任意であり，答えたくない質問にはご回答いただかなくて構いません。回答しないことによる不利益は生じません。また，インタビュー途中であっても，協力を辞退することができます。

調査結果の公表について：

　本調査のデータをもとに，研究論文を作成します。その成果は，国内外の学会で発表予定であるとともに，調査者の博士論文の一部としてお茶の水女子大学大学院保育・児童学領域内での発表を予定しています。

◎以上についてご了解いただける場合，調査協力承諾書へのご署名をお願いします。

【調査に関するお問い合わせ先】

ご不明な点，ご質問等ありましたら，お問い合わせください。
〒112-8610　東京都文京区大塚 2-1-1　お茶の水女子大学
　　　　　小玉亮子研究室気付　清水美紀　　e-mail：■■■■■@edu.cc.ocha.ac.jp
　　　　　　　　　　　　　　　　　　　　　　Tel：■■-■■-■■（留守録付）

お茶の水女子大学大学院　人間文化創成科学研究科
人間発達科学専攻　保育・児童学領域　博士後期課程
清水　美紀　宛

インタビュー調査協力承諾書

「幼稚園の預かり保育および子育てに関するインタビュー」について，調査者　清水美紀より研究内容に関して書面および口頭により説明を受け，内容を理解したうえで調査に協力することを承諾しました。

平成　　年　　月　　日

　　　　　　　　　ご署名＿＿＿＿＿＿＿＿＿＿＿＿＿＿＿＿＿

●本調査の公表データ（分析をまとめた資料または，論文）の送付を，
　□ 希望しません
　□ 希望します（メール　・　郵送　・　その他）

　　　　　　送り先：＿＿＿＿＿＿＿＿＿＿＿＿＿＿＿＿＿＿＿

あとがき

　本書は，2018年9月にお茶の水女子大学に提出した博士論文『子育てをめぐる公的領域と私的領域の再編のポリティクス――預かり保育に関する意味づけの分析を中心に』の内容と構成に，いくらかの修正を加えて書きあげたものである。

　本書が扱ってきた「預かり保育」には，「預かる」という語と「保育」という語が同居している。「預かる」という語を『広辞苑』（第七版）で引けば，「①引き受けて保管する。世話を任せられる。任されて，とりしきる。②処置を保留する。勝負をきめずにおく。」と説明されている。こうした響きは，「保育」という語の含意からは，距離があるように思われる。一見同居しづらそうな二つの概念を内包しつつ，多くの幼稚園で「預かり保育」は実践されてきた。こうした預かり保育という対象に「新しさ」を感じ（本文にもあるように，実際に「新しい」実践ではないが），修士課程入学以降これを追究し始めたが，あっという間に「古く」なってしまうほど，とりわけ2010年代の幼児教育・保育は大きく転換した。たとえば，本書のなかでは一貫して「預かり保育」という語を使ってはいるものの，子ども・子育て新制度では，「一時預かり」という位置づけになり，預かり保育の利用料に関する議論も変わろうとしている。こうした変化のスピードに置いて行かれそうになりながらも，なんとかひとつの研究としてまとめることができたのは，多くの方からのお力添えがあったからに他ならない。

　なによりも本書の中核となっている，質問紙調査，半構造化インタビューにご協力くださったみなさまのおかげで，預かり保育の一端について記述することができた。2012年7月～10月には都内幼稚園53園の先生と職員の皆さまを対象とした質問紙調査（480部），2013年7月～8月には都内幼稚園の先生を対象とした半構造化インタビュー（10名），2016年7月～9月には同地域幼稚園17園の保護者の皆さまを対象とした質問紙調査（1210部），2017年1月

〜4月には同地域幼稚園の保護者を対象とした半構造化インタビュー（15名）を実施した。ご協力くださった自治体の担当者の皆さま，幼稚園，先生，そして保護者の皆さまには，心からの感謝をお伝えしたい。なかでも，調査に出向く中でいただいた，「またいつでも，協力させてね」というあたたかい励ましや「預かり保育についてはたくさん話したいことがある」との声は，私が研究を進めていくうえでなによりの原動力となった。

そして，指導教官の小玉亮子先生。修士課程入学以降，小玉先生にはどれほど研究指導のお時間を割いていただいたかわからない。なかなか明確な研究テーマを見出せず途方に暮れる日も，小玉先生はじっくりと私の関心に耳を傾けてくださった。小玉先生のもとで，研究の進め方，論文の書き方をはじめ，多くのことを学ぶことができたことは，とても幸運なことだった。心からの感謝をお伝えしたい。

また本書のもとになっている博士論文の審査にあたっては，浜口順子先生，杉野勇先生，耳塚寛明先生，刑部育子先生から多くのご示唆とご指導をいただいた。拙い論文の細部にわたってコメントを寄せてくださり，そして論文を育ててくださったことにとても感謝している。先生方からいただいたコメントをもとに論文を修正するプロセスには，たしかに苦しい時間もあったが，振り返ってみると，博士課程で過ごした時間のなかで，もっとも充実していた時間だった。さらに先生方は，博士論文の審査だけでなく，これからの私の研究に対してもたくさんの論点や課題をご教示くださった。おかげさまで，これから研究したいと思えること，勉強しなければならないと思えることを多く見つけることができた。何よりの収穫だった。すばらしい先生方に審査に携わっていただけたこと，感謝の念に堪えない。ただ，博士論文のなかでは不十分だった点，本書のなかでも十分に反映しきれていない点には，これからの研究を通してお応えできるよう，努力を続けてまいりたい。

それから学部時代の指導教官である，藤崎宏子先生。研究の歩みが遅く，博士論文の提出が藤崎先生のご退職までに間に合わなかったことには少し後悔があるが，執筆の過程ではたくさんのご助言をいただいた。学部時代に藤崎研究室に所属した当時，大学院に進むこと，まして博士課程まで進学することなど想像もしていなかったが，藤崎先生が私の卒業論文のテーマに沿ってあててく

ださった文献リストは，今でも私の宝物であり，現在に続く研究のきっかけを与えてくれた。修士課程に進学して以降も，つねに気にかけてくださり，厳しくもあたたかく励まし続けてくださったことに，心から感謝申し上げたい。

　そしてこの度，本書の出版に際してきっかけを与えてくださった小玉重夫先生には感謝しきりである。まさか，博士論文を書籍化できる日がこようとは，夢にも思っていなかった。

　また，お茶の水女子大学大学院の保育・児童学コース／領域の皆さま，とくに小玉研究室の皆さま。ゼミ中での熱い議論，多様性に富んだ研究テーマに刺激を受けながら，大学院時代を過ごすことができたことに感謝している。日々の皆さまとの意見交換の時間，また息抜きのおしゃべりの時間はどれも印象深く残っている。苦楽をともにした仲間との時間は，きっとこの先も忘れない。

　さらに学外にて，研究についてのご助言をくださった，日本教育学会，日本教育社会学会，日本子ども社会学会，日本保育学会の会員の方々にもこの場を借りてお礼を申し上げたい。

　そして，本書の編集をご担当くださった勁草書房の藤尾やしおさん。出版の作法をまるで知らない私に，親切にご対応くださったことに，心からの感謝をお伝えしたい。

　また，本書に掲載している研究・調査を遂行するにあたっては，2013年度および2014年度「お茶の水女子大学大学院生研究補助金」と2015年4月〜2017年3月に日本学術振興会特別研究員研究奨励費（JSPS科研費15J11590）の助成を受けた。一大学院生が研究を進めていくうえで，大きな助けになった。

　最後に，私の長い学生生活を見守り，理解し，どんな時にも助けてくれた両親。同じように研究を志す者として，私の研究活動を励まし，そして日々の生活を共にしてくれている夫に感謝を伝えたい。大きな安心の中で研究を続けられてきたこと，続けられていることに感謝している。どうもありがとう。

　　2019年8月

　　　　　　　　　　　　　　　　　　　　　　　　　　　　清水　美紀

人名索引

ア 行

アーレント（Arendt, H.） *38-40, 47, 58, 59*
石黒万里子 *30, 31, 62, 157, 163, 178*
井上清美 *21, 127, 128, 205*
ウォルツァー（Walzer, M.） *59, 205*
エスピン‐アンデルセン（G. Esping-Andersen） *35*
オーキン（Okin, S.） *42*
大日向雅美 *17, 18, 24*
岡野八代 *42*

カ 行

加藤繁美 *3, 4, 224*
川崎修 *2*

サ 行

齋藤純一 *2, 43-46, 54, 59, 79*
佐々木保行 *17*
汐見稔幸 *1, 84, 92, 105*
杉田敦 *41-44*
相馬直子 *21*

タ 行

丹治恭子 *23*

ナ 行

デリダ（Derrida, J.） *48*
天童睦子 *22, 24, 38, 158, 221*

ナ 行

野平慎二 *37, 58*

ハ 行

ハーバマス（Habermas, J.） *40, 41, 44-46, 51-55, 57-59*
広田照幸 *22, 24, 27, 35, 205, 217, 221*
フーコー（Foucault, M.） *48*
ブラッドショウ（Bradshow, J.） *48, 59*
フレイザー（Fraser, N.） *8, 46-60, 87, 98, 104, 105, 211, 219-221*
堀尾輝久 *24*

マ 行

牧野カツコ *17*
松木洋人 *1, 20, 21, 23, 25, 127*
見田宗介 *9*
村山祐一 *23, 33*

ヤ 行

山根真理 *17, 18*
横山文野 *18, 20, 22, 27, 81*
吉長真子 *22, 23, 26, 34*

事項索引

ア 行

預かり保育　　*i, ii, 3-17, 27-33, 35*
　「──推進事業」　*6, 12, 15, 30, 61, 81, 113*
　意味づけ　　*i, 1, 4, 5, 8, 9, 33, 46, 75, 78, 79, 87, 207, 208, 218, 220*
　親による──　*71, 183, 184, 209-211*
　保育者による──　*62, 127, 128, 208, 209*

カ 行

学校教育法　　*ii, 7, 9, 11, 14-17, 34, 81*
「家庭の教育力」　*90, 98-101, 104*
　──の低下　*89, 90, 94, 95, 97-101*
　──の補完　*96, 98, 101, 104*
公共性　*2, 24, 31, 37, 38*
　教育の──　*37*
公共的なもの　*2, 25, 45, 46*
公的領域　*2, 9*
公と私　*i, ii, 79*
「子育ての社会化」　*20-25, 27, 31, 34*
子育てをめぐるロジックの4類型　*25, 26, 211-213, 222, 223*

サ 行

「ジェネラル・マネージャーとしての親」　*22, 27, 216, 218*
ジェンダー　*21, 49, 56, 178, 210*
私的なもの　*2, 21, 43-46, 52*
私的領域　*1, 2, 9*
遂行　*22-27, 31, 32*
　──主体　*24*
政策言説　*8, 32, 61, 62, 81*

タ 行

責任　*22-27, 31, 32*
　──主体　*22, 24*

タ 行

待機児童　*ii, 6, 7, 15, 16*
中央教育審議会　*62, 82-84*
　──答申　*8, 62, 81*

ナ 行

ニーズ　*46-52, 57, 59*
　新たに問題化された──　*52, 218*
　再私化（re-privatization）された──　*51, 52, 218*
ニーズ解釈　*52, 105, 128*
「ニーズ解釈の政治」　*8, 46, 50-52, 57, 211, 218-221*
認定こども園　*i, 7, 15, 17, 33, 222-224*

ハ 行

保育所　*i, ii, 3, 6, 7, 17, 222-224*
「保育を必要とする事由」　*ii, 16*
ポリティクス　*1, 2, 32, 45, 46, 48, 49, 51, 52, 57*
　子育てをめぐる再編の──　*2, 5, 8, 9, 32, 57, 79, 211, 218, 220*
　──のアクター　*32, 207*

ヤ 行

『幼児教育実態調査』　*3, 30, 107*
幼稚園　*i, ii, 3, 6, 7, 9, 17, 222-224*
『幼稚園教育要領』　*3, 9, 11, 13, 14, 16*

ラ 行

臨時教育審議会　*85, 86*

初出一覧

第4章　預かり保育をめぐる政策言説の通時的変化
- 「預かり保育をめぐる『ニーズ解釈の政治』——1990年代以降の中央教育審議会答申および審議経過の分析を通して」日本子ども社会学会編『子ども社会研究』第22号，2016: 99-118.

第5章　預かり保育の実施状況と保育者の認識
- 「預かり保育に関する保育者の意識——関与状況と実施状況の違いに着目して」お茶の水女子大学大学院人間文化創成科学研究科編『人間文化創成科学論叢』第17巻，2015: 143-151.

第6章　預かり保育に対する保育者の意味づけ
- 「預かり保育の『ニーズ』はいかに語られるか——都内幼稚園の保育者へのインタビュー調査の分析から」お茶の水女子大学大学院人間文化創成科学研究科編『人間文化創成科学論叢』第19巻，2017: 175-183.

著者略歴

1987年生まれ。お茶の水女子大学大学院人間文化創成科学研究科博士後期課程修了。博士（社会科学）。
現　在：川口短期大学こども学科専任講師。専門は子ども社会学，教育社会学。
主著・主論文：『幼小接続期の家族・園・学校』（共著，小玉亮子編，東洋館出版，2017），「預かり保育をめぐる『ニーズ解釈の政治』——1990年代以降の中央教育審議会答申および審議経過の分析を通して」（日本子ども社会学会編『子ども社会研究』第22号，2016）など。

子育てをめぐる公私再編のポリティクス
　　幼稚園における預かり保育に着目して

2019年8月20日　第1版第1刷発行

著　者　　清　水　美　紀

発行者　　井　村　寿　人

発行所　　株式会社　勁　草　書　房
112-0005 東京都文京区水道2-1-1　振替　00150-2-175253
（編集）電話 03-3815-5277／FAX 03-3814-6968
（営業）電話 03-3814-6861／FAX 03-3814-6854
本文組版 プログレス・理想社・松岳社

©SHIMIZU Miki　2019

ISBN978-4-326-60320-6　　Printed in Japan

JCOPY　＜出版者著作権管理機構　委託出版物＞
本書の無断複製は著作権法上での例外を除き禁じられています。複製される場合は、そのつど事前に、出版者著作権管理機構（電話 03-5244-5088、FAX 03-5244-5089、e-mail: info@jcopy.or.jp）の許諾を得てください。

＊落丁本・乱丁本はお取替いたします。
http://www.keisoshobo.co.jp

著者	書名	副題	判型	価格
荒牧草平	教育格差のかくれた背景	親のパーソナルネットワークと学歴志向	A5判	3800円
荒牧草平	学歴の階層差はなぜ生まれるか		A5判	4300円
耳塚寛明・中西祐子・上田智子編著	平等の教育社会学	現代教育の診断と処方箋	A5判	2800円
石黒格編著	変わりゆく日本人のネットワーク	ICT普及期における社会関係の変化	A5判	2800円
野沢慎司編・監訳	リーディングス ネットワーク論	家族・コミュニティ・社会関係資本	A5判	3500円
お茶の水女子大学グローバルリーダーシップ研究所編	女性リーダー育成のために	グローバル時代のリーダーシップ論	四六判	2500円
園山大祐編著	フランスの社会階層と進路選択	学校制度からの排除と自己選抜のメカニズム	A5判	4400円
G.ビースタ／上野正道ほか訳	民主主義を学習する	教育・生涯学習・シティズンシップ	四六判	3200円
宮寺晃夫	教育の正義論	平等・公共性・統合	A5判	3000円
小玉重夫	教育政治学を拓く	18歳選挙権の時代を見すえて	四六判	2900円
石田浩監修 佐藤博樹・石田浩編	出会いと結婚	[シリーズ 格差の連鎖と若者2]	A5判	2800円
林明子	生活保護世帯の子どものライフストーリー	貧困の世代的再生産	A5判	3500円

＊表示価格は2019年8月現在。消費税は含まれておりません。